Hartmut Kasten

Pubertät und Adoleszenz

Wie Kinder heute erwachsen werden

Mit 12 Fotos, 4 Abbildungen und 10 Tabellen

Ernst Reinhardt Verlag München Basel

Prof. Dr. *Hartmut Kasten* M.A., Dipl.-Psych., Staatsinstitut für Familienforschung an der Universität Bamberg, Ludwig-Maximilians-Universität München, Fakultät für Psychologie und Pädagogik

Titelphoto: bonn – sequenz
Süddeutscher Verlag / Bilderdienst

Deutsche Bibliothek – CIP-Einheitsaufnahme

Kasten, Hartmut:
Pubertät und Adoleszenz : wie Kinder heute erwachsen werden / Hartmut Kasten. - München ; Basel : Reinhardt, 1999
ISBN 3-497-01485-0

© 1999 by Ernst Reinhardt, GmbH & Co KG, Verlag, München

Printed in Germany

5

Inhalt

12 Inhalt

Einleitung

Das vorliegende Sachbuch unternimmt den Versuch, den gegenwärtigen Kenntnisstand der erfahrungswissenschaftlichen psychologischen Forschung – unter Einbezug von Kenntnissen aus Nachbarwissenschaften wie Biologie, Medizin, Soziologie – über zwei Phasen der menschlichen Entwicklung, Pubertät und Adoleszenz, in übersichtlicher und allgemeinverständlicher Form zu umreißen. Um interessierten Laien, Eltern, Erziehern/innen, Lehrern/innen eine Orientierungshilfe an die Hand zu geben, werden bei diesem Vorhaben in erster Linie entwicklungspsychologische und pädagogische Fragestellungen miteinander verknüpft und aufeinander bezogen. Unter Verzicht auf unwesentliche Details wird ein zusammenfassender, teilweise vereinfachter Überblick über die beiden Lebensabschnitte gegeben, in deren Verlauf Kinder zu Erwachsenen werden.

Pubertät und Adoleszenz liegen zwischen Kindheit und Erwachsenenalter und werden deshalb auch als Übergangsphasen betrachtet. Umgangssprachlich wird dieser Lebensabschnitt häufig Jugendalter oder Jugendzeit genannt. Im folgenden ist die Rede von „Heranwachsenden" oder „Jugendlichen", wenn keine genauere zeitliche Differenzierung notwendig ist. Anderenfalls wird von „Pubertierenden" oder „Adoleszenten" gesprochen.

Das Buch gliedert sich in sieben Abschnitte: (I) Grundlegende Theorien und Konzepte der menschlichen Entwicklung. (II) Biologische und körperliche Veränderungen während der Pubertät und Adoleszenz. (III) Psychische und soziale Abläufe während der Pubertät. (IV) Die Familien der Kinder. (V) Freundschaften, Bekanntschaften und Cliquen. (VI) Das Jugendalter. (VII) Alltagsstreß während der Adoleszenz, Übergang von der Schule ins Berufsleben und zum jungen Erwachsenen.

I: Grundlegende Theorien der Entwicklung und Veränderung in Pubertät und Adoleszenz

1. Zwischen Kindheit und Erwachsenenalter: Pubertät und Adoleszenz als „Übergänge"

In der zeitgenössischen Entwicklungspsychologie (vgl. z. B. Oerter und Montada 1995) werden *Pubertät und Adoleszenz i. allg. als Übergangsphasen im menschlichen Lebenslauf* behandelt, die sich an die Kindheit anschließen und vom Erwachsenenalter abgelöst werden. Oerter und Dreher (1995, 311 ff.) machen darauf aufmerksam, daß mit dieser Einstufung von Pubertät und Adoleszenz als etwas Vorübergehendem häufig auch eine Bewertung vorgenommen wird: Beide Übergangsphasen werden weniger als eigenständige Entwicklungsabschnitte betrachtet, sondern stärker in ihrer Vorläuferbedeutung und Vorbereitungsfunktion für das Erwachsenenalter analysiert. Verwiesen wird in diesem Zusammenhang auf die Kulturanthropologin Margaret Mead, deren Forschungsergebnisse belegen, daß in anderen Kulturen gerade das Jugendalter eine besonders positiv bewertete Periode der menschlichen Entwicklung darstellt, die sie vor anderen Phasen auszeichnet. Daß in der modernen Psychologie Pubertät und Adoleszenz teilweise verkürzt behandelt werden, hängt auch damit zusammen, daß in der Forschung häufig die gesamte Lebensspanne (und nicht mehr einzelne Phasen) in den Mittelpunkt der wissenschaftlichen Betrachtung gerückt wird.

2. Zeitliche Abgrenzung des Jugendalters von Kindheit und Erwachsenenalter

Eine Reihe von Gründen ist dafür verantwortlich zu machen, daß bis heute unter Fachleuten keine Einigkeit besteht, wann die Pubertät einsetzt und wann die Adoleszenz abgeschlossen wird:

(1) In Abhängigkeit davon, ob der Blick auf körperliche, psychische oder soziale Veränderungen gerichtet wird, lassen sich ganz unterschiedliche Zeitmarken setzen für den Eintritt in die Pubertät und den Abschluß der Adoleszenz. (2) Über Jahrzehnte hinweg war – besonders ausgeprägt in den Industrieländern – eine Entwicklungsbeschleunigung („Akzeleration") und Vorverlegung des Beginns (zumindest) der köperlichen Reifung zu beobachten. (3) Es gibt Frühreife und Spätentwickler, d. h. große individuelle Unterschiede im Beginn und Verlauf des Jugendalters. (4) Bei Mädchen fängt die Pubertät im Durchschnitt eineinhalb bis zwei Jahre früher an als bei Jungen.

So läßt sich eine exakte Abgrenzung der Pubertät und Adoleszenz von den vorangehenden und nachfolgenden Entwicklungsabschnitten nur mit einer gewissen Willkür vornehmen. Die in Tabelle 1 vorgenommene Zeiteinteilung hat sich als praktisch erwiesen, weil sie als Raster verwendet werden kann, in das sich viele Forschungsergebnisse eindeutig verorten lassen. Sie steht zudem weitgehend im Einklang mit Einteilungen des Jugendalters, die in aktuellen entwicklungspsychologischen Lehrbüchern vorgeschlagen werden (z. B. Oerter und Montada 1995).

Tabelle 1: Phasen von der späten Kindheit bis zum frühen Erwachsenenalter

Mädchen	Jungen	Phase
8–10 Jahre	10–12 Jahre	späte Kindheit
10–12 Jahre	12–14 Jahre	Vorpubertät
12–14 Jahre	14–16 Jahre	Pubertät
14–15 Jahre	16–17 Jahre	frühe Adoleszenz
15–17 Jahre	17–19 Jahre	mittlere Adoleszenz
17–19 Jahre	19–21 Jahre	späte Adoleszenz
19–25 Jahre	21–25 Jahre	frühes Erwachsenenalter

Tabelle 1 verdeutlicht, daß Jungen später (im Durchschnitt 1,5 – 2 Jahre) als Mädchen in die Pubertät eintreten, diese später verlassen und zu einem späteren Zeitpunkt die Adoleszenz abschließen. Diese Eigentümlichkeit ist genetisch bestimmt und wird von Biologen und Anthropologen durch die Tatsache erklärt, daß die Entwicklung des männlichen Geschlechts komplizierteren Steuerungs- und Reifungsprozessen unterworfen ist, die einen längeren Zeitraum in Anspruch nehmen und deshalb auch später ihren Abschluß finden (vgl. dazu die genauere Beschreibung der körperlichen Veränderungen im Abschnitt II. 2.). Die Untergliederung in sieben Teilphasen ist sinnvoll, weil sich in Beziehung setzen läßt zu markanten Fixpunkten der körperlichen und/oder psychischen und/oder sozialen Entwicklung.

3. Theorien der Entwicklung in Pubertät und Adoleszenz: Noch keine einheitliche Auffassung in Sicht?

Bis heute streiten sich Wissenschaftler darüber, welche Ursachen den Verlauf von Pubertät und Adoleszenz bestimmen: Eine Reihe von Forschern führt vor allem biologische, insbesondere genetische Faktoren ins Feld, um die stattfindende Entwicklung verständlich zu machen. Man geht davon aus, daß die Turbulenzen des Jugendalters, welches als „Sturm-und-Drang-Zeit" begriffen wird, dadurch entstehen, daß sehr plötzlich körperliche, physiologische und hormonelle Veränderungen einsetzen, die zu massiven Ungleichgewichtigkeiten im Verhalten und Erleben des Individuums führen. Der sich abspielende schnelle körperliche Gestaltwandel wird verantwortlich gemacht für die parallel ablaufenden starken seelischen Veränderungen.

Solche *Anlagetheorien* haben in der Psychologiegeschichte eine lange Tradition und lassen sich letztlich zurückführen auf die Evolutionstheorie von Charles Darwin (9. Aufl. 1988), der mit seinen weithin bekannt gewordenen Thesen zur Entwicklung der Arten – z. B. „Der Stärkere setzt sich durch" und „Der Mensch stammt vom Affen ab" – Mitte des 19. Jahrhunderts die Biologie revolutionierte. Ein bekannter Vertreter der Anlagetheorie in der Psychologie war der

US-Amerikaner Stanley Hall (1906), der in seiner biogenetischen Rekapitulationstheorie vier Entwicklungsstufen unterscheidet, die er in Verbindung bringt mit vier Abschnitten der Menschheitsgeschichte, von den Anfängen der Art- und Selbsterhaltung (frühe Kindheit = 0 – 4 Jahre) über die Phase der Jäger und Sammler und des beginnenden Werkzeuggebrauchs (4 – 8 Jahre = Kindheit), die Phase des Seßhaftwerdens, Ackerbebauens, der Viehzucht und beginnenden Zivilisation (8 – 12 Jahre = Jugend) bis in die Jetztzeit, die er der Stufe der Adoleszenz (12 – 25 Jahre) zuordnet.

4. Umwelttheorien:
Der Mensch als leere unbeschriebene Tafel

Die *klassische Umwelttheorie* geht von einer „Tabula-rasa"-Position aus: Der Mensch ist bei seiner Geburt eine unbeschriebene Tafel und kann durch Erziehungs- und Umwelteinflüsse nahezu unbegrenzt in jeder Richtung geformt und beeinflußt werden. Im Tierexperiment – z. B. Pawlows (1927) Hunde, deren Speichelsekretion auf ein Klingelzeichen hin erfolgt, weil ihnen vorangehend einige Male Fleisch in Verbindung mit dem Klingeln gereicht wurde – aber auch in Laborversuchen mit Kindern und erwachsenen Versuchspersonen (z. B. Watson 1924 und 1968, der seinem eigenen Sohn Angstreaktionen ankonditionierte) wurde in den Jahrzehnten nach dem Ersten Weltkrieg von vielen Forschern gezeigt, daß mit Hilfe spezifischer positiver (Belohnung, Anerkennung) und negativer (Bestrafung, Mißbilligung) Bekräftigungstechniken menschliches Verhalten und Erleben nahezu beliebig manipuliert und verändert werden kann.

Auch die Jahrzehnte später von Bandura (1962) und Mitarbeitern ausformulierte Theorie sozialen Lernens betont die Bedeutung der (sozialen) Umwelt für den Aufbau und Erwerb von Fähigkeiten und Fertigkeiten jedweder Art: Kinder und Jugendliche lernen vor allem durch Beobachtung und Nachahmung von Modellverhalten, das sie insbesondere dann übernehmen, wenn es von Bezugspersonen mit hohem gesellschaftlichen Status (Idolen und Vorbildern) gezeigt wird.

Eine Variante dieser Theorie stellte Davis (1944) vor, der davon ausgeht, daß menschliches Verhalten durch Erlernen der Normen und Regeln einer Gesellschaft erworben wird. Wir lernen, uns den Regeln entsprechend zu verhalten, weil wir vorwegnehmen können, was passiert, wenn wir uns abweichend verhalten; die dabei in uns ausgelösten unangenehmen Gefühle steuern unser Lernen. Jugendliche handeln demgemäß in Übereinstimmung mit den an sie herangetragenen (Rollen-)Erwartungen, weil sie Mißbilligung oder Strafe vermeiden bzw. Lob und Zustimmung erhalten wollen. Da gerade in unserer Zeit die an Jugendliche herangetragenen Erwartungen häufig unklar und uneindeutig sind, geschieht es oft, daß sich junge Menschen nicht sicher sind, mit welchem Verhalten sie auf Akzeptanz stoßen und mit welchem Verhalten sie abgelehnt werden. (Im Klassenzimmer, im Billardsalon, im Theaterfoyer, am Strand, beim Vorstellungsgespräch werden ganz unterschiedliche Verhaltensweisen von ihnen erwartet.) Ihre innere Unsicherheit ist angst- und unlustgetönt, besonders wenn sie Mißbilligung und andere negative Sanktionen vorwegnehmen, die ihnen bei nichtkonformem, abweichendem Verhalten drohen. Zuweilen kann das Ausmaß der gefühlsmäßigen Belastung anwachsen und in eine für Jugendliche typische Phase emotionaler Beeinträchtigung einmünden.

Die Kulturanthropologin Margaret Mead (1971) plädiert für einen etwas *abgemilderten umwelttheoretischen Standpunkt.* Aus ihrer Sicht belegen ihre eigenen Feldstudien in Stammesgesellschaften der Südsee „die Macht des Milieus": Pubertät und Adoleszenz müssen keineswegs zwangsläufig Phasen des konflikthaften und spannungsreichen Übergangs ins Erwachsenenalter sein, sondern können durchaus – in Abhängigkeit von den kulturellen Gegebenheiten und Vorrichtungen (z. B. Durchführung von Einweihungs- oder Initiationsritualen für Jugendliche zur Aufnahme in die Welt der Erwachsenen) – Lebensabschnitte mit besonders positiven Merkmalen sein.

Alle umwelttheoretisch orientierten Wissenschaftler vertreten – mehr oder weniger rigoros – die Auffassung, daß es in erster Linie Umwelteinflüsse sind, welche die Phänomene des Jugendalters erklären; Anlagefaktoren, also die Gene und biologische Natur, spielen demgegenüber nur eine untergeordnete Rolle.

5. Wechselwirkungstheorien:
Umweltfaktoren und Anlagefaktoren wirken zusammen

In Wechselwirkungstheorien werden sowohl Anlage- wie Umweltfaktoren in Rechnung gestellt, zwischen denen Austauschprozesse
stattfinden, die das Zustandekommen von Entwicklungsfortschritten
in Pubertät und Adoleszenz verständlich machen. In Abhängigkeit
davon, ob großes oder weniger großes Gewicht auf den Stellenwert
der sich abspielenden Wechselwirkungen gelegt wird, lassen sich
schwache, mäßige oder starke Wechselwirkungstheorien voneinander abgrenzen:

Schwache Wechselwirkungstheorien:
Zusammenwirkung spielt nur eine untergeordnete Rolle

Insbesondere die von Sigmund Freud (1856–1939) begründete *psychoanalytische Theorie* verdient hier Erwähnung. Für Freud sind die
ersten Lebensjahre und die während dieser Zeit gemachten Erfahrungen bei der Befriedigung angeborener (oraler, analer und phalli-
scher) Bedürfnisse von grundlegender Bedeutung für spätere Entwicklungsstufen. Dementsprechend werden die während des Jugendalters stattfindenden Entwicklungsfortschritte verständlich gemacht
auf der Grundlage der Wiederbelebung frühkindlicher Fixierungen,
Prägungen und Konflikte. Die durch biologische Reifungsprozesse
(„Hormonschub") frei werdende triebhafte Energie drängt auf Befriedigung im genitalen Bereich. Während der ersten Phase (11.–14.
Lebensjahr) werden dabei vor allem frühkindliche Formen des Lust-
gewinns, z. B. also „orale" (die Mundregion einbeziehende) oder „ana-
le" (den Afterbereich einbeziehende) Themen, noch einmal aktiviert;
in der zweiten Phase (14.–20. Lebensjahr) geht es dann um „geni-
tale" (die Geschlechtsorgane einbeziehende) Befriedigungsformen
und den Aufbau heterosexueller Beziehungen.

Freuds Tochter Anna (1958) widmete den während der Adoles-
zenz stattfindenden Veränderungen zwischen Es (dem Triebleben),
Ich und Über-Ich (dem Sitz des Gewissens und der verinnerlichten
Moral) besondere Aufmerksamkeit. Das Ich, als Instanz von Kon-

trolle und Abwehrfunktionen, führt während dieser Periode einen
Zwei-Fronten-Kampf: Es muß sich – ein Resultat der biologisch bedingten Verstärkung des Sexualtriebes – mit intensiven Es-Impulsen
auseinandersetzen und gleichzeitig den neu erworbenen moralischen
Richtlinien seines Über-Ichs zu entsprechen versuchen. Letztere bilden sich dadurch aus, daß die Heranwachsenden Wertorientierungen
und Normen von Bezugspersonen übernehmen, die sie sympathisch
finden und mit denen sie sich identifizieren. In den meisten Fällen
kommt es zu starken Ich-Konflikten, die als massive Ängste erlebt
werden. Das Ich, gleichzeitig bedroht von starken Es-Impulsen und
rigiden Über-Ich-Ansprüchen, fühlt sich ohnmächtig und nicht mehr
in der Lage, seine Kontroll- und Vermittlungsaufgaben wahrzuneh-
men. Durch den Einsatz verschiedenartiger Abwehrmechanismen, wie
Sublimierung, Verschiebung, Intellektualisierung oder Askese, die
von Anna Freud (1936) in ihrem Buch „Das Ich und die Abwehrmechanismen" ausführlich beschrieben werden, bemüht sich das Ich um
Konfliktminderung und Angstabbau. Das Auftreten starker innerer
Spannungen und Turbulenzen ist für diese Phase charakteristisch. Als
bedenklich eingeschätzt wird die extreme Mobilisierung von Abwehrmechanismen, wie Verdrängung und Verleugnung, die einen
krankhaften Zustand von innerer Ruhe und Ausgeglichenheit mit sich
bringen. Neurotisch ist auch das andere Extrem, das Überschwemmt-
werden von Störungen, das zu Rückfällen (Regressionen) auf frühere
Entwicklungsstufen führt. Im Normal-(und Ideal)fall erfolgt die all-
mähliche Wiederherstellung eines inneren Gleichgewichtes dadurch,
daß vom Ich nicht mehr, aber auch nicht weniger Abwehrkräfte mobilisiert werden, als für eine Vermittlung zwischen Es-Impulsen und
Über-Ich-Normen erforderlich ist.

*Mäßige Wechselwirkungstheorien: Phasenweise ist das
Zusammenwirken von Anlage- und Umweltfaktoren von Bedeutung*

Der psychoanalytische Ansatz wurde in nachfolgenden Jahrzehnten
weiterentwickelt. Für das Jugendalter von Bedeutung ist vor allem
die auf der Grundlage neuerer psychoanalytischer Konzepte betrie-
bene „*Coping*"-*(Bewältigungs-)forschung*. Erwähnenswert sind die

Arbeiten von Norma Haan (1977), die zwischen Abwehrmechanismen und Bewältigungsstrategien unterscheidet. Bei beiden handelt es sich um grundlegende Ich-Aktivitäten der Auseinandersetzung mit Es-Impulsen und Über-Ich-Ansprüchen, jedoch erfüllen sie verschiedene Funktionen: Durch Abwehrvorgänge werden Gefühle abgeblockt und Realität verzerrt, es kommt zu keiner richtigen Vermittlung und Konfliktverarbeitung, sondern zu Kontrolle und Ausbildung von Affektbarrieren. Bei Coping handelt es sich dagegen immer um flexible, auf die Anforderungen der Realität zugeschnittene Formen der Konfliktbearbeitung, die auch Gefühle zulassen. Coping- oder Belastungsbewältigungsprozesse werden auch in der psychologischen Streßforschung untersucht (Lazarus 1986), von der in Abschnitt VII „Alltagsstreß bei Jugendlichen") noch die Rede sein wird.

Besonders in den USA sehr populär geworden ist die psychosoziale Entwicklungstheorie von Erik H. Erikson (1973), die psychoanalytische Grundideen aufgreift und weiterentwickelt. Im Verlauf seines Lebens sieht sich der Mensch immer wieder vor die Aufgabe gestellt, innerpsychische Kräfte auf angemessene Weise sozial, d. h. in wechselnde gesellschaftliche Rahmenbedingungen (Familie, Kindergarten, Schule, Beruf, Partnerschaft, Elternschaft), einzubinden. Dabei durchläuft er in großer Regelmäßigkeit eine Reihe von typischen und vorhersagbaren Krisen, deren erfolgreiche Bewältigung zum Aufbau seiner Ich-Identität, dem Gefühl der inneren Einheit der Person, beiträgt.

Das Jugendalter, Erikson unterteilt es in *zwei psychosexuelle Phasen (Pubertät und Genitalität),* besitzt für ihn besondere Bedeutung. Während dieses Lebensabschnitts müssen eine ganze Reihe von Entwicklungsaufgaben bewältigt werden, um schließlich in der Erwachsenenwelt einen Platz zu finden. Zentralen Stellenwert besitzen Integrationsaufgaben: Aufbauend auf den Identifikationen der Kindheit müssen psychosexuelle und psychosoziale Veränderungen miteinander in Einklang gebracht und so allmählich eine eigene *Identität* ausgebildet werden. Bei Jugendlichen, denen diese Entwicklungsaufgabe nicht gelingt, kommt es zu einer *Identitätsdiffusion:* Sie sind ihrer selbst nicht sicher und zweifeln daran, daß sie über verschiedene soziale Situationen und Zeitpunkte hinweg dieselbe unverwechselbare Persönlichkeit bleiben; sie haben nicht das Gefühl der inneren Einheit und Stimmigkeit ihrer Person.

Während der Phase der Genitalität sehen sich die Jugendlichen vor die Aufgabe gestellt, *Intimität und Solidarität* in nahen, zwischenmenschlichen Beziehungen außerhalb ihres Elternhauses zu gestalten. Im Umgang mit Freunden, Liebespartnern, Rivalen und Konkurrenten erleben sie Nähe und Distanz, Vertrauen und Mißtrauen, Offenheit und Abgrenzung, Bindung und Loslösung. Jugendliche, die an der Bewältigung dieser Entwicklungsaufgabe scheitern, geraten mehr und mehr in eine isolierte Situation.

Eriksons Theorie kann als „mäßige" Wechselwirkungstheorie begriffen werden: Interaktionen und Wechselwirkungen zwischen genetisch bedingten Reifungsfaktoren und Einflüssen der sozialen Umwelt (insbesondere aus dem Kreis der Bezugspersonen bzw. dem Umfeld relevanter Gruppen und Institutionen) werden in Rechnung gestellt und sind allgegenwärtig, haben jedoch keine ausschlaggebende Bedeutung. Denn letztlich entwickelt sich die Persönlichkeit von innen heraus, durch „endogen" gesteuerte Ausdifferenzierung einer anfänglich wenig gegliederten und undifferenzierten Einheit.

Starke Wechselwirkungstheorien: Jeder ist zugleich Produkt und Produzent seiner eigenen Entwicklung

Innerhalb der starken Wechselwirkungstheorien verdient Lerners Auffassung vom Jugendlichen (1987), der zugleich *Produkt und Produzent* seiner Entwicklung ist, Erwähnung. Lerner betrachtet den Menschen in seiner geschichtlichen, kulturellen, sozialen, physikalischen, psychologischen und biologischen Eingebettetheit in konkrete Handlungsräume, die ihn beeinflussen und die er durch sein Handeln beeinflußt. Von ihm veränderte Situationen wirken natürlich wieder auf ihn selbst zurück.

Unterschieden werden drei Modalitäten, durch die Jugendliche Veränderung erfahren und Veränderung bewirken: (1) Durch sich abspielende Veränderungen im körperlichen Erscheinungsbild verändert sich das Verhalten ihrer Mitmenschen ihnen gegenüber, was sich natürlich auch auf ihr eigenes nachfolgendes Verhalten auswirkt. (Weil sie größer werden und andere Körperproportionen bekommen, werden sie gesiezt und wie Erwachsene wahrgenommen und behandelt, was ihr eigenes resultierendes Verhalten beeinflußt: Sie benehmen sich reifer und gesitteter). (2) Veränderungen in der Art der kognitiven und emotionalen Informationsverarbeitung durch innere Reifung und äußere Anregung bewirken, daß die Heranwachsenden Ereignisse und Gegebenheiten in ihrer Umwelt anders (z. B. kritischer) wahrnehmen und (gegebenenfalls) zu ändern versuchen. (3) Dadurch, daß sie immer häufiger ihre gereiften geistigen und körperlichen Fähigkeiten einsetzen, um die Handlungsräume, in denen sie leben und sich (mehr oder weniger) wohl bzw. unwohl fühlen, zu gestalten und zu verändern – z. B. außerhalb des Elternhauses in der Gruppe der Gleichaltrigen (= Clique) neue Ansichten und Vorlieben entwickeln – gelingt es ihnen immer besser, sich auf zukünftige Anforderungen, Rollen und bevorstehende „Übergänge" (ins Berufsleben oder auf die Hochschule) einzustellen und vorzubereiten.

In Lerners Modell werden psychoanalytisch-psychologische Aspekte, in deren Mittelpunkt die Persönlichkeit steht, mit soziologisch-kulturanthropologischen Gesichtspunkten (= Einbezug der historisch-gesellschaftlichen Bedingungen) verbunden. Seine theoretischen Klärungsversuche sind für viele zeitgenössische Entwicklungspsychologen zu Leitlinien ihrer wissenschaftlichen Forschung geworden.

6. Entwicklungsaufgaben: Gesellschaftlich vorgegebene Themen für die Heranwachsenden

Einen herausragenden Stellenwert innerhalb der Entwicklungspsychologie des Jugendalters besitzt das Konzept der *„Entwicklungsaufgaben"*, das besonders durch die Veröffentlichungen von Robert J. Havighurst (1948) auf Resonanz in der Fachwelt stieß. Havighurst, der von Eriksons Theorie der psychosozialen Entwicklungsphasen beeinflußt wurde, verfolgte mit seinem Konzept in erster Linie pädagogische Ziele. Durch Vermittlung entwicklungsbezogenen Wissens an Pädagogen und Erzieher wollte er deren praktische Fähigkeiten im Umgang mit Heranwachsenden fördern und ausbauen. Das Konzept der Entwicklungsaufgaben ist dazu besonders gut geeignet, weil es sozusagen ein Bindeglied darstellt zwischen Ansprüchen der Gesellschaft und Bedürfnissen des Individuums.

Entwicklungsaufgaben können umschrieben werden als Lernaufgaben, zu deren Lösung besondere Kompetenzen und Fähigkeiten erforderlich sind, die zu erwerben den Jugendlichen während einer bestimmten sensiblen Entwicklungsphase besonders leicht fällt, weil während dieses Zeitabschnitts – vor allem aufgrund innerer Reifungsvorgänge – günstige Lernvoraussetzungen vorliegen. Zu einem früheren oder späteren Zeitpunkt könnte die Entwicklungsaufgabe unter Umständen (aber nicht in jedem Falle!) zwar auch bewältigt werden, jedoch nur mit stärkerer Kraftanstrengung bzw. größerem Unterstützungsaufwand von außen.

Dazu ein Beispiel: Eine typische, von Havighurst genannte Entwicklungsaufgabe ist „Akzeptanz der eigenen körperlichen Erscheinung und angemessene Nutzung der Möglichkeiten des Körpers". Das eigene körperliche Aussehen und die physischen Kräfte und Ressourcen können erst dann akzeptiert und wirkungsvoll genutzt werden, wenn die körperlichen Wachstumsvorgänge ihren zumindest vorläufigen Abschluß gefunden haben (frühestens also mit Beendigung der Pubertät). Deutlich machen läßt sich an diesem Beispiel auch der allgegenwärtige Druck von außen: Gesellschaftliche Standards, im konkreten Fall also die vorherrschenden Ideale eines schönen Körpers – in unserem Kulturkreis schlank, wohlproportioniert, anmutig und mädchenhaft für das weibliche Geschlecht, athletisch, muskulös und kraftvoll für das männliche Geschlecht – geben Leitlinien für die Entwicklungsaufgabe vor, denen zu entsprechen sich die Jugendlichen bemühen.

Havighurst betont in seinem Konzept auch die sich im Laufe der Jugendjahre ausbildende Eigenständigkeit und gestaltende Kraft des Individuums. Die Heranwachsenden sind – besonders in unserer modernen pluralistischen Gesellschaft – als immer *selbständiger werdende Persönlichkeiten aktiv an der Ausgestaltung ihres subjektiven Körperbildes und ihrer körperlichen Fähigkeiten beteiligt.* So können sich z. B. 13jährige Mädchen schminken, enge Miniröcke anziehen und Stöckelschuhe tragen, aber auch 19jährige junge Frauen jedes Make up ablehnen und sich in Turnschuhen und abgewetzten Jeans am wohlsten fühlen.

Für den Zeitraum der Adoleszenz werden von Havighurst acht Entwicklungsaufgaben genannt. Einige davon greifen Themen, die bereits in der Kindheit anstanden, noch einmal auf, andere stehen erstmals zur Bewältigung an, werden jedoch im frühen Erwachsenenalter noch einmal aufgegriffen. Die dadurch entstehende Vernetzung mit vorangehenden und nachfolgenden Entwicklungsabschnitten unterstreicht den Status des Jugendalters als Phase des Übergangs vom Kind zum Erwachsenen.

Mit der Frage, ob und in welchem Umfang die von Havighurst unterschiedenen Entwicklungsaufgaben auch im heutigen Deutschland noch Gültigkeit besitzen, haben sich Dreher und Dreher (1985) beschäftigt. Sie ließen Jugendliche im Alter von 15–18 Jahren die Havighurst-Entwicklungsaufgaben diskutieren unter dem Gesichtspunkt ihrer Brauchbarkeit für einen geplanten neuen Fragebogen. Die Änderungs-, Ergänzungs- und Überarbeitungsempfehlungen wurden aufgegriffen und führten zur Gestaltung eines erweiterten Katalogs von zehn Entwicklungsaufgaben, der von den beiden Autoren in nachfolgenden Untersuchungen mehrfach erfolgreich eingesetzt wurde. Drehers Katalog der Entwicklungsaufgaben des Jugendalters ist im folgenden (in Anlehnung an eine Darstellung von Oerter und Dreher 1995) in leicht veränderter Form wiedergegeben:

(1) Akzeptanz des eigenen Körpers und der eigenen körperlichen Erscheinung (Annahme der körperlichen Veränderungen).

(2) Aneignung der Geschlechtsrolle, d. h. der Verhaltensmuster, die in unserer Gesellschaft von Frauen und Männern erwartet werden.

(3) Aufbau von Freundschaften: Neue, reifere und tiefere Beziehungen werden zu Altersgefährten beiderlei Geschlechts hergestellt, gleichzeitig

(4) Ablösung von den Eltern (von beiden Elternteilen emotional unabhängig werden).

(5) Aufnahme von intimeren Partnerbeziehungen (zum Freund und/oder zur Freundin), d. h. Eingehen von neuen Bindungen außerhalb des Elternhauses und – damit verbunden:

(6) Entwicklung von Vorstellungen über Ehe, Familie und intimes Zusammenleben.

(7) Aufbau von Wissen darüber, was man werden will und was man dafür können und lernen muß.

(8) Aufbau eines realistischen Selbstbildes: Wissen, wer man ist und was man möchte.

(9) Entwicklung einer eigenen Weltanschauung (Aufbau von Wertorientierungen, die als Richtschnur für das eigene Verhalten akzeptiert werden).

(10) Aufbau von auf die Zukunft gerichteten Erwartungen und Perspektiven (Anvisieren von Zielen, von denen man glaubt, sie erreichen zu können).

Auf die in diesen zehn Entwicklungsaufgaben – aus Sicht der Jugendlichen – umrissenen Problemstellungen (die natürlich eng miteinander verbunden sind, teilweise einander sogar überlappen) wird, sofern fundierte Forschungsergebnisse vorliegen, in den folgenden Abschnitten hin und wieder Bezug genommen.

II: Biologische und körperliche Veränderungen während der Pubertät und Adoleszenz

1. Veränderungen der äußeren Geschlechtsmerkmale während der Pubertät und Adoleszenz

Augenscheinlich und oft dramatisch sind die Veränderungen im Hinblick auf die äußeren körperlichen Geschlechtsmerkmale, die sich insbesondere während der Pubertät abspielen: Die Jungen schießen in die Höhe, auf ihrer Oberlippe sprießt ein Flaum, die Stimme wird tiefer – bei den Mädchen runden sich die Hüften, die Brüste wachsen, der Körper streckt sich und wird schwerer. Von Biologen und Medizinern wurden auf der Grundlage umfangreicher statistischer Erhebungen und Messungen Zeittafeln über die normale körperliche Entwicklung der beiden Geschlechter während dieser Zeit und der sich anschließenden Adoleszenzjahre erstellt. Am häufigsten Verwendung findet heute noch die Einteilung von Tanner (1962), in der fünf Entwicklungsabschnitte voneinander abgegrenzt werden. In Anlehnung an diesen Autor und an Remschmidt (1992), der sich in seiner tabellarischen Darstellung an Tanner und anderen Forschern orientiert, wurde die folgende vereinfachende Zeittafel (Tabelle 2) zusammengestellt.

Tabelle 2: Körperliche geschlechtliche Veränderungen während der Pubertät und Adoleszenz

Jungen		Mädchen	
Alter	Veränderungen	Alter	Veränderungen
10–12	Hoden beginnen zu wachsen	10–11	Brüste beginnen zu wachsen, Längenwachstum nimmt zu,

Fortsetzung Tabelle 2				
	Jungen		Mädchen	
	Alter	Veränderungen	Alter	Veränderungen
			11 11–12	Vaginalschleimhaut reift, Schambehaarung 1. Stadium, starkes Wachstum der äußeren und inneren Genitalien
	12–13	Schambehaarung: 1. Stadium, Penis vergrößert sich, Längenwachstum beschleunigt sich	12–13	Schambehaarung nimmt weiter zu, Brüste wachsen weiter (2. Stadium), starkes Längenwachstum
	13–14	starkes Wachstum von Penis und Hoden, Schambehaarung nimmt zu (2. Stadium), leichte Schwellung der Brustdrüsen	13	erste Monatsblutung (unregelmäßige anovulatorische Menses), Achselbehaarung wächst, Schambehaarung und Brüste: 3. Stadium
	14 14–15 15–16 17–19	stärkstes Längenwachstum, beginnender Oberlippenflaum, Schambehaarung: Stadium 3, Achselbehaarung wächst, stärkere Brustdrüsenschwellung, Stimmbruch, Schambehaarung: Stadium 4, Hoden und Penis wachsen weiter, reife Spermien, Rückgang der Brustdrüsenschwellung, Gesichts- und Körperbehaarung insgesamt nimmt weiter zu (Schambehaarung: Stadium 5), männliche Stirn-Haar-Grenze, Epiphysenschluß und Ende des Längenwachstums	14–15 16–17	regelmäßige ovulatorische Monatsblutung (Schwangerschaft möglich), Schambehaarung und Brüste: 4. Stadium, Epiphysenschluß und Ende des Längenwachstums

2. Unterschiedliche Wege der körperlichen Geschlechtsausbildung für Jungen und Mädchen: Die weibliche Entwicklung verläuft einfacher

Zweierlei fällt auf den ersten Blick auf: Bei Mädchen beginnt die Zeit der körperlichen Veränderungen deutlich früher, und bei Jungen finden umfangreichere Veränderungen statt.

Diese Eigentümlichkeiten erklären Anthropologen und Biologen unter Verweis auf folgende Zusammenhänge: Das genetische Geschlecht einer Person wird bereits bei der Zeugung und Empfängnis durch Vereinigung von Samen- und Eizelle festgelegt. Dabei ist für das weibliche Geschlecht ein paarig angelegtes X-Chromosom zuständig, das männliche Geschlecht wird durch je ein X- und ein Y-Chromosom bestimmt.

Gelegentlich wird von Anthropologen die Vermutung geäußert, daß aufgrund dieser größeren Differenzierung des Chromosomensatzes die männliche Entwicklung von der Befruchtung an komplizierter, langwieriger und störanfälliger verlaufen wäre (Rudolph 1980). Fest steht, daß in der Embryonalentwicklung männliche Keimdrüsen dadurch ausgebildet werden, daß vom Y-Chromosom eine Botensubstanz, das H-Y-Antigen, ausgesandt wird. Dagegen scheint das X-Chromosom auf die weibliche Keimdrüsenentwicklung keinen Einfluß zu nehmen: Für die Entstehung der Eierstöcke sind keine Botenstoffe verantwortlich – sie bilden sich sozusagen von selbst.

Dieses Faktum wird durch stammesgeschichtliche Befunde gestützt, welche untermauern, daß die ungeschlechtliche Fortpflanzung (mit nur einem, dem „weiblichen" Urgeschlecht) der geschlechtlichen Fortpflanzung vorausgegangen ist.

Auch in der weiteren Embryonalentwicklung, bei der Ausbildung körperlicher Geschlechtsmerkmale, kann demonstriert werden, daß sich männliche Geschlechtsorgane nur unter dem Einfluß der männlichen Keimdrüsenhormone (Androgene) ausbilden; wenn keine Botenstoffe einwirken, entwickeln sich – auch bei Vorliegen eines männlichen Geschlechtschromosomensatzes – weibliche Genitalien!

Abweichungen von der Normalentwicklung:
Auswirkungen von Androgen-Unempfindlichkeit

In der medizinischen Fachliteratur wird gelegentlich von genetisch männlichen Kindern mit Androgen-Unempfindlichkeit berichtet (Bräutigam 1964): Die entsprechenden Individuen, bei denen also – aus welchen Gründen auch immer (meist handelt es sich um genetische oder Gehirn-Anomalien) – keine Ausschüttung von Androgenen stattfindet, bzw. die sich als unempfindlich gegenüber Androgenen erweisen, durchlaufen äußerlich eine normale weibliche Entwicklung. Die Hoden steigen nicht ab, und mit Beginn der Pubertät kommt es auf Grund der in den Hoden erfolgenden Östrogenproduktion zu einer normalen Verweiblichung des äußeren Genitals. Eine genauere medizinische Diagnose kann in der Regel erst beim Ausbleiben der Menstruation und aufgrund der nicht vorhandenen inneren weiblichen Geschlechtsorgane gestellt werden. Mediziner berichten über verschiedenartige Formen und Abstufungen von Androgen-Mangel bzw. Androgen-Unempfindlichkeit. Die betroffenen Individuen können sich in Abhängigkeit davon, wie sie behandelt werden, sowohl in „richtiger" (männlicher) Richtung, wie auch in „falscher" (weiblicher) Richtung weiterentwickeln. Oft gibt dabei die vorangegangene soziale Zuweisung zum weiblichen Geschlecht den Ausschlag und die betroffenen Personen entwickeln sich zu „normalen" (aber nicht fortpflanzungsfähigen) Frauen.

3. Längenwachstum:
Verdoppelung der Wachstumsgeschwindigkeit

Um die erheblichen Veränderungen, die sich innerhalb einer Zeitspanne von nur 2 – 3 Jahren abspielen, übersichtlich darzustellen, wird im folgenden zwischen körperlichen, hormonellen und physiologischen Veränderungen unterschieden. Diese sind faktisch zwar eng miteinander verwoben, lassen sich jedoch voneinander abgrenzen, um typische, während der Pubertät stattfindende biologische Veränderungen zu verdeutlichen.

Der Beginn der Pubertät ist gekennzeichnet durch eine plötzlich einsetzende Zunahme des Längenwachstums, die von der Geschwindigkeit her verglichen werden kann mit dem schnellen Längenwachstum der ersten beiden Lebensjahre (im ersten Lebensjahr nimmt die Körpergröße um durchschnittlich 25 cm zu). Das Längenwachstum verlangsamt sich während der Latenzjahre (die nicht zuletzt aus diesem Grunde so genannt werden) bis auf ca. 5 cm im Jahr unmittelbar vor der Pubertät. Während des pubertären Wachstumsschubs verdoppelt sich dann die Wachstumsgeschwindigkeit nahezu: Mädchen werden ungefähr 8 cm pro Jahr größer, Jungen wachsen durchschnittlich 9,5 cm. Bei Jungen beginnt das Längenwachstum ungefähr eineinhalb bis zwei Jahre später und dauert bis zum 19. Lebensjahr. Daß Jungen durchschnittlich 12 bis 13 cm größer als Mädchen werden, ist zurückzuführen auf die größere Wachstumsgeschwindigkeit während der Pubertätsjahre. In den Jahren vor der Pubertät sind bei beiden Geschlechtern Abweichungen von der durchschnittlichen Körpergröße relativ selten; während der Pubertätsjahre nimmt die Varianz und Streubreite beträchtlich zu, so daß sogar noch zwei Standardabweichungen, d. h. Abweichungen nach „oben" oder „unten" von ungefähr 95 % vom Durchschnitt, von Biologen und Medizinern als normal angesehen werden. Noch größere Abweichungen nach oben oder nach unten sind in der Regel krankheitsbedingt oder haben genetische Ursachen. Zum Beispiel können Tumorerkrankungen im Hypophysenvorderlappen des Gehirns eine verminderte oder vermehrte Ausschüttung von Wachstumshormonen mit sich bringen, welche zu Zwergenwuchs oder Riesenwuchs führen kann. Bei der Erklärung von Normabweichungen sind jedoch auch Einflüsse der Ernährung und sozioökonomische Faktoren in Rechung zu stellen. Nachgewiesen wurde beispielsweise ein auf Unterernährung zurückzuführender verzögerter Pubertätsbeginn – im Falle des Krankheitsbildes Anorexia nervosa (Magersucht) wird auf diese Weise von weiblichen Heranwachsenden der Eintritt in die Pubertät vermieden bzw. hinausgeschoben. Berichtet wurden auch Zusammenhänge zwischen Körpergröße und Schichtzugehörigkeit (sowie Menarchebeginn und Sexualentwicklung): Im Durchschnitt sind pubertierende Kinder der sozialen Unterschicht 5 cm kleiner als Pubertierende der Mittel- und Oberschicht; letztere haben auch ein größeres Körpergewicht und treten früher in die Pubertät ein. Zurückgeführt werden diese Besonderheiten (Tanner 1962) nicht nur auf unterschiedliche, schichtspezifische Ernährungsbedingungen, sondern auf insgesamt günstigere Anregungsbedingungen in den höheren Sozialschichten.

4. Gestaltwandel: Die Körperproportionen verändern sich

In den Pubertätsjahren finden augenscheinlich umfangreiche Veränderungen der Körperproportionen statt, das Längenwachstum erfaßt
zunächst die Hände und Füße, danach die Hüften und Schultern, und
zum Schluß wächst der Rumpf sozusagen nach. Die niedrigste Wachstumsgeschwindigkeit während dieser Zeit hat der Kopf zu verzeichnen, dessen Wachstum mitsamt der Gehirnentwicklung der übrigen
Entwicklung in den vorangegangenen Jahren vorausgeeilt war. Weil
die Gesichtsknochen innerhalb des Schädels schneller als die übrigen Teile wachsen, kommt es zu einer Streckung des gesamten Ge-
sichtes. Beim männlichen Geschlecht verlaufen die aufgezählten
proportionalen Veränderungen deutlicher, d. h., daß Mädchen sich insgesamt weniger stark von den kindlichen Körperproportionen entfernen. Im Verlaufe der Pubertät manifestieren sich einige Geschlechtsunterschiede immer deutlicher, z. B. die breiteren Hüften und
die in der Relation zum Rumpf kürzeren Beine der Mädchen und die
breiteren Schultern bei den Jungen. Festgestellt wurde, daß sich
Frühentwickler und Spätentwickler hinsichtlich der Körperproportionen bei beiden Geschlechtern unterscheiden (Remschmidt 1992,
32): z. B. haben Spätentwickler bei den Jungen relativ breite Schultern und schmale Hüften im Vergleich zu den Frühentwicklern; bei
Jungen und Mädchen sind Spätentwickler meist relativ langbeinig
und mit einem kürzeren Rumpf ausgestattet als Frühentwickler.

Physische Kraft: Schnelleres Muskelwachstum bei den Jungen

Erst mit dem Eintritt in die Pubertät nimmt bei Jungen das Muskelwachstum schneller zu als bei Mädchen. Interessanterweise erfolgt
bei beiden Geschlechtern die Steigerung der Körperkraft erst nach
der Zunahme der Muskulatur, was als allgemeine biologische Gesetz-
mäßigkeit begriffen wird, nach der die Ausbildung der körperlichen
Grundlagen der Einübung in die ihr gemäßen Funktionen vorausgeht.
Die Tatsache, daß Jungen eine größere Körperkraft entwickeln als
Mädchen wird auf genetische Faktoren zurückgeführt, z. B. auf die
größere Anzahl der sich ausbildenden Muskelzellen (und die größere

Ausschüttungsmenge an Testosteron, einem männlichen Geschlechts-
hormon, welches nachweislich eine Auswirkung auf die Muskelent-
wicklung hat). Daß Jungen aufgrund ihrer Körperproportionen
(Hebelwirkung der längeren Arme und Beine!) Mädchen gegenüber
im Vorteil sind, liegt auf der Hand.

Grobmotorik und Feinmotorik:
Vorübergehende Unsicherheiten bei beiden Geschlechtern

Mit dem Begriff Grobmotorik umschreibt man den Bereich der Bewegungen, die den gesamten Körper oder zumindest einige Körper-
regionen (Arme, Beine, Rumpf, Oberkörper, Unterkörper) umfassen.
Der Begriff Feinmotorik bezieht sich dementsprechend auf gezielte
und abgestimmte Bewegungen einzelner Körperteile, besonders der
Hände, die eine genauere Muskelkoordination voraussetzen.

In beiden Bereichen der Motorik manifestieren sich bei Jungen
und Mädchen mit dem einsetzenden Längen- und Muskelwachstum
vorübergehend Unsicherheiten, die sich auf biologische Gründe
zurückführen lassen, welche durch zwischenmenschliche Kompo-
nenten (= Bewertungen der Mitmenschen) noch verstärkt werden.
Eine ausgewogene motorische Koordination kann – nach den körperlichen Veränderungen in der Pubertät – erst allmählich aufgebaut
werden, wenn das Wachstum der Muskulatur und die Erprobung der
Muskelkraft vorangegangen sind. Dabei spielen Übungs- und Lern-
vorgänge und die Reaktionen der Umwelt, welche die teilweise noch
wenig koordinierten grobmotorischen Bewegungsabläufe Pubertierender als unbeholfen und unsicher tituliert, eine gewichtige Rolle.
Daß Jungen sich in vielen grobmotorischen Aktivitäten Mädchen
gegenüber als überlegen erweisen, hat nur zum Teil biologische Ursachen und muß vor allem auf die traditionelle Geschlechtsrollenerziehung zurückgeführt werden, die bei Jungen Körperertüchtigung
mit dem Ziel des Aufbaus von Muskeln, Kraft und sportlich-dyna-
mischem Verhalten stärker in den Vordergrund rückt als bei Mädchen.
Was die Feinmotorik angeht, so lassen sich Geschlechtsunterschiede allenfalls in Teilbereichen oder im Hinblick auf einzelne feinmo-
torische Fähigkeiten dokumentieren: In „Handarbeiten" dominieren

die Mädchen und bei „handwerklichen Tätigkeiten" sind die Jungen geschickter, was wieder mit geschlechtsspezifischer Förderung und entsprechendem Übungsgewinn zusammenhängen dürfte. Wenn Jungen und Mädchen dieselben Übungsmöglichkeiten zur Verfügung gestellt werden, verschwinden die Geschlechtsunterschiede im Hinblick auf Feinmotorik und Grobmotorik weitgehend.

5. Veränderungen in verschiedenen Organsystemen

In der Humanbiologie wurden für die verschiedenen Organe und Gewebearten vier Grundtypen des Wachstumsverlaufes identifiziert (Remschmidt 1992, 35 ff.):

(1) Der *lymphoide Wachstumstyp,* der Thymusdrüse und Lymphgefäße umfaßt, ist charakterisiert durch hohe Wachstumsgeschwindigkeit während der Kindheitsjahre bis zum Beginn der Pubertät und stark abnehmende Wachstumsgeschwindigkeit in den darauffolgenden Jahren.

(2) Der *Wachstumstyp von Kopf und Gehirn,* dem Klein- und Großhirn, Dura, Rückenmark, optisches System und Schädelknochen zugerechnet werden, ist gekennzeichnet durch besonders starke Zuwachsraten in den ersten sechs Lebensjahren und zunehmende Verminderung der Wachstumsgeschwindigkeit in der Pubertät und Adoleszenz.

(3) Dem *Wachstumstyp des allgemeinen Körperwachstums* sind Rumpf, Beine und Arme, daneben auch die Atem-, Kreislauf-, Verdauungs- und Ausscheidungsorgane (also die meisten inneren Organe, wie Herz, Lunge, Leber, Nieren, Milz, Gallen- und Harnblase), Muskulatur und Blutvolumen unterworfen. Dieser Wachstumstyp zeigt Phasen beschleunigten Wachstums in den ersten vier Lebensjahren und während der Pubertäts- und frühen Adoleszenzjahre.

(4) Dem *Wachstumstyp der Fortpflanzungsorgane* folgen (vor allem) die inneren Geschlechtsorgane (Eierstöcke, Tuben, Hoden und Nebenhoden, Prostata und Samenbläschen); ihre Wachstumsgeschwindigkeit, minimal während der Kindheitsjahre, ist durch rapide Zunahme während Pubertät und Adoleszenz charakterisiert.

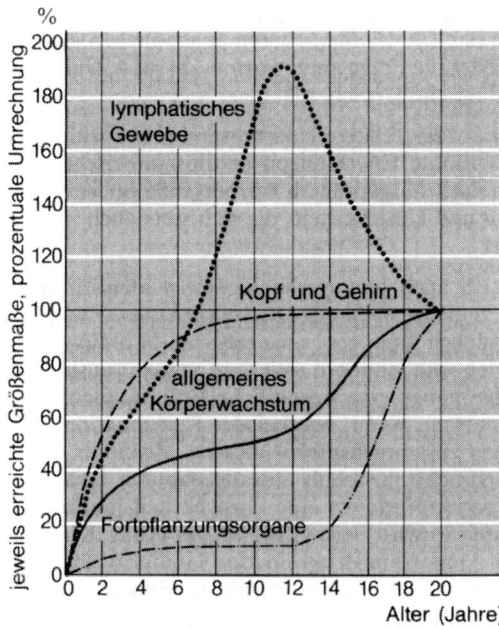

Abbildung 1: Vier Grundtypen des Wachstumsverlaufes
(nach Remschmidt 1992, 36)

Die in Abbildung 1 vereinfacht dargestellten Wachstumskurven illustrieren die skizzierten vier Entwicklungsverläufe. Hervorhebenswert sind folgende Details:

(1) Beim Mädchen ist das Wachstum des Gehirns mit ca. 14 Jahren, beim Jungen durchschnittlich erst mit ca. 16 Jahren abgeschlossen. Das bedeutet, daß *die funktionelle Spezialisierung der beiden Hirnhälften beim männlichen Geschlecht einen insgesamt längeren Zeitraum in Anspruch nimmt und stärker ausgeprägt ist als beim weiblichen Geschlecht.* In jüngerer Zeit mehren sich in der neurophysiologischen Forschung die Hinweise, daß – ein Resultat dieser Entwicklungsbesonderheit – (besonders hochbegabte) Frauen häufiger als Männer zur Lösung kognitiver (z. B. mathematischer) Probleme beide Hirnhälften einsetzen (Kasten 1996).

(2) Bestimmte kognitive Funktionen, z. B. die Fähigkeit zur Ausführung logischer (formal-abstrakter, unanschaulicher) Denkoperationen sind an die Markscheidenreifung von Nervenbahnen im Großhirn, z. B. in der Formatio reticu-

laris und den intrakortikalen Assoziationsfasern, gebunden. Die Reifungsprozesse in diesen Regionen finden ihren Abschluß erst in den frühen Adoleszenzjahren.

(3) Messungen mit dem Elektroencephalogramm (EEG), vermittels dessen elektrische Potentiale („Hirnströme") unterschiedlicher Wellenlänge und Frequenz gemessen werden, machen deutlich, daß das endgültige Niveau erst um das 18. Lebensjahr herum erreicht wird; zu diesem Zeitpunkt ist die bioelektrische Hirnreifung beendet.

(4) Im Herz-Kreislauf-System, Respirationstrakt und Stoffwechsel lassen sich bis zum Pubertätseintritt keine Geschlechtsunterschiede aufzeigen. Im Verlaufe der Pubertät nimmt bei Jungen das Herzgewicht, Lungenvolumen, Blutvolumen, Hämoglobin, die Vitalkapazität, Zahl der roten Blutkörperchen, Effizienz des Sauerstoffaustausches und der systolische Blutdruck stärker zu als bei Mädchen. Die Resultate dieser Veränderungen sind dauerhaft (Remschmidt 1992, 35–41).

6. Hormonelle oder endokrine Veränderungen: Aktivierung komplexer Regelkreise

Die Umstellung der inneren Hormonsituation erfolgt auf der Grundlage zweier komplexer Regelkreise, durch deren Zusammenwirken in einem bestimmten Hirnareal, der Hypophyse (Hirnanhangdrüse), unter dem Einfluß des Hypothalamus und unter Beteiligung der Epiphyse („Zirbeldrüse"), Steuerhormone abgesondert werden. Es handelt sich um „FSH", das follikelstimulierende Hormon, beim Mädchen und „IZSH", das interstitielle Zellen stimulierende Hormon, beim Jungen. Durch diese Steuerhormone werden die weiblichen bzw. männlichen Keimdrüsen (Eierstöcke und Hoden) angeregt, ihrerseits Geschlechtshormone auszuschütten. In den Eierstöcken wird durch das follikelstimulierende Hormon die Produktion von Östrogen in Gang gebracht, das seinerseits in der Hypophyse die Absonderung von „LH", dem Luteinisierungshormon, anregt, welches den Eisprung (= Ablösung eines Eies aus den Eierstöcken) und die erhöhte Produktion des Corpus-Luteum-Hormons auslöst. Dieser Vorgang wiederholt sich allmonatlich, wenn er sich erst einmal stabilisiert hat, sofern sich die hormonelle Situation des Organismus nicht wieder verändert, was z. B. – wie in Ländern der Dritten Welt beobachtet wurde – durch Unterernährung oder durch extremen Leistungssport (Kunstturnen!) herbeigeführt werden kann und natürlich – von innen gesteuert – beim Erreichen des Klimakteriums, den Wechseljahren, der Fall ist. Beim Jungen werden durch das „IZS"-Hormon die Hoden zur Produktion von Testosteron veranlaßt, welches Samenzellen heranreifen läßt. Hierbei handelt es sich um einen kontinuierlichen Vorgang, der keinen periodischen Schwankungen unterworfen ist.

Daß auch seelische Faktoren, wie Streß und emotionale Deprivation (= Entzug, Mangel) oder Überforderung, z. B. depressionsauslösender Zuwendungsentzug oder sexueller Mißbrauch, mitbeteiligt sind, wenn sich der Eintritt der Pubertät verzögert oder verfrüht, wurde überzeugend nachgewiesen. Z. B. wurde schon in den 60er Jahren auf einen Zusammenhang zwischen emotionaler Deprivation und verminderter Ausschüttung des Wachstumshormons GH und Veränderungen im Glukose-Stoffwechsel aufmerksam gemacht.

Noch ungeklärt ist, auf welche Weise die hormonellen Umstellungen in der Pubertät in Gang gebracht werden. Vermutet wird, daß ein in der Kindheit bereits vorhandener Regelkreis dadurch aktiviert wird, daß die Empfindlichkeit der Rezeptoren im Hypothalamus gegenüber Sexualhormonen abnimmt, wodurch größere Mengen an Gonadotropinen abgesondert werden können. Die erhöhte Absonderung hält solange an, bis ein Gleichgewicht zwischen Gonaden- und Hypophysenfunktion aufgebaut und der Regelkreis somit auf ein neues Niveau eingestellt worden ist (Remschmidt 1992, 55).

7. Hormonelle Wechselwirkungen auf drei Ebenen

Hormonelle Regulationen und Wechselwirkungen finden auf drei verschiedenen Ebenen statt: Auf der Ebene der Drüsen, die Hormone absondern, auf der Ebene der Abstimmungsprozesse durch die Hypophyse und auf der Ebene der Auslösungs- und Steuerungsmechanismen im Gehirn. Neben den oben erwähnten Sexual- oder Geschlechtshormonen entfalten in der Pubertät vor allem *Wachstums- und Schilddrüsenhormone* ihre Wirkung: Vom Vorderlappen der Hypophyse werden Wachstumshormone abgesondert, die vor allem das

Skelett- und Muskelwachstum anregen sowie den Fett-, Eiweiß- und Kohlenhydratstoffwechsel und den Elektrolythaushalt beeinflussen. Im Verlaufe der Adoleszenz läßt die Wirkung der Wachstumshormone nach, und etwa vom 18.–20. Lebensjahr an übernehmen die Sexualhormone deren Aufgaben.

Die von der Schilddrüse abgesonderten Hormone tragen in erster Linie zur Knochenreifung (Umwandlung von Knorpel in Knochen), daneben aber auch zum Längenwachstum bei. Nachgewiesen ist auch ihr Einfluß auf den Stoffwechsel (Steuerung des Grundumsatzes), die Zahnreifung und die Hirnentwicklung.

Krankhafte Über- und Unterfunktionen von Schilddrüsen- bzw. Wachstumshormonen haben unterschiedliche Ursachen und führen zu Erscheinungsbildern, wie Kretinismus, überstarke Erregbarkeit, Zwerg- und Riesenwuchs, die von der klinischen Forschung für diesen Entwicklungsabschnitt ausführlich beschrieben worden sind.

8. Geschlechtshormone und Verhalten

In welcher Weise sich Geschlechtshormone auf das Verhalten und subjektive Befinden auswirken, ist noch weitgehend ungeklärt. Zwar werden korrelative Zusammenhänge zwischen biologischen und psychologischen Vorgängen berichtet, z. B. zwischen der Konzentration des männlichen Sexualhormons Testosteron im Blut und der Vorkommenshäufigkeit von nächtlichen Samenergüssen, Masturbation und erstem Verliebtsein (Remschmidt 1992, 50 ff.). Beim weiblichen Geschlecht wird von Stimmungsschwankungen während des Menstruationszyklus geredet, insbesondere von prämenstruellen depressiven Verstimmungen und Spannungen und – während der ersten Phase des Zyklus – von erhöhter Zufriedenheit, Aktivität und sexueller Stimulierbarkeit. Eine hohe Testosteronkonzentration soll bei männlichen Jugendlichen die Neigung zu aggressivem Verhalten begünstigen. Androgene, eine andere Gruppe männlicher Sexualhormone, die in geringerer Konzentration auch bei Frauen vorkommen, scheinen mitverantwortlich zu sein für das Zustandekommen sexueller Aktivität, d. h. das Erwachen sexueller Bedürfnisse und sexuellen Verhaltens.

In unserem Kulturkreis wurde nachgewiesen, daß bei Jungen durchschnittlich bereits mit 13 Jahren von einem *Erwachen des Sexualtriebs* (Indikatoren: Masturbation und sexuelle Phantasien) geredet werden kann, bei Mädchen jedoch erst mit 15 Jahren. Dies ist erstaunlich angesichts der Tatsache, daß Mädchen ungefähr zwei Jahre früher in die Pubertät eintreten, und dürfte – neben biologischen Gründen (anatomische Lage der weiblichen Genitalien, geringere Androgen-Konzentration) – sicher auch psychosoziale Gründe (vgl. dazu auch den Abschnitt III. 10. über die Entwicklung des Sexualverhaltens) haben. Dementsprechend sind Spekulationen, die auf Tierversuche verweisen und Androgene verantwortlich machen für Durchsetzungsfähigkeit, Dominanz und Aggressivität im menschlichen (bzw. männlichen) Sexualverhalten, mit Vorsicht zu betrachten.

9. Ablauf der körperlichen sexuellen Reifung bei Mädchen

Ungefähr zwei Jahre nach dem Beginn der Schambehaarung kommt es zur ersten Menarche (Regelblutung), einem Zeitpunkt, zu dem der pubertäre Wachstumsschub schon weitgehend abgeschlossen ist. Ob ein Mädchen (oder Junge) früh oder spät in die Pubertät gelangt, hängt überwiegend mit genetischen (und den erwähnten psychosozialen) Faktoren zusammen. Es lassen sich vier Stadien der Schambehaarung und fünf Stadien der Brustentwicklung unterscheiden (siehe Tabelle 2, S. 27 f., und Abbildung 2).

Dem Wachsen der Brüste wird in der Regel große Aufmerksamkeit geschenkt, alle Unregelmäßigkeiten, Asymmetrien und Verzögerungen werden mit Besorgnis wahrgenommen. Der seelische Stellenwert eines schönen (nicht zu kleinen und nicht zu großen) Busens ist beträchtlich und wird durch die Leitlinien des gesellschaftlich verankerten weiblichen Schönheitsideals noch erhöht. So ist es verständlich, daß es zu massiven Störungen des Selbstwertgefühls kommen kann, wenn die persönliche Selbsteinschätzung und die Idealvorgaben zu weit auseinander klaffen.

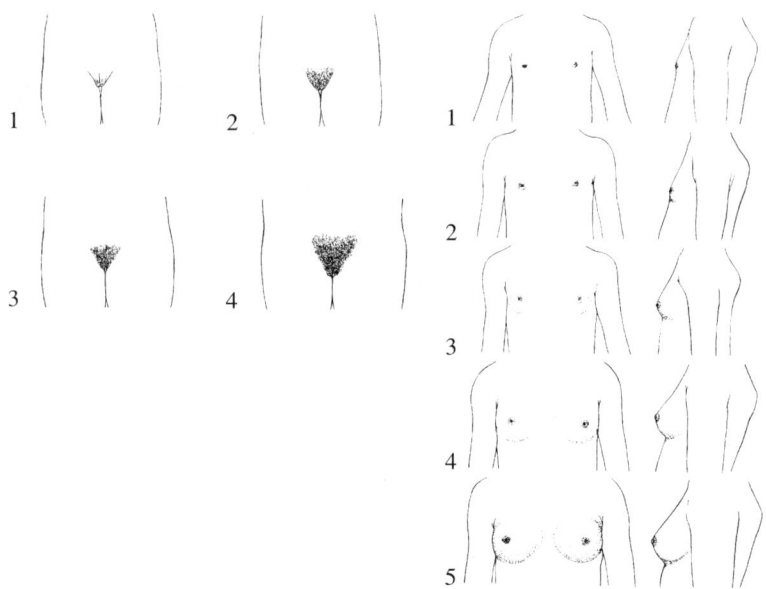

Abbildung 2: Stadien der Schambehaarung und Brustentwicklung bei Mädchen
(aus Remschmidt 1992, 60–61)

Die erste Regelblutung variiert über eine breite Zeitspanne (zwischen dem 10. und 16. Lebensjahr) und tritt in unserem Kulturkreis meist in der 2. Hälfte des 13. Lebensjahres auf. Über die vergangenen 150 Jahre betrachtet läßt sich ein immer früherer Zeitpunkt für die erste Menarche dokumentieren. Das Ereignis der ersten Regelblutung wird nur in seltenen Fällen durchgängig positiv, häufiger jedoch als belastend und einengend oder mit gemischten Gefühlen (Angst und Freude) erlebt. Gesellschaftliche Einflüsse – sterile Reinlichkeitsideale um die weibliche Körper- und Monatshygiene – tun das ihre (in negativer Hinsicht) dazu.

In einer Untersuchung (Hauswald und Zenz 1992), in der es um das Erleben der (ersten) Regelblutung und Erwartungen im Hinblick auf diese ging, wurden mit Mädchen, die ihre Regelblutung noch nicht bzw. bereits erlebt hatten, strukturierte Gespräche geführt auf der Grundlage eines Interviewleitfadens. *Über die Hälfte der Mütter der prämenarchischen Mädchen hatte mit ihren Töchtern noch nicht über das bevorstehende Ereignis gesprochen.* Die Autoren der Untersuchung beurteilen diese Tatsache sehr kritisch: „Offensichtlich ist ... die Vermittlung von Erkenntnissen über die Menstruation tabuisiert ... Dazu gehört, daß weder durch die Familie noch durch die Schule ein angemessenes Wissen über die biologischen Abläufe der Menstruation vermittelt wird. Kein Wunder, daß fast alle Mädchen über nur sehr ärmliche Erkenntnisse hinsichtlich dieses Vorgangs verfügen, und es paßt erst recht dazu, daß die Mädchen, die die Menarche besonders negativ erleben, zu denen gehören, die besonders wenig von ihr wissen" (Hauswald und Zenz 1992, 59). Daß das Ereignis der ersten Regelblutung einen wichtigen Schritt auf dem Wege in das Erwachsenenalter hinein bedeutet, wird von vielen Mädchen erwartet (und erhofft) – eine Erwartung, die in der Regel enttäuscht wird; denn die Umwelt behandelt sie zumeist noch lange weiter wie Kinder.

Wenn sich die Menarche dann zum ersten Mal ereignet, sind i. allg. die Mütter die Ansprechpartner, die meist auch positiv auf das Ereignis reagieren; Väter wurden von einem Viertel, Freundinnen von der Hälfte der befragten Mädchen informiert, „... eher en passant oder unter ängstlicher Bemühung, nicht mit dem Ereignis zu prahlen. Offensichtlich spielen Scham und Peinlichkeit des Themas dabei eine große Rolle, was 50 % der Mädchen offen ansprechen" (Hauswald und Zenz 1992, 60).

Über Jungen wird jetzt häufiger nachgedacht, meist mit gewisser Besorgnis, ob deren kraftmeierisches und zuweilen flegelhaftes Verhalten nicht eine Bedrohung für den eigenen Körper, insbesondere Brust und Unterleib, darstellt. Insgesamt kann von einem wachsenden Körperbewußtsein und einem sich zunehmend ausdifferenzierenden Körperselbstbild gesprochen werden. Dabei belegen zahlreiche Untersuchungen, daß Mädchen zwar ein differenzierteres Körperselbstbild als Jungen aufbauen, dieses aber auch viel häufiger negativ erleben (z. B. Seiffge-Krenke 1994). Das in unserem Kulturkreis gültige weibliche Schönheitsideal des mädchenhaften, überschlanken Körpers, das Mädchen (und Jungen) im Laufe der Pubertät verinnerlichen, kann in besonderem Maße hierfür verantwortlich gemacht werden.

10. Ablauf der körperlichen sexuellen Reifung bei Jungen

Bei den Jungen beginnt die geschlechtliche Reifung mit der Vergrößerung der Hoden, an die sich das Wachstum der ersten Schamhaare und des Penis anschließt (Abb. 3). Zwischen dem Beginn der Schambehaarung, die im Durchschnitt bei 12,5 Jahren liegt, und seinem Abschluß (durchschnittlich mit 15,3 Jahren) liegen knapp drei Jahre, zwischen dem Beginn der Penisvergrößerung (durchschnittlich mit 13,2 Jahren) und der vollen Penisentwicklung (durchschnittlich mit 14,8 Jahren) nur eineinhalb Jahre (Remschmidt 1992).

Zur Beurteilung des Pubertätsverlaufes wird von Biologen und Medizinern in erster Linie die Hodengröße herangezogen. Auch die männliche Brust vergrößert sich, was häufig als beunruhigend („Verweiblichung") erlebt wird. Frühestens ein Jahr nach Beginn des Hodenwachstums sind Ejakulationen möglich, die selten spontan (als nächtliche Samenergüsse) auftreten, sondern meistens durch Masturbation herbeigeführt werden. Ejakulationen und der damit verbundene Spannungsabbau und die einhergehende sexuelle Befriedigung werden von den meisten Jungen positiv erlebt, das Ausbleiben oder Nichteintreten von Ejakulationen kann besonders dann, wenn sexuell erregende Reize wahrgenommen werden, Irritationen und Beunruhigungen mit sich bringen („Bin ich überhaupt ein rich-

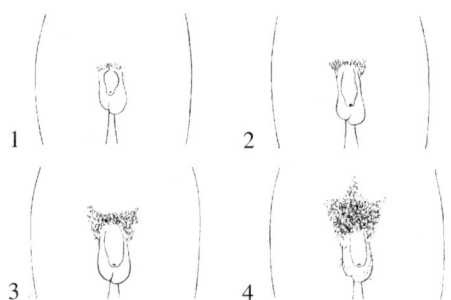

Abbildung 3: Stadien der Schamhaarentwicklung bei Jungen (aus Remschmidt 1992, 65)

tiger Mann?"). Schuldgefühle können vorkommen, wenn – verstärkt durch die Haltung der Eltern und gleichaltrigen (oder etwas älteren) Freunde – Selbstbefriedigung negativ eingeschätzt wird.

Ungefähr zwei Jahre nach dem Beginn des Schamhaarwachstums fängt der Bart an zu sprießen – zunächst als Flaum auf der Oberlippe – und wachsen auch die Achsel- und Körperhaare. Innerhalb des Körperselbstbildes von männlichen Pubertierenden hat das Bartwachstum einen besonderen Stellenwert; sein – wenn auch nur in der persönlichen Wahrnehmung registriertes – verzögertes oder vermindertes Einsetzen können das Selbstwertgefühl empfindlich beeinträchtigen. Auch die im Gefolge von Stoffwechselveränderungen und -umstellungen nicht selten gehäuft vorkommenden Hautverunreinigungen (Akne oder Pickel) wirken sich oft negativ auf das Körperselbstbild aus.

Im Anschluß an die meist erst ab Mitte der Pubertät zu registrierende Kehlkopfvergrößerung (Ausbildung des „Adamsapfels"), die in geringerem Ausmaß auch bei Mädchen stattfindet, kommt es zum Stimmbruch, der sich gelegentlich über einen längeren Zeitraum hinziehen kann, währenddessen die piepsige und kieksige Stimmlage der betroffenen Jungen gelegentlich mit Spott und Hohn bedacht wird.

11. Körperliche Beschwerden

Mit der subjektiven Wahrnehmung körperlicher Beschwerden von 10- bis 16jährigen Schülern/innen befaßt sich ein von Zenz, Hrabal und Marschall (1992) herausgegebener Forschungsbericht. Die Herausgeber und ihre Mitautoren suchten nach Ursachen, die das körperliche, seelische und sozial-zwischenmenschliche Wohlbefinden auf dieser Altersstufe beeinträchtigen und konnten *markante Geschlechtsunterschiede* nachweisen: Der Gießener Beschwerdebogen (Brähler 1978), der sich aus fünf Teilskalen (Erschöpfung – Störungen des Magen- und Darmtraktes – Gliederschmerzen – Herz- und Kreislauffunktion – Allgemeine Klagsamkeit) zusammensetzt, wurde 10–16jährigen Heranwachsenden zur Beantwortung vorgelegt.

Ergebnisse: Mädchen erreichen – im Alter von 13 Jahren, d. h. erst als Pubertierende, nicht aber schon früher (!) – auf allen Skalen höhere Beschwerden-Scores als Jungen. Sie klagen beispielsweise wesentlich häufiger über eine Neigung zum Weinen, Schwindelgefühle, Gewichtsprobleme, Kopfschmerzen, Müdigkeit, kalte Füße, übermäßiges Schlafbedürfnis, zitternde Hände, Gelenk- oder Gliederschmerzen, Sehstörungen, Überempfindlichkeit gegen Kälte, Kreuz- oder Schulterschmerzen, Verkrampfung im Arm, Lustlosigkeit, Halsschmerzen, Heißhunger, Magenschmerzen.

Gefragt werden kann zum einen, ob Mädchen tatsächlich mehr körperliche Beschwerden auf dieser Altersstufe haben oder ob sie lediglich eine empfindlichere Wahrnehmungsschwelle für körperliche Mißempfindungen besitzen. Zum anderen ist klärungsbedürftig, ob der nachgewiesene Geschlechtsunterschied als Auswirkung der traditionellen Geschlechtsrollenerziehung verstanden werden muß, nach der Jungen – gemäß dem Motto „Ein richtiger Junge kennt keinen Schmerz" schon von klein an lernen, die Zähne zusammenzubeißen und zarte Gefühle bzw. Unbehagen bereitende körperliche Empfindungen von Schwäche als „unmännlich" unter Kontrolle zu halten oder zu verdrängen. Doch wenn dem so sein sollte, wieso läßt sich dieser Geschlechtsunterschied dann erst vom 13. Lebensjahr an nachweisen? Eine differenziertere längsschnittliche Betrachtung der Befunde macht nämlich deutlich, daß bis zum Eintritt in die Pubertät Jungen und Mädchen ungefähr gleich hohe Beschwerde-Scores haben; bei Pubertätsbeginn steigen für beide Geschlechter die Scores und nehmen dann für Mädchen weiter deutlich zu, während sie für Jungen stark absinken; nach Abschluß der Pubertät fallen die Beschwerde-Werte zwar auch bei den Mädchen wieder etwas, bei den Jungen aber ebenfalls, so daß der auffällige Geschlechtsunterschied langfristig erhalten bleibt.

Die (nachvollziehbare) Interpretation, daß dem männlichen Geschlecht eine höhere Wahrnehmungsschwelle für körperliche Beschwerden und Fehlfunktionen (und auch für zartere Gefühle) *anerzogen* wird, greifen einige Psychologen und Mediziner auf, um die unterschiedliche Lebenserwartung von Frauen und Männern verständlicher zu machen: Männer – gerade in den sogenannten besten Jahren – erhalten weniger Feedback von ihren Körperempfindungen und nehmen Symptome, die auf lebensbedrohende (Gefäß- oder Herz-Kreislauf-)Erkrankungen hindeuten, oft erst dann wahr, wenn es zu spät ist.

Vom gesundheitspsychologischen Standpunkt aus betrachtet (Wehner et al. 1992, 47) wäre es also sehr sinnvoll, im Verlaufe der Pubertät – im Rahmen einer etwas fortschrittlicheren Geschlechtsrollen- und Gesundheitserziehung – Jungen Beachtung zu schenken und sie ernstzunehmen, wenn sie über körperliche Beschwerden klagen und dies nicht als „unmännlich" und „wehleidig" abzutun. Möglicherweise haben pubertierende Jungen aber auch ein besonderes Sensibilisierungsprogramm nötig, weil ihre oft rapiden Entwicklungsschübe (einschießende Hormone, starkes Muskelwachstum, massive äußerliche Veränderungen: Stimme, Bartwuchs, Körpergröße und -gewicht) ihnen den Blick versperren für die belangloseren, kleineren und alltäglichen Beschwerden. Mädchen verändern sich bekanntlich im Verlaufe der Pubertät weniger tiefgreifend und dramatisch und entfernen sich vom ursprünglichen Kindschema auch weniger weit. Außerdem erleichtert ihnen möglicherweise ihr Monatszyklus, der sie regelmäßig mit körperlichen Veränderungen konfrontiert, die sich auch stimmungs- und gefühlsmäßig auswirken, das Im-Kontakt-Bleiben mit „inneren" Vorgängen.

12. Körperselbstbild

Das Körperselbstbild von pubertierenden und jugendlichen Mädchen, also das Insgesamt der auf den eigenen Körper bezogenen Wahrnehmungen und Bewertungen, ist im Durchschnitt negativer getönt als das von Jungen. Dieser Geschlechtsunterschied wird in der Hauptsache zurückgeführt auf das niedrigere Selbstwertgefühl vieler Mädchen und auf kulturell vorgegebene, restriktive Normen für das weibliche Schönheitsideal. Ironisiert wird dieses Ideal von zwei jungen erwachsenen Frauen:

„Wenn wir den *Mann von Welt* für uns gewinnen wollen, müssen wir …

… die Zähne zusammenbeißen und radikal abnehmen,
… uns das Vergnügen am Essen verbieten,
… problemlos sein,
… zierliche Füße,
… wohlgeformte Waden,
… enthaarte Beine,

... straffe Schenkel,
... knackige Hintern,
... abgezirkeltes Dreieck,
... flachen Bauch,
... keine spitzen Beckenknochen,
... einen möglichst großen, festen, nicht hängenden,
    glatten Busen mit rosigen Brustwarzen,
... sauber rasierte Achseln,
... samtiges Dekolleté,
... langen Hals,
... kleine Ohren mit weichen Läppchen,
... kleine, zierliche Nase,
... große, ausdrucksvolle Augen,
... lange Wimpern,
... feine Augenbrauen,
... strahlend weiße Zähne,
... sinnlichen Mund,
... warme Stimme,
... glänzende, füllige Haare,
... einen erotisierenden Duft haben,
... kurz: *nicht wir sein!*

(zitiert nach Fend 1991, 98–99)

Das Zitat verdeutlicht, daß – nicht nur nach Einschätzung vieler betroffener Frauen, sondern auch aus Sicht der meisten Fachleute – innerhalb unserer immer noch vorwiegend patriarchal organisierten Gesellschaft Männer maßgeblich an der Festlegung der idealen Merkmale für den schönen, physisch attraktiven Frauenkörper beteiligt sind. Die Tatsache, daß „schlank" und „mädchenhaft" zentrale Vorgaben für das weibliche Schönheitsideal unseres Kulturkreises sind, bewegt viele jugendliche Mädchen dazu, sich in Richtung auf eine kulturelle Norm hin zu orientieren, die ihrer körperlichen Konstitution (Knochenbau, Größe, Haarwuchs etc.) nicht entspricht. Wenn sie es dann nicht schaffen, ihr (objektives) Untergewicht zu halten, können ständige Unzufriedenheit mit dem Körperselbstbild und – daraus resultierend – ein (noch stärker) beeinträchtigtes Selbstwertgefühl die Folge sein.

III: Die Pubertät:
Beginn des großen seelischen Umbaus

Nicht selten hört man von manchen Eltern, wenn sie auf das Verhalten ihrer pubertierenden Söhne und Töchter zurückblicken, resigniert den Satz, es wäre während dieser Zeit am besten gewesen, den Sprößlingen ein Schild mit der Aufschrift „Wegen Umbau geschlossen" (Arlt 1991) umzuhängen und sie im übrigen in Ruhe zu lassen. Zu diesem Bild von der Baustelle paßt auch die Kleidung, die von den Heranwachsenden während der Umbauarbeiten bevorzugt getragen wird: Überlange, verhüllende Hemden, T-Shirts und Hosen – „Verhüllung" ist solange angesagt, bis der Umbau abgeschlossen ist und die Mädchen und Jungen sich mit ihren „neuen", weiblicher bzw. männlicher gewordenen Körpern angefreundet haben.

Auch die Wissenschaft tat sich in der Vergangenheit schwer, hinter den Bauzaun zu blicken und zuverlässige Informationen über die Entwicklung der 10–15jährigen zutage zu fördern. Man wußte, daß Mädchen durchschnittlich 1,5 bis 2 Jahre früher in die Pubertät eintreten als Jungen und früher aufhören zu wachsen und konnte über Jahrzehnte hinweg bei beiden Geschlechtern das Phänomen der körperlichen und psychischen „Akzeleration" (vorverlegten und beschleunigten Entwicklung) verfolgen.

In früheren Jahrzehnten war es üblich, den Zeitabschnitt der Pubertät mit dem wertenden Begriff „Flegeljahre" zu belegen, was deutlich macht, daß die Pubertierenden auch damals schon unverständliche, unvorhersehbare und unkontrollierbare Verhaltensweisen an den Tag legten, die von der Gesellschaft mißbilligt wurden (Herbert 1989).

Zu fragen ist, ob die auch heute noch in unserem Kulturraum auffallenden und negativ bewerteten Begleiterscheinungen der Pubertät nicht gerade dadurch entstehen, daß den Heranwachsenden keine Areale und Lebensbereiche zur Verfügung stehen (und gestellt werden!), in denen sie ihre überschüssigen Energien und Kräfte sinnvoll

Wohin mit den überschüssigen Energien?

und produktiv einsetzen können. Die Schule beispielsweise verlangt vorwiegend rezeptives Lernen (Aufnehmen – Einprägen – Wiederholen) und vernachlässigt weitgehend die praktische und kreative Einbindung des Gelernten in den Lebensalltag. Und auch in der Freizeit gibt es für diese Altersgruppe wenig Möglichkeiten der angemessenen Betätigung: Spielplätze sind für Jüngere reserviert, Jugendclubs und Discos meist den etwas Älteren vorbehalten.

Glücklich können sich da z. B. Eltern schätzen, deren pubertie-rende Mädchen die Pferde für sich entdeckt haben und jede Minute ihrer Freizeit auf dem Reiter- oder Bauernhof verbringen, wo sie nicht nur „das Glück dieser Erde" auf dem Rücken des von ihnen gelieb-ten Vierbeiners entdecken, sondern sich auch rund um ihr Pferd prak-tisch nützlich machen (das Tier füttern, säubern und pflegen, seinen Stall ausmisten usw.).

Pferde – das Glück dieser Erde!

Es fällt schwer, eine ähnlich produktive und persönlich zufriedenstellende Beschäftigung für pubertierende Jungen zu benennen. Möglicherweise machen manche Jungen im Sportverein, beim Skateboardfahren, beim Streetballspielen oder beim Bolzen auf dem Fußballplatz vergleichbare positive Erfahrungen, die es ihnen ermöglichen, mit den während der Pubertät sich aufbauenden Kraftpotentialen und überschüssigen Energien sinnvoll umzugehen.

1. Faktoren, die den Beginn der Pubertät bestimmen

Zur Erklärung des o. e. Akzelerationsphänomens, d. h. des immer früheren Beginns der Pubertät, wurden eine ganze Reihe verschiedener Faktoren herangezogen: (1) Die Bevölkerungsumschichtung, die es mit sich bringt, daß immer mehr Menschen vom Land in die Stadt ziehen (Untersuchungen ergaben nämlich, daß auf dem Lande wohnende Jungen und Mädchen deutlich später in die Pubertät kommen); (2) die Reizüberflutung, die besonders in den Großstädten immer mehr zunimmt; (3) das immer längere Zeit auf die Menschen einwirkende Kunstlicht; (4) die zunehmend vitaminreichere Ernährung und (5) der wachsende Konsum von tierischen Fetten und Eiweißen.

Im Laufe der Jahre fanden sich immer mehr Anhaltspunkte dafür, daß das frühere Einsetzen der Pubertät vor allem mit der *Veränderung der Ernährungsgewohnheiten* in Verbindung gebracht werden muß. Zwar ist das Rätsel des Zusammenspiels der Faktoren, welche letztlich die Pubertät auslösen, immer noch nicht vollständig entschlüsselt, aber mittlerweile ist herausgefunden worden, daß die erste Regelblutung nach dem vorpubertären Wachstumsschub der Knochen einsetzt. Aus biologischer Sicht ist das „Skelettalter", d. h. der Grad der Verknöcherung („Verkalkung") der Knochen, ein relativ sicheres Hinweiszeichen auf den geschlechtlichen Reifungszustand! Nicht in Abrede zu stellen ist, daß eine eiweiß- und kalziumreiche Ernährung das Knochenwachstum fördert. Im allgemeinen ist bereits vor dem Wachstumsschub der Knochen bei beiden Geschlechtern die *Ausbildung sekundärer Geschlechtsmerkmale* zu registrieren: Die Behaarung im Genitalbereich und unter den Achseln nimmt zu, Jungen kommen in den Stimmbruch, ihr Adamsapfel wächst, bei den Mädchen wachsen die Brüste.

2. Zwei Phasen der Pubertät

Die Unterscheidung von zwei Phasen der Pubertät, Vorpubertät und eigentliche Pubertät, ist wissenschaftlich nicht unumstritten, jedoch aus praktischen Gründen durchaus sinnvoll, wie im folgenden erläutert wird:

Das Einsetzen der ersten Monatsblutung beim Mädchen und das Auftreten der ersten Pollution (Samenerguß) beim Jungen (bzw. der medizinische Nachweis von Samenzellen im Urin) werden zumeist als „objektive Indikatoren" für den Beginn der (eigentlichen) Pubertät herangezogen. Die Phase der Vorpubertät, welche den Entwicklungsabschnitt der späten Kindheit beendet (und deshalb dieser von manchen Forschern noch zugerechnet wird) und i. allg. einen Zeitraum von ein bis eineinhalb Jahren umfaßt, setzt ein mit der signifikanten Zunahme des Längenwachstums und dem allmählich immer deutlicher Sichtbarwerden der sekundären Geschlechtsmerkmale.

Vorpubertät beim Jungen

Einige Entwicklungspsychologen meinen, daß beim männlichen Geschlecht die Vorpubertät plakativ beschrieben werden kann als Phase, während derer sich die Jungen mit positiver Grundstimmung sehr stark nach außen orientieren. Sie fühlen sich stark, haben ein erhöhtes Bewegungsbedürfnis und eine gesteigerte Abenteuerlust, sind zu allem möglichen Schabernack und Unfug bereit und genießen die Welt in vollen Zügen. Manchmal führt die überschäumende Kraft und Lebensfreude dazu, daß sie über die Stränge schlagen und sich aggressiv, roh und uneinfühlsam verhalten. Die Heranwachsenden können sich noch nicht angemessen in die Lage der anderen versetzen, die möglicherweise durch ihre Handlungen bedrängt oder bedroht werden. Aggressive Übergriffe finden aber eigentlich nur dann statt, wenn sich überschüssige Kräfte sehr stark anstauen und nicht auf normale Weise, durch Bewegung und Herumtollen, kleine Raufereien und sportliche Aktivitäten aller Art, abgebaut werden können.

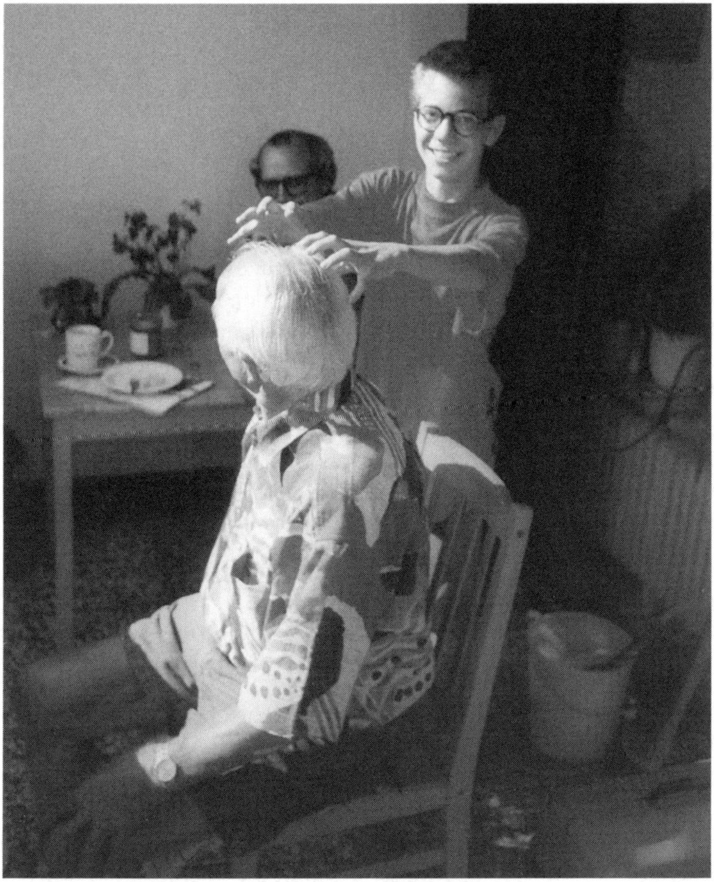

... überschäumende Kraft und Lebensfreude

Vorpubertät beim Mädchen

Auch beim weiblichen Geschlecht beginnt die Vorpubertät als stimmungsmäßig positiv getönte Phase gesteigerter Aktivität. Viele Mädchen entwickeln sich zu richtigen Plaudertaschen und kichern und lachen über alles, was sich in ihrer Umwelt abspielt. Ähnlich wie

... sich zurückziehen
und in Ruhe gelassen werden wollen!

die Jungen, wenn auch oft durch die traditionelle Geschlechtsrollenerziehung in etwas gebremster und eingeschränkter Form, gehen sie aus sich heraus, wollen Abenteuer erleben und interessieren sich für alles Neue. Einige Monate vor Einsetzen der ersten Menarche – zu diesem Zeitpunkt sind die Mädchen im Durchschnitt etwas größer und schwerer als die gleichaltrigen Jungen – kommt es dann oft zu einem Stimmungsumschwung, der in der Vergangenheit als „negative Phase" (Schenk-Danzinger 1973) bezeichnet wurde. Nicht selten erleben sie Stimmungsschwankungen, z. B. in sehr kurzer Zeit von Jubel zu Trauer und zurück; oft fühlen sich die heranwachsenden Mädchen in diesem Alter einsam und verlassen und von aller Welt unverstanden; dann wieder drängt es sie in die lärmende, gesellige Runde der Gleichaltrigen zurück; häufig verharren sie in trotzig-ablehnender oder aufsässiger Haltung, kurz darauf zeigen sie sich angepaßt und brav und zu jedem Kompromiß bereit. Ihre labile innere Verfassung führt oft zu Konflikten und Spannungen im Familienkreis. Ihre häufig zu registrierende Einsilbigkeit wird nicht selten begleitet von einem auf Sparflamme reduzierten Bewegungsdrang: Oft sitzen sie nur herum und träumen oder wissen gar nichts mit sich anzufangen; im günstigen Falle verkriechen sie sich hinter Bergen von Büchern. Während dieses Entwicklungsabschnitts ist zuweilen auch ein Nachlassen der schulischen Leistungen zu beobachten.

Die Frage, wann die gesamte Phase der Pubertät ihren Abschluß findet, läßt sich nicht mit Hilfe exakter biologischer Daten belegen, sondern kann nur auf der Grundlage des Einbezugs psychologischer Hinweiszeichen mit nicht immer zufriedenstellender Genauigkeit beantwortet werden. Abzeichnen sollte sich eine gewisse Stabilisierung und Beruhigung der inneren Entwicklungsdynamik: Die angehenden Jugendlichen werden wieder ansprechbar und aufgeschlossener, die extremen Stimmungsschwankungen klingen ab und auch die starken Abgrenzungstendenzen Erwachsenen (insbesondere den Eltern) gegenüber lassen nach.

Stärkere und umfangreichere Veränderungen bei Jungen

Interessant ist ein Forschungsergebnis, das der englische Psychologe Michael Rutter (1989) veröffentlichte: Über die Jahre hinweg betrachtet *verändern sich Jungen stärker als Mädchen!* Bei Mädchen lassen sich – bezogen auf ausgewählte Merkmale und Verhaltensweisen – Entwicklungsverläufe von der Kindheit bis ins Erwachsenenalter mit größerer Genauigkeit vorhersagen als bei Jungen. Rutter zeigte z. B., daß Mädchen, die sich als Kinder passiv und abhängig verhalten, auch als Jugendliche und junge Erwachsene eine passiv-abhängige Haltung den Eltern und anderen Bezugspersonen gegenüber einnehmen.

Natürlich muß bei der Interpretation dieses Ergebnisses in Betracht gezogen werden, daß die traditionelle Geschlechtsrollenerziehung dazu beiträgt, daß bei Mädchen Merkmale wie Passivität und Abhängigkeit besonders unterstützt und bekräftigt werden. Bei Jungen dagegen wird aktives, unabhängiges, impulsives, entscheidungsstarkes Verhalten geschätzt, belohnt und gefördert – also ein Verhalten, dessen Entwicklung über die Zeit möglicherweise nicht so kontinuierlich verläuft und sich deswegen auch nicht so genau voraussagen läßt.

3. Kulturabhängigkeit der Pubertät

Die Rückschau auf vergangene Jahrzehnte und der Blick auf andere (z. B. die sogenannten primitiven oder Stammes-) Gesellschaften machen deutlich, daß Pubertät begriffen werden muß als ein Phänomen, das in starkem Maße abhängig ist und geformt wird von kulturellen und gesellschaftlichen Einflüssen. In Stammesgesellschaften finden auch heute noch für beide Geschlechter Initiationsrituale statt, die den Übergang von der Kindheit ins Erwachsenenalter markieren und deren erfolgreiche Absolvierung mit der Aufnahme in die Gruppe der erwachsenen (heiratsfähigen) Frauen und Männer des Stammes belohnt wird.

In den Industrieländern gibt es solche Rituale nicht mehr – es sei denn, man interpretiert kirchliche und weltliche Feierlichkeiten, wie die Konfirmation oder Jugendweihe, als Relikte vergangener Initiationsrituale oder man betrachtet die speziell mit Blick auf Jugendliche geschaffenen Einrichtungen, wie Boutiquen, Trödel- und Secondhand-Läden, Billardsaloons, Fast-food-Restaurants, Cafés und Teestuben, als moderne „Initiationshütten" (Zinnecker 1998, 470). Nachweisen lassen sich jedoch *unterschiedliche Formen des Erwachsenwerdens,* die sich teilweise schnell verändern und in Beziehung gesetzt werden können zu soziologischen (z. B. Sozialschicht), psychologischen (z. B. Selbstwertgefühl) und strukturell-ökonomischen Familienvariablen (z. B. Familiengröße und Einkommen).

Noch in den Jahrzehnten nach dem Zweiten Weltkrieg machte es Sinn, zwischen einer *Kurzpubertät* (der unteren Sozialschichten) und einer *Kulturpubertät* (der mittleren und oberen Sozialschichten) zu unterscheiden (Schenk-Danzinger 1973).

„Kurz- oder Primitivpubertät" in der Unterschicht

In den unteren Sozialschichten wurde die Pubertät in der Regel früher beendet. Die Heranwachsenden absolvierten die Volksschule mit oder ohne Abschluß und traten schon mit ungefähr 14 Jahren ins Berufsleben ein. Von den Mädchen wurde erwartet, daß sie sich an einen „festen Freund" binden; die männlichen Jugendlichen sollten sich noch eine Zeit lang „die Hörner abstoßen". Auf beide Geschlechter wurde starker Druck ausgeübt, sich an die Konsum- und Lebensgewohnheiten der Erwachsenen anzupassen. Pläne und Ziele waren realistisch: Berufliche Tüchtigkeit und ein gutes Einkommen wurden sehr hoch bewertet. Wenn die früh aufgenommenen sexuellen Beziehungen nicht ohne Folgen blieben – das Mädchen hatte die Hauptverantwortung bei der Empfängnisverhütung – wurde geheiratet. Beide Geschlechter waren an öffentlichen Angelegenheiten – dem politischen Tagesgeschehen oder Ereignissen aus Kultur und Wissenschaft – nicht sonderlich interessiert. Auch die Berufswahl wurde häufig aus praktischen Erwägungen – man wollte möglichst schnell gutes Geld verdienen – und nicht aus einem echten Interesse am Beruf getroffen.

„Kulturpubertät" der Mittel- und Oberschicht

Demgegenüber stand den in der mittleren und oberen Sozialschicht Heranwachsenden mehr Zeit zur Verfügung, die sie – zur Identitätsfindung – nutzen konnten, um dadurch mit sich selbst und anderen besser zurechtzukommen. Sie beendeten ihre Schullaufbahn ungefähr mit 16 Jahren (Realschulabschluß) oder 19 Jahren (Abitur) und begannen dann mit einer qualifizierteren Berufsausbildung, wobei in der Regel davon ausgegangen werden konnte, daß bei der Berufswahl (zumindest teilweise) auch eigene Interessen eine Rolle spielten. Die weiblichen Heranwachsenden gingen schon früher als ihre männlichen Altersgefährten heterosexuelle Freundschaften ein; zu geschlechtlichen Kontakten kam es meist aber erst, wenn man längere Zeit miteinander gegangen war und sich näher kennengelernt hatte. Die sexuelle Doppelmoral, die Männern mehr Freiheiten gewährte als Frauen, wurde zwar zunehmend in Frage gestellt, doch wurden junge Mädchen immer noch schief angesehen, wenn sie ihre Männerkontakte freizügig gestalteten.

Weil sich der Prozeß der Ablösung von den Eltern – und damit in Verbindung: der Auszug aus dem Elternhaus – faktisch verlängerte, kam es nicht selten zu Konflikten und Reibungen mit der Elterngeneration. Die zu beobachtenden Spannungen wurzelten zum einen in der zwiespältigen Situation, in der sich die Heranwachsenden befanden: Sie wollten sich abgrenzen und auf eigene Beine stellen, was von ihnen teilweise (insbesondere von den Jungen) auch erwartet wurde – ihr Drang nach Unabhängigkeit fand da jedoch seine Begrenzung, wo sie durch finanzielle und ökonomische Abhängigkeiten auf den Boden der Tatsachen zurückgeholt wurden. Zum anderen entstanden Spannungen aus der ungleichen Behandlung der Geschlechter durch die Eltern, die besonders in der Mittel- und Oberschicht zu registrieren waren: Was den Jungen gestattet wurde, z. B. erst um Mitternacht heimzukommen oder über Nacht wegzubleiben, war den Mädchen nicht erlaubt. Diese mußten aber vergleichsweise mehr im Haushalt helfen als die heranwachsenden Jungen: Vorprogrammiert waren Streit und Reibereien der Töchter mit den Müttern, insbesondere wenn diese (meistens Teilzeit) berufstätig waren und noch Brüder im Elternhaus lebten, die nicht zu Hausarbeiten herangezogen wurden.

4. Bewältigung der gesellschaftlich vorgegebenen Entwicklungsaufgaben

Für beide Geschlechter geht es in der Pubertät – früher wie heute – zunächst einmal darum, mit sich selbst ins Reine zu kommen, d. h. zum einen, mit den extremen Schwankungen und Zwiespältigkeiten, die sich in der Innenwelt abspielen, fertig zu werden, und d. h. zum anderen, mit der Außenwelt, den Eltern, Geschwistern, Freunden und Bekannten, wechselseitig akzeptierte und zufriedenstellende Beziehungen einzugehen. Die Gesellschaft erwartet, daß während dieser Zeit mit dem *Aufbau eines Selbstkonzepts und einer eigenen Identität* als zukünftige erwachsene Frau bzw. als zukünftiger erwachsener Mann begonnen wird.

Aufbau eines angemessenen Selbstkonzeptes

Mit dem Begriff „Selbstkonzept" bezieht sich die Psychologie auf das Insgesamt der auf die eigene Person bezogenen Wahrnehmungen, Einschätzungen und Bewertungen. Während der Jahre des Übergangs von der Kindheit in die Jugend verändert und erweitert sich das Selbstkonzept der Heranwachsenden in umfassender Weise. Dabei spielen innere, personbezogene Faktoren (Erwerb kognitiver Kompetenzen, vor allem von Abstraktions- und Reflexionsvermögen) und äußere, zwischenmenschliche und soziale Faktoren (Ablösung von den Eltern, Hinorientierung zu den Gleichaltrigen) eine wichtige Rolle.

Unterschiedliche Orientierungsmuster für Jungen und Mädchen

Bei der Lösung der Entwicklungsaufgabe „Aufbau eines angemessenen Selbstkonzeptes" steht für weibliche Pubertierende häufig der soziale und zwischenmenschliche Bereich stärker im Vordergrund, d. h., sie bleiben oft im Kontakt mit vertrauten, gleichgeschlechtlichen Bezugspersonen, meist den Freundinnen, tauschen sich aus, helfen sich gegenseitig und erwerben dadurch – plakativ gesprochen – allmählich in sozial-zwischenmenschlicher Hinsicht immer mehr Kompetenzen. Gleichzeitig besitzen für sie die Rückkopplungen von Bezugspersonen aus ihrer zwischenmenschlichen Umwelt (Eltern, Lehrer) besonderes Gewicht. Die heranwachsenden Jungen ziehen sich häufig stärker zurück, igeln sich manchmal regelrecht ein, lassen dann kaum jemanden an sich heran und versuchen nicht selten, aus eigener Kraft und auf sich allein gestellt, den Widrigkeiten und Untiefen der pubertären Entwicklungsverläufe die Stirn zu bieten. An sie wird mehr oder weniger deutlich die Erwartung herangetragen – und hier spielen die traditionellen (als Leitbilder in der Erziehung verankerten), gesellschaftlich vorgegebenen Geschlechtsrollenstereotype eine gewichtige Rolle – sich selbständig, selbstbewußt, durchsetzungsfähig und sachkompetent zu verhalten. Mädchen werden andere Orientierungsmuster vorgegeben: Sie „dürfen" auch etwas weniger selbständig, selbstbewußt und sachkompetent sein; begrüßt wird es, wenn sie Einfühlung, Anpassungsfähigkeit, Kompromißbereitschaft und andere soziale Fähigkeiten aufbauen.

Psychoanalytiker meinen, daß es für Jungen nun darauf ankommt, sich ein zweites Mal – und jetzt endgültig – von der Mutter (nach der ersten Abnabelung aus der symbiotischen Verbundenheit in der frühen Kindheit) und aus den familialen Abhängigkeiten zu lösen. Mädchen stehen in der Regel nicht unter so einem starken Erwartungsdruck, unabhängig zu werden und sich abzulösen. Bei ihnen sieht man es teilweise ganz gern, wenn sie eine gewisse Anhänglichkeit bewahren und – insbesondere – der Mutter verbunden bleiben. Dadurch wird es ihnen gleichzeitig aber auch erschwert, sich aktiv, eigenständig und selbstbewußt zu entwickeln.

Nicht selten machen Mädchen in diesem Lebensabschnitt Erfahrungen, die negative Selbstbewertungen auslösen und dem Aufbau eines positiven Selbstwertgefühls eher im Wege stehen. Die psychologische Attributionsforschung, die sich damit befaßt, auf welche Weise Ereignisse von Menschen verarbeitet und bewertet werden, liefert dafür zahlreiche Belege. Wenn z. B. ein Mädchen in der Mathematik-Klassenarbeit die Note „sehr gut" erhält, wird gar nicht so selten vom Lehrer, den Klassenkameraden und zuweilen auch von den Eltern unterstellt, es hätte Glück gehabt, einen guten Tag erwischt oder die zu lösenden Aufgaben wären wohl sehr leicht gewesen. Einem Jungen dagegen, dessen Arbeit mit „sehr gut" benotet wird, traut man viel häufiger zu, daß er für Mathematik eine besondere Begabung besitzt und deshalb eine so hervorragende Leistung erbracht hat. Wenn umgekehrt ein Junge in einem typischen Mädchenfach (Deutsch oder Fremdsprachen) schlecht abschneidet, wird eher angenommen, er hätte halt einen schlechten Tag erwischt, die Arbeit wäre wohl sehr schwierig gewesen, er hätte sich nur nicht so richtig angestrengt oder sich nicht richtig konzentrieren können. Wird dagegen die Leistung eines Mädchens in Deutsch als unzureichend bewertet, ist man leicht bereit, ihr Versagen auf mangelhafte Begabung zurückzuführen.

Es braucht wenig Phantasie, sich auszumalen, was passiert, wenn Jungen in schulischen (und anderen) Leistungssituationen beständig – offen oder verdeckt – rückgemeldet bekommen, daß schlechte Leistungen bei ihnen nur Ausrutscher sind, gute Leistungen aber mit ihrer hervorragenden Begabung zu tun haben. Auf diese Weise bekräftigte Heranwachsende werden regelrecht aufgebaut, sie entwickeln nicht nur ein positives Selbstwertgefühl, sondern auch die Bereitschaft, sich selbst in zukünftigen Leistungssituationen so zu bewerten, wie es ihnen von Lehrern und Eltern vermittelt wurde: Ein Mißerfolg wird nicht in Verbindung gebracht mit mangelnder Begabung, sondern hat lediglich zu tun mit schlechter Tagesform, ungenügender Vorbereitung, unverständlicher Aufgabenformulierung, Ablenkungen durch die Klassenkameraden oder anderen Zufälligkeiten. Für jede gute Leistung dagegen übernimmt man voll die Verantwortung und führt sie zurück auf die guten Anlagen, die man zur Verfügung hat.

Forschungsergebnisse:
Jungen und Mädchen im Ost-West-Vergleich

Brake (1996, 67–98) knüpfte an Untersuchungen von Fend (1991; vgl. dazu Seite 61 und Abschnitt VII. 15.) an und richtete in ihrer Befragung das Augenmerk auf drei Aspekte von „Ich-Stärke", *positives Selbstbild* (z. B. „Verglichen mit anderen sehe ich eigentlich ganz gut aus" vs. „Ich habe mir schon mal gewünscht, ich würde ganz anders aussehen"), *Kompetenzbewußtsein* (z. B. „Ich habe das Gefühl, mir stehen noch alle Wege offen" vs. „Ich fange oft Sachen an und schaffe es nicht, sie zu Ende zu bringen") und *psychische Stabilität* (z. B. „Gegen meine Launen komme ich manchmal kaum an" oder „Manchmal ist mir alles völlig egal").

Die Ergebnisse lassen die Schlußfolgerung zu, daß die westdeutschen heranwachsenden Jungen und Mädchen insgesamt über eine etwas positivere Selbstwahrnehmung und größere Ich-Stärke verfügen. Die Autorin erklärt diesen Befund mit der Tatsache einschneidenderer und umfassenderer Veränderungen in den neuen Bundesländern. Bei ihren Bemühungen, mit diesen gravierenden Veränderungen fertig zu werden, machen die ostdeutschen Jugendlichen häufig auch negative Erfahrungen, die sie auf eigene Unzulänglichkeiten zurückführen. Ostdeutsche Mädchen und Jungen sind objektiv öfter betroffen von Umzug, Schulwechsel, Verlust eines Freundes, Arbeitslosigkeit eines Elternteils, Trennung/Scheidung der Eltern, Schwierigkeiten bei der Suche nach einem Arbeitsplatz und anderen kritischen Lebensereignissen und sind dadurch – verständlicherweise – verunsicherter als ihre Altersgefährten in Westdeutschland.

Die nachgewiesenen Geschlechtsunterschiede finden sich in Ost- und Westdeutschland und lassen sich, wie im vorangegangenen Abschnitt bereits beschrieben wurde, als Resultat der vorherrschenden

Geschlechtsrollenerziehung verständlich machen: Jungen bauen im Verlaufe der Übergangsjahre (zwischen dem 11. und 16. Lebensjahr) ein zunehmend positiveres Selbstbild auf, ihre emotionale Stabilität wächst und ihr Kompetenzbewußtsein nimmt zu. Für Mädchen ist in allen drei erfragten Bereichen kein Alterszuwachs zu belegen; typisch sind Einbrüche im 12. und 13. Lebensjahr (besonders im Selbstbild und im Kompetenzbewußtsein).

Mädchen wie Jungen in beiden Teilen Deutschlands erzielen bessere Ergebnisse im Hinblick auf die drei Aspekte des Selbstkonzeptes, wenn sie aus Familien mit gehobenem bzw. hohem Sozialstatus stammen, wenn sie gute Schulleistungen aufweisen und wenn sie aus vollständigen, „normalen" Familien stammen.

Auch in anderen Untersuchungen wurden deutliche Geschlechtsunterschiede nachgewiesen (Fend 1991). *Mädchen haben regelmäßig ein deutlich niedrigeres Selbstwertgefühl, eine negativere Wahrnehmung vom eigenen Körper, eine größere Leistungsangst und trauen sich allgemein weniger zu als Jungen im selben Alter.* Diese Befunde werden noch plausibler, wenn man sich die folgenden Sachverhalte vor Augen führt:

Mißerfolgsmotivierte Mädchen und erfolgsmotivierte Jungen

Mädchen, denen bei Erreichen guter Leistungen beständig rückgemeldet wird, daß es sich wohl um leichte Aufgaben gehandelt haben muß oder sie bloß einen guten Tag erwischt haben, der Lehrer sicher ein Auge zugedrückt haben wird, oder sie einfach nur Glück gehabt haben, und denen signalisiert wird, daß sie unbegabt sind, wenn sie einmal schlecht abschneiden, bauen eine ganz andere Erwartungshaltung auf, die als „Mißerfolgsmotiviertheit" bezeichnet wird.

Sie sind immer häufiger bereit, erzielte Erfolge in Leistungssituationen auf äußere Ursachen (und nicht auf eigene Fähigkeiten) zurückzuführen, für Mißerfolge jedoch übernehmen sie die Verantwortung und führen sie auf das eigene Unvermögen zurück. Wenn sie diese Haltung verallgemeinern und in ihr Selbstkonzept aufnehmen, erleben sie sich nicht mehr als „ihres eigenen Glückes Schmied", sondern fühlen sich hilflos und hin- und hergerissen zwischen eigener

Unzulänglichkeit und glücklichen Zufällen. Es bildet sich allmählich eine Einstellung aus, die *„erlernte Hilflosigkeit"* genannt wird und in vielen psychologischen Untersuchungen deutlich häufiger bei weiblichen Probanden nachgewiesen wurde.

Jungen entwickeln aufgrund ihrer positiven Bekräftigungserfahrungen in Leistungssituationen häufig eine ausgeprägte *Erfolgsmotiviertheit*: Den erwarteten und vorweggenommenen Erfolg schreiben sie sich selbst zu und erklären ihn mit ihren Fähigkeiten und Begabungen. Haben sie keinen Erfolg, hängt das mit äußeren Zufälligkeiten zusammen oder allenfalls damit, daß sie sich nicht genügend angestrengt oder nicht richtig vorbereitet haben.

Anzufügen ist zweierlei: (1) Natürlich gibt es auch mißerfolgsmotivierte Jungen und erfolgsmotivierte Mädchen. Der in den letzten Jahrzehnten abgelaufene Geschlechtsrollenwandel hat teilweise bereits zu einer gewissen Angleichung der Geschlechtsrollen geführt, doch läßt sich insbesondere im schulischen und beruflichen Umfeld die beschriebene Ungleichbehandlung von Jungen und Mädchen in der Tendenz auch heute noch dokumentieren. (2) Mädchen haben es – nicht zuletzt aufgrund dieser Ungleichbehandlung – immer noch schwerer, in unserer Leistungsgesellschaft erfolgreich zu sein, und müssen sich z. B. besonders anstrengen und bemühen, wenn sie in Männerberufen Karriere machen wollen.

Selbstkonzepte weiblicher Heranwachsender
im Bereich „Leistung"

Aufgrund der besonderen, mit ihrem eigenen Geschlecht zusammenhängenden Erfahrungen werden heranwachsende Mädchen oftmals veranlaßt, den Bereich Leistung in ihrem Selbstkonzept negativ zu besetzen: Sie trauen sich wenig zu, senken ihre Ansprüche immer mehr und halten die eigene Leistungsfähigkeit für sehr begrenzt; sie vermeiden dann nach Möglichkeit Konkurrenz und Wettbewerbssituationen, gehen direkten Vergleichen möglichst aus dem Weg und fühlen sich schnell hilflos und minderwertig, wenn sie einmal nicht gut abschneiden oder von anderen (Geschlechtsgenossinnen oder Jungen) übertroffen werden.

Selbstkonzepte weiblicher Heranwachsender
im Bereich „Begabung"

Die Wahrnehmung eigener Fähigkeiten und Kompetenzen ist bei weiblichen Heranwachsenden häufig negativ getönt: Situationen mit Anforderungscharakter werden nicht selten als bedrohlich erlebt. Da Mädchen ihre Lernumwelt zumeist als nicht von ihnen selbst kontrollierbar erfahren haben, kommt es oft zu zweifelbesetzten und angstbeladenen Auseinandersetzungen mit dem Lerngegenstand. Das Erleben der eigenen Hilflosigkeit und Ängstlichkeit trägt zum Aufbau eines negativ getönten Selbstwertgefühls bei, das besonders in der Konfrontation mit (nicht nur schulischen) Lernanforderungen zum Tragen kommt. Es resultiert – im günstigen Falle – schließlich die Selbsteinschätzung „ich bin nicht besonders begabt".

Weibliche Selbstkonzepte im Bereich
„Soziale und zwischenmenschliche Kompetenzen"

Der Bereich „zwischenmenschliche Fähigkeiten und Sensibilität" ist dagegen eine Domäne des Selbstkonzepts, die Mädchen aufgrund geschlechtstypischer Erfahrungen während dieser Jahre häufig deutlich positiver besetzen. Mädchen erfahren in der Regel kontinuierliche Anerkennung und Bekräftigung, wenn sie sich einfühlsam und fürsorglich, anpassungsfähig und kompromißbereit verhalten und wenn sie sich um das Wohl und Wehe anderer kümmern, z.B. die kleine Schwester oder ein Haustier versorgen. Aufmüpfiges und widerborstiges oder gar aggressives Verhalten von Mädchen stößt i. allg. auf Ablehnung und Mißbilligung und wird als unangemessen erlebt, weil es nicht dem Klischee vom „netten Mädchen" entspricht. Vielen Mädchen geht im Laufe der Jahre das Brav- und Lieb- und Nettsein sozusagen in Fleisch und Blut über, sie fühlen sich gut und mit sich selbst stimmig, wenn sie sich entsprechend verhalten, und vermeiden in „weiser Voraussicht" alle Situationen, in denen es Zank, Streit oder Konflikte geben könnte.

... Mädchen verstecken sich doch nicht in Bäumen!

Ihre Stärken und Erfolge erleben sie, wenn sie verständnisvoll und warmherzig auf andere eingehen und die eigenen Bedürfnisse zurückstellen, aufschieben oder ganz unterdrücken. Sollten sie einmal „aus der Rolle fallen", aufbegehren und auf ihrem eigenen Standpunkt beharren oder gar mit Unverständnis, Trotz oder zorniger Ablehnung reagieren, fühlen sie sich (nicht selten) gleich danach schlecht und machen sich Vorwürfe. In ihren Familien bekommen sie oft mit, daß die Mütter sich in Konfliktsituationen ähnlich verhalten. Sie spüren auch die Resignation der Mütter, deren negative, mit Aggression gemischten Gefühle oft in Trauer, Verzweiflung und Depression umschlagen. Einige nordamerikanische Entwicklungspsychologinnen (Zahn-Waxler et al. 1991) meinen sogar, daß Depressionen von Frauen auf diese Weise von Müttern an Töchter und von Generation zu Generation weitergegeben werden können.

Selbstkonzepte männlicher Heranwachsender

Heranwachsende Jungen sind weniger depressionsgefährdet, weil sie sich seltener am mütterlichen Verhalten und stärker an männlichen Vorbildern (auch außerhalb der Familie) orientieren. Männern wird nicht nur zugestanden, auf dem eigenen Standpunkt zu beharren, von ihnen wird sogar erwartet, daß sie sich durchsetzen, notfalls dabei auch eine gewisse Stärke und Härte an den Tag legen. Sollte die Auseinandersetzung eskalieren, so ist aggressives Verhalten verpönt, wenn es von weiblichen Jugendlichen gezeigt wird – man(n) bezeichnet es als „überzogen", „unangemessen" oder „hysterisch". Wenn jedoch männliche Heranwachsende aggressiv sind, stoßen sie nicht nur auf Ablehnung und Mißbilligung, sondern teilweise auch auf Verständnis: Ihre überschüssige Kraft hätte sich ein Ventil gesucht, sie wären wohl so lange gereizt worden, bis sie die Beherrschung verloren hätten usw. – solche Erklärungen und Rechtfertigungen, die sich aus dem Geschlechtsrollenklischee „Ein richtiger Mann ist durchsetzungsfähig, stark und zeigt nötigenfalls auch Härte" ableiten, sind weit verbreitet. Jungen werden dadurch ermuntert, gerade im Umgang mit dem anderen Geschlecht, sich im Konfliktfall wenig einfühlsam und nicht kompromißbereit zu verhalten. Durch ihre Erfahrungen, die sie typischerweise in Auseinandersetzungen mit ungefähr gleichaltrigen Mädchen machen, werden sie häufig noch verstärkt, sich unnachgiebig und unsensibel zu verhalten. Sie haben – zumindest auf dieser Altersstufe und bei den vorherrschenden Erziehungs- und Sozialisationsbedingungen – wenig Chancen, die Bereiche „Zwischenmenschliche Einfühlung und Verständnis für andere und für Andersartigkeit" für sich zu erschließen.

Bezieht man ein, daß sich Jungen in diesem Alter (besonders zwischen 13 und 15 Jahren) im Vergleich mit Mädchen aufgrund ihres Reifungsrückstandes in zwischenmenschlichen Dingen oft als undifferenziert und unterlegen erleben, so läßt sich nachvollziehen, daß die Nähe von Mädchen oft einfach gemieden wird oder den „Gefühlsduseleien der Weiber" gegenüber nicht selten ein besonders grobschlächtiges und aggressives Verhalten an den Tag gelegt wird. Im

Tabelle 3: Ausprägung männlicher und weiblicher Geschlechtsrollenmerkmale (Selbsteinschätzung anhand eines Fragebogens)

	Männliche Jugendliche (16 Jahre)	Weibliche Jugendliche (16 Jahre)
Äußerliches Aussehen	Positivere Einschätzung	Negativere Einschätzung
Begabung	Positivere Einschätzung	Negativere Einschätzung
Selbstakzeptierung	Positivere Einschätzung	Negativere Einschätzung
Kontrolle der eigenen Emotionen	stärker	schwächer
Kontrolle der eigenen Handlungen	stärker	schwächer
Empathiefähigkeit	geringer	stärker
Körperliches Wohlbefinden	höher	niedriger
Interesse an Rollenübernahme	niedriger	höher
Soziale Interessen	geringer	höher
Status in der Klasse (soziometr. Erfass.)	mehr Geltung	weniger Geltung
Bildungsorientierung	weniger ausgeprägt	ausgeprägter
Haustiere versorgen	seltener	häufiger
Auto/Motorrad/Sport	interessierter	weniger interessiert
Befürwortung von Gleichberechtigung im Beruf	weniger ausgeprägt	ausgeprägter
Politische Protestbereitschaft	geringer	stärker

Extremfall schaukeln sich die aggressiven Impulse in der Gruppe oder „Gang" der Gleichaltrigen so weit auf, daß es zu gewaltförmigen Übergriffen kommt. Ziele von Attacken können dann nicht nur Frauen sein, also Angehörige des anderen Geschlechts, sondern alle anderen und andersartigen Menschen: Asylsuchende Ausländer, ausländische Mitbürger, Behinderte, Schwache und Gebrechliche, Alte und Kinder usw.

Belegt ist zum einen, daß an gewaltförmigen – politisch als rechtsradikal eingestuften – Übergriffen, die sich in jüngerer Zeit in Deutschland abgespielt haben, in besonderem Maße männliche Jugendliche, jedoch nur höchst selten weibliche Jugendliche beteiligt waren. Zum anderen haben Untersuchungen ergeben, daß heranwachsende Jungen häufiger als Mädchen extreme und radikale Ansichten, Einstellungen und Wertorientierungen vertreten (vgl. dazu auch Abschnitt VI. 4. „Extreme Entwicklungsverläufe").

Männliche und weibliche Geschlechtsrollenmerkmale

Im Rahmen einer repräsentativen Längsschnittuntersuchung, die Fend und Mitarbeiter/innen (1991) durchführten, wurden Ergebnisse zutage gefördert, welche die vorangehend skizzierten Geschlechtsunterschiede weitgehend bestätigen. In Tabelle 3 sind (in Anlehnung an diese Ergebnisse) männliche und weibliche Geschlechtsrollenmerkmale zusammengestellt worden (Fend 1991, 97).

5. Grundlegende Wertorientierungen

Dem Bereich des Selbstkonzeptes zugerechnet werden auch die grundlegenden weltanschaulichen und moralischen Wertorientierungen, die sozusagen die Fundamente bilden, auf die sich die persönlichen Einstellungen, Haltungen und Meinungen zurückführen lassen. Mit Hilfe der Einstiegsfrage nach dem, „was wirklich wichtig ist im Leben" versuchte Brake (1996, 77) in ihrem Ost-West-Vergleich unter Vorgabe von Antwortmöglichkeiten, wie „ordentlich und nach festen Regeln leben", „kein Risiko eingehen, auf Nummer sicher gehen", „für andere Menschen da sein, anderen helfen", „schöpferisch sein, etwas Neues ausprobieren", „nach eigenen Wünschen und Vorstellungen leben", „viel Geld besitzen", in Erfahrung zu bringen, welche Wertvorstellungen heute bei Heranwachsenden eine Rolle spielen. Die ausgewerteten Antworten erlauben die Unterscheidung von drei Faktoren, auf die sich jeweils eine Gruppe von Jugendlichen rückbeziehen läßt:

Sicherheitsorientierte Jugendliche

Der Gruppe der *Sicherheitsorientierten* (11,9 % der Gesamtstichprobe) zuzurechnen sind Jugendliche, denen feste Regeln und Vorgaben wichtig sind, die Risiken scheuen und Ordnung und überschaubare Verhältnisse bevorzugen. Unterschiede zwischen Ost- und Westdeutschland, was die Zuordnung von Jugendlichen zu dieser Gruppe betrifft, ließen sich erstaunlicherweise nicht belegen (ein ausgeprägteres Sicherheitsbedürfnis bei den ostdeutschen Jugendlichen angesichts der erlebten gesellschaftlichen Veränderungen wäre zu erwarten gewesen), dafür aber Alters- und Geschlechtsunterschiede: Zur Gruppe der Sicherheitsorientierten gehören *deutlich mehr jüngere Heranwachsende und zu 69,2 % Jungen* (vor allem aus Familien der unteren Statusgruppen).

Kreative Altruisten

Zur Gruppe der *kreativen Altruisten* (11,3 % der Gesamtstichprobe) zählen Jugendliche, für die Ideale und die Mitmenschen wichtig sind und kreative Selbstverwirklichung einen hohen Stellenwert hat; „schnödem Mammon" und materiellen Gütern stehen sie mehr oder weniger gleichgültig gegenüber. Ost-West-Unterschiede sind auch bei dieser Gruppe kaum zu belegen, jedoch ausgeprägte Alters- und Geschlechtsunterschiede: Für ungefähr *doppelt so viele jüngere (10–12jährige) und für mehr als doppelt so viele weibliche Heranwachsende* spielen die Ideale Kreativität und Mitmenschlichkeit bei der Selbstverwirklichung eine wesentliche Rolle.

Hedonistisch-materiell orientierte Individualisten

In die größte Gruppe der *hedonistisch-materiell orientierten Individualisten* (22,3 % der Stichprobe) gehören Jugendliche, für die Selbstverwirklichung und persönliche Freiheit wesentlich sind, jedoch in einer ausgeprägt materiellen und hedonistischen (auf Lustgewinn bezogenen) Orientierung (also ohne Bereitschaft zum sozialen und zwischenmenschlichen Engagement); Geld ist für sie eine unabdingbare Voraussetzung, um ein unabhängiges Leben zu führen, in dem sie sich ihre Wünsche erfüllen können. Wieder lassen sich im Hinblick auf die Zuordnung zu dieser Gruppe kaum Ost-West-Unterschiede nachweisen, auch Altersunterschiede sind nicht zu dokumentieren; es gehören aber *doppelt so viele Jungen (29,8 %), häufiger aus Familien mit niedrigem Sozialstatus, wie Mädchen* (14,8 %) dieser Gruppe an.

Fazit: Wie auch schon in der „Schülerstudie '90" (Behnken 1991, zitiert nach Brake 1996, 80) gezeigt wurde, lassen sich zwischen den Jugendlichen in Ost- und Westdeutschland kaum Unterschiede, was ihre Wertorientierungen betrifft, aufzeigen. In den neuen Bundesländern sind bei den 10–15jährigen Spuren sozialistischer Erziehung, soweit sie sich auswirken auf grundlegende weltanschauliche Einstellungen, kaum noch zu belegen.

6. Männliche und weibliche Moral

In diesem Zusammenhang interessant sind besonders die Arbeiten der US-Amerikanerin Carol Gilligan (1987), die es auf der Grundlage eigener Erhebungen für nötig hält, zwischen einer männlichen und einer weiblichen Moral zu unterscheiden. Gilligan fand in ihren Studien heraus, daß männliche Probanden dazu neigen, allgemeine und abstrakte Prinzipien und starre Regeln und Konventionen bei der Beurteilung moralisch mehr oder weniger verwerflicher Handlungen zu verwenden. Sie legte Jugendlichen zur Beurteilung ein moralisches Dilemma der folgenden Art vor (nach Kasten 1993):

Die 14jährige Claudia erhielt von ihrer Mutter die Erlaubnis zum Besuch eines Rock-Konzertes, auf das sie sich schon lange gefreut hatte. Die Mutter fügte hinzu: „Du mußt Dir das Geld für die Eintrittskarte aber selbst vom Taschengeld und dem, was Du von der Nachbarin fürs Babysitten bekommst, zusammensparen." Eine Woche vor der Veranstaltung, an der auch ihre Lieblingsband teilnahm, hatte Claudia das Geld zusammen. Am Tag vor dem Konzert sagte ihre Mutter: „Wir sind leider so knapp mit dem Geld, daß Du Dein Erspartes für die Klassenfahrt im nächsten Monat hernehmen mußt." Claudia war tief bestürzt und sehr enttäuscht. Schließlich entschloß sie sich, doch in das Konzert zu gehen und erzählte ihrer Mutter, daß sie am Nachmittag und Abend bei einer Freundin wäre. Niemand merkte, daß sie tatsächlich aber zu der Rockveranstaltung ging. Nach einer Woche erzählte Claudia ihrer älteren Schwester Bettina, daß sie die Mutter belogen hätte, doch zum Konzert gegangen wäre und nun das Geld für die Klassenfahrt nicht mehr zusammenkriegen würde.

Den Jugendlichen werden dann etwa die folgenden Fragen zu dieser Dilemma-Geschichte gestellt: (1) Wie soll sich Bettina Claudia gegenüber verhalten? Welche Rolle spielt es dabei, daß Claudia ihre Schwester ist? (2) Wie soll sich Bettina der Mutter gegenüber verhalten? (3) Welche Rolle spielt es, daß Claudia das Geld selbst zusammengespart hat? (4) Welche Rolle spielt es, daß Claudia zuerst von der Mutter die Erlaubnis erhalten hatte, das Konzert zu besuchen? (5) Wie wichtig ist es, Zusagen oder Versprechungen einzuhalten? Gegenüber Freunden oder Familienmitgliedern, gegenüber Fremden oder flüchtigen Bekannten? (6) Wie wichtig ist es, das Eigentum anderer zu achten? Innerhalb der Familie und anderen Personen gegenüber?

Gilligan konnte nachweisen, daß Jungen häufiger als Mädchen bei der Beantwortung solcher Fragen auf ein Raster zurückgreifen, das keine Ausnahmen und Besonderheiten des Einzelfalls zuläßt: „Ein Versprechen muß man halten." – „Seine Eltern darf man nicht belügen." Mädchen dagegen beziehen häufiger die situativen Umstände und Randbedingungen mit ein. Bei ihren Beurteilungen berücksichtigen sie auch die innere Verfassung, Gefühle und Bedürfnisse der in das Dilemma verwickelten Personen. Typische Fragen, die Mädchen sich stellen, sind: „Wie würde es der Mutter gehen, wenn sie die Wahrheit erführe?" – „Hat Claudia ein schlechtes Gewissen oder warum erzählt sie ihrer Schwester überhaupt von der Sache?" – „Warum war für Claudia die Enttäuschung so groß?"

Auf den Punkt gebracht: Fürsorglichkeit und Sich-verantwortlich-für-andere-Fühlen haben in der weiblichen Moral einen höheren Stellenwert als Gerechtigkeit, Gehorsam und Pflichterfüllung, Gesetz und Ordnung, die in der männlichen Moral an höherer Stelle rangieren.

Für Gilligan hängt diese geschlechtsbezogene Besonderheit mit Unterschieden in der männlichen und weiblichen Sozialisation – speziell in der frühkindlichen Mutter-Kind-Beziehung – zusammen: Von

Jungen wird schon früh erwartet, daß sie sich aus der symbiotisch nahen Bindung zur Mutter lösen und auf eigene Beine stellen. Wenn sie die Fürsorglichkeit der Mutter weiter empfangen und sich nicht abgrenzen würden, liefen sie Gefahr, ein verwöhntes Muttersöhnchen zu bleiben und keine „männliche Identität" aufzubauen, zu der als wichtige Merkmale Distanzierungsvermögen und Autonomie gehören. Ein autonomer Mann kann sich nicht auf (unwesentliche) Besonderheiten eines Einzelfalls beschränken, er ist auf der Suche nach dem „archimedischen Punkt", der absoluten Wahrheit, und greift bei der Beurteilung moralischer Dilemmasituationen auf seine Fähigkeiten zurück, sich zu distanzieren, abstrakt zu denken und allgemeingültige Schlußfolgerungen zu ziehen.

Auf Mädchen wird kein Druck ausgeübt, sich von der Mutter abzugrenzen. Sie können ihr verbunden bleiben, sich mit ihr identifizieren und dadurch so wie sie werden. *Für die weibliche Identität ist das Eingebundensein in eine enge Beziehung ein wesentliches Merkmal.* Eingebettet in die Beziehung zur Mutter erfahren Mädchen Zuwendung, Fürsorge, Wärme, Nähe und Intimität – Distanzierung und ichbezogene Autonomie passen nicht in diese Welt, sind ihr sozusagen wesensfremd. Schon im Vorschulalter läßt sich beobachten, was die kontinuierliche und ungebrochene mütterliche Zuwendung bewirkt: Mädchen sind in ihrem Sozialverhalten kooperativer, hilfsbereiter und stärker an anderen Kindern interessiert als Jungen. Im Laufe der Kindheit festigt sich diese Haltung bei den Mädchen noch und wird zum Fundament ihrer moralischen Orientierung.

Diese Vorstellungen Gilligans sind von Fachkollegen/innen teilweise kritisiert und in Frage gestellt worden. Doch auch wenn sich Gilligans Gegenüberstellung von zwei geschlechtypischen Moralen angesichts der Befunde, die in jüngerer Zeit zusammengetragen worden sind, tatsächlich als etwas fragwürdig und holzschnittartigvereinfachend erweist, sie lenkt den Blick auf eine wichtige Tatsache: Mädchen werden – auch heute noch – von früh an nachweisbar anders behandelt und erzogen als Jungen. *Die unterschiedliche Sozialisation der Geschlechter setzt sich in Pubertät und Adoleszenz weiter fort und führt dazu, daß im Selbstkonzept unterschiedliche Moral- und Wertorientierungen ausgebildet werden.*

7. Zukunftssorgen von Jugendlichen in Ost und West

Um auf die Zukunft bezogene Befürchtungen Heranwachsender zu erfassen, forderte Brake (1996, 80) ihre Probanden auf, zu sieben vorgegebenen Beantwortungsmöglichkeiten des Satzes „Wenn ich an die Zukunft denke, beunruhigen mich folgende Probleme" Stellung zu nehmen (trifft zu/trifft eher zu/trifft eher nicht zu/trifft nicht zu): (1) daß ich arbeitslos werde, (2) daß ich mich mit Aids anstecke, (3 a) (für Mädchen:) daß ich ungewollt schwanger werde, (3 b) (für Jungen:) daß ich ungewollt Vater werde, (4) daß ich meine Schule nicht schaffe, (5) daß die Umwelt zerstört wird, (6) daß immer mehr Ausländer nach Deutschland kommen, (7) daß ein Krieg in Europa stattfindet.

Ergebnisse: Die in den neuen Bundesländern befragten Kinder und Jugendlichen haben insgesamt mehr negative Erwartungen. Insbesondere befürchten sie, daß sie arbeitslos werden könnten. Daß sie auch mehr Angst vor einer Aids-Infektion als westdeutsche Heranwachsende haben, überrascht angesichts der Tatsache, daß Aids in Ostdeutschland lange Jahre kein (öffentliches) Thema war. Auch im Hinblick auf ihre Schullaufbahn und die Ausländerzunahme zeigen sie sich besorgter.

Nach dem *Geschlecht* lassen sich folgende Differenzierungen treffen: Mehr Mädchen (57 %) als Jungen (46 %) fürchten sich vor einem Krieg in Europa, mehr Mädchen als Jungen machen sich Sorgen um ihre Schulleistungen, mehr Mädchen als Jungen ängstigen sich vor einer ungewollten Schwangerschaft; beide Geschlechter sind in gleicher Weise besorgt, daß die Umweltzerstörung zunehmen könnte.

Stadt-Land-Unterschiede ergeben sich in erster Linie in bezug auf die Befürchtung, zu viele Ausländer könnten nach Deutschland kommen. In ländlichen Regionen aufwachsende Jugendliche hegen diese Befürchtung stärker als ihre Altersgefährten in der Stadt, die ja faktisch wesentlich häufiger mit Ausländern zusammenkommen.

Schichtunterschiede können im Hinblick auf Zukunftsängste, welche die schulische Laufbahn betreffen, belegt werden: Heranwachsende aus Familien mit gehobenem oder hohem Sozialstatus haben solche Ängste seltener.

8. Männliche Sachorientierung

Männer interessieren sich mehr für Sachen, Frauen mehr für Menschen
– mit dieser laienhaften Charakterisierung wird auf einen häufig zu-
treffenden Sachverhalt aufmerksam gemacht, der sich gegen Ende der
Pubertät immer deutlicher manifestiert. Von männlichen Heranwachsenden werden zwischenmenschliche Angelegenheiten, nahe Beziehungen zu Personen und die dazugehörenden inneren seelischen Vorgänge, nicht selten regelrecht ausgeklammert. Ihr Hauptinteresse ist
ausgerichtet auf die gegenständliche Welt, auf Zusammenhänge zwischen Objekten, die als Ursache-Wirkung-Verhältnis verstanden werden können. Naturwissenschaften und Technik sind die Felder, in denen sie sich – mit ihren wachsenden Fähigkeiten, formal-logisch und
abstrahierend vom anschaulich Gegebenen zu denken und Schlüsse
zu ziehen – zunehmend besser auskennen. Erfolgserlebnisse, die sie haben, wenn sie sich mit der gegenständlichen Welt, elektronischer Da-
tenverarbeitung, neuen Medien und Technologien auseinandersetzen,
tragen dazu bei, daß sie im zugehörigen Bereich ihres Selbstkonzeptes
Ich-Stärke, Zuversicht und Selbstvertrauen ausbilden. Unsicherheit,
zuweilen auch Ängste und Vermeidungstendenzen, sind dagegen nicht
selten zu registrieren, wenn es um zwischenmenschliche und inner-
seelische Dinge geht. Hier fühlen sie sich nicht nur den gleichaltrigen,
aber weiter entwickelten Mädchen, zu denen der Kontakt während
der Pubertätsjahre meist auf das Notwendigste beschränkt ist, unterlegen, sondern tun sich tatsächlich schwer, weil sie in den vergangenen Jahren meist nur wenig Gelegenheit hatten – und auch kaum dazu
ermuntert wurden – sich intensiver und ausführlicher mit anderen
Menschen und deren persönlichen Angelegenheiten zu beschäftigen.

9. Weibliche Personorientierung

Bei heranwachsenden Mädchen entwickelt sich oft ein Selbstkonzept mit umgekehrten Vorzeichen: In den männlichen Domänen Na-
turwissenschaft und Technik fühlt man sich unsicher, traut sich wenig zu und meidet Vergleiche. (Es sei denn, man bleibt – und lernt –
unter sich, in reinen Mädchenklassen oder -gruppen.) Dafür werden
mehr Souveränität, Selbstbewußtsein und Ich-Stärke ausgebildet,

wenn es um Menschen und zwischenmenschliche Dinge geht. In diesem Alter schaffen Mädchen es besser als Jungen, sich in die Lage anderer Personen zu versetzen und nachzuvollziehen, was in diesen abläuft, welche Beweggründe die anderen z. b. für ihr Handeln haben, warum sie mit Eifersucht, Ärger und Beleidigtsein oder mit Freude und Zustimmung reagieren, etc.

Die Abgrenzungen, die zwischenzeitig sogar gegenüber der Mutter und teilweise auch gegenüber den gleichgeschlechtlichen Altersgefährtinnen vollzogen wurden, lockern sich allmählich wieder, in wechselseitigem Austausch werden nahe und vertraute („intime") Beziehungen langsam neu oder wieder aufgebaut.

Pointiert und vereinfachend ausgedrückt liegen die (von der traditionellen geschlechtstypischen Erziehung mitbestimmten) zentralen Entwicklungsaufgaben für weibliche Heranwachsende stärker im zwischenmenschlichen Bereich (Erwerb von personbezogenen und sozialen Kompetenzen, Aufbau und Gestaltung von „intimen" Beziehungen), die Entwicklungsaufgaben für männliche Heranwachsende dagegen stärker im sachbezogenen Bereich (Erwerb von Kenntnissen und Fachkompetenzen über die „Dinge der Außenwelt").

10. Entwicklung des Sexualverhaltens

Menschliche Sexualität und aus ihr entspringendes Sexualverhalten hat körperliche, psychische und gesellschaftliche Wurzeln und realisiert sich in konkreten sozialen (zwischenmenschlichen) Settings. Die meisten Erklärungsmodelle für die Entstehung sexuellen Verhaltens gehen von der Existenz eines Sexualtriebes aus, dessen Aktivierung im wesentlichen zurückgeführt wird auf die Wirkung von Sexualhormonen (Androgenen) unter flankierendem Einfluß von psychosozialen und soziokulturellen Einflüssen (Abbildung 4 veranschaulicht diese Modellvorstellung). Varianten und Störungen der Sexualentwicklung – bekannt sind die Pubertas praecox, die vorzeitige Sexualreifung, und die Pubertas tarda, die verzögerte Sexualreifung – werden dementsprechend im wesentlichen auf körperliche Ursachen, z. B. genetische Defekte, die eine verfrühte oder verspätete Hormonausschüttung verursachen, zurückgeführt.

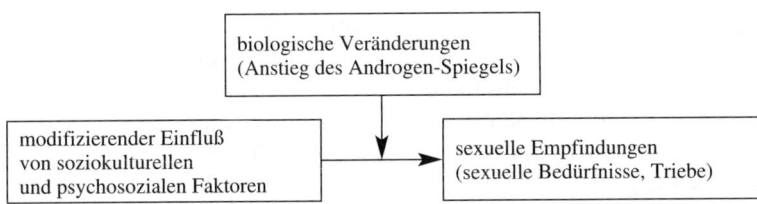

Abbildung 4: Einflüsse auf das sexuelle Empfinden (nach Remschmidt 1992, 80)

Auslösung von sexuellen Trieben, Bedürfnissen und Empfindungen

Weil die Konzentration der Androgene im männlichen Körper zehn-mal höher ist als im weiblichen Körper, nehmen viele Fachleute an, daß der männliche Sexualtrieb früher und stärker in Erscheinung tritt als der weibliche. Statistische Befunde untermauern diese Annahme: Geht man davon aus, daß Masturbation verbunden mit sexuellen Phantasien als Indikator für den Sexualtrieb zu werten ist, dann regt sich dieser bereits bei 12–13jährigen Jungen und erst bei 14–15jährigen Mädchen. Weil Mädchen im Durchschnitt zwei Jahre früher als Jungen in die Pubertät kommen und entsprechend früher geschlechtsreif werden, ist dieser Befund überraschend. Auch die weiteren statistischen Daten sind bemerkenswert: Bis zum 14. Lebensjahr haben drei Fünftel der Jungen und nur ein Fünftel der Mädchen Masturbationserfahrung. Zwischen dem 14. und 17. Lebensjahr wächst der Anteil der Erfahrenen beim männlichen und weiblichen Geschlecht jeweils um ein weiteres Fünftel auf ca. 80% bzw. ca. 40%. Bei 20jährigen Studenten/innen liegen die Anteile der Erfahrenen bei 92% (junge Männer) und 73% (junge Frauen) (die Daten stammen aus Untersuchungen von Clement 1986 und Schmidt-Tannwald und Urdze 1983).

Sexualwissenschaftler (z. B. Sigusch und Schmidt 1973) heben bei der Erklärung dieser Geschlechtsdifferenzen nicht nur die unterschiedlichen Androgen-Konzentrationen bei Frauen und Männern hervor, sondern verweisen auch auf die Anatomie der weiblichen Geschlechtsorgane (abgeschirmter von Außenreizen als das männliche Genital) und auf das gesellschaftlich verankerte Ideal weiblicher Sexualität. Dafür, daß sich männliche und weibliche Sexualität qualitativ unterschiedlich – und natürlich gesellschaftlich überformt – entwickeln, finden sich zahlreiche weitere Belege: Beispielsweise, daß weibliche Jugendliche und Studentinnen Masturbation als eigenständige Form sexueller Betätigung häufig auch dann beibehalten, wenn sie partnerschaftliche Sexualität erleben. Von jungen Männern wird Masturbation demgegenüber viel häufiger als Ersatzbefriedigung empfunden und kaum noch betrieben, wenn ein Sexualpartner zur Verfügung steht.

Unterschiede zwischen männlichem und weiblichem Sexualverhalten

Um die Unterschiede zwischen männlicher und weiblicher Sexualität plausibel zu machen, wird nicht nur auf die anatomisch-physiologischen Differenzen verwiesen, sondern auch die Evolution herangezogen, in deren Verlaufe sich typisch männliche und typisch weibliche sexuelle Strategien der Partnersuche herausgebildet haben:
Männern geht es darum, in kurzer Zeit mit vielen Frauen Geschlechtsverkehr zu haben; dadurch sorgen sie für den größten Fortpflanzungseffekt und geben ihre Gene am wirkungsvollsten weiter. Frauen dagegen wollen einen starken, d. h. genetisch hochwertigen Partner, der sie und die gemeinsamen Nachkommen beschützt und zuverlässig versorgt. Dementsprechend bevorzugen Männer eher sexuelle Kurzzeit-, Frauen eher sexuelle Langzeitstrategien. Daß dieses evolutionsbiologisch verankerte Grundmuster kulturell überformt und verändert wird, stellen die meisten Fachleute nicht in Abrede: So machen kulturvergleichende Studien darauf aufmerksam, daß gesellschaftliche und gruppenspezifische Einflüsse das Sexualverhalten modifizieren.
Wenn im folgenden einige neuere sozialwissenschaftliche Forschungsergebnisse vorgestellt werden, müssen diese – sozusagen im Hintergrund wirksamen – evolutionsbiologischen und kulturspezifischen Einflußfaktoren im Auge behalten werden: In unserem Kulturkreis interessieren sich Jungen wie Mädchen nach Abschluß der Pubertät zunehmend intensiver für das andere Geschlecht. Man/frau trifft sich zunächst mehr oder weniger zufällig in verschiedenen sozialen Settings, bei Kino-, Eiscafe-, Bistro- und Disco-Besuchen. Es schließen sich – nicht mehr ganz so zufällige – Treffen im kleineren Freundes-

kreis, der Peergroup, an. Auf diese folgen erste Datings, also nicht mehr ganz unverbindliche Verabredungen mit einem Jungen bzw. Mädchen, den bzw. das man nett findet; oft sind bei diesen Verabredungen die Freunde/innen aus der Clique dabei und vom Küßchengeben und Händchenhalten über Schmusen zum Knutschen werden die ersten Zärtlichkeiten ausgetauscht. Für (viele) Jungen ist das gute Aussehen ihrer Freundin wichtig; Mädchen legen (häufiger) nicht so großes Gewicht auf Äußerlichkeiten, für sie sind gegenseitiges Verständnis und Vertrauen, Rücksichtnahme, Liebe und Treue wichtiger. Jungen können sich Sexualität auch losgelöst von Beziehung und Freundschaft vorstellen, Mädchen legen mehr Wert darauf, daß Sexualität gekoppelt ist an Partnerschaft. Für Jungen steht der Leistungsaspekt besonders im Vordergrund, sie beschreiben sich als die, die die Initiative ergreifen und sozusagen bestimmen (müssen), wo es lang geht, d. h. mit welcher Intensität und Qualität sexuelle Kontakte stattfinden, aber auch als die, die Hemmungen haben und Schüchternheit überwinden müssen und die, die Angst haben, daß es im Bett nicht klappt (Wenzel 1990, der über 2000 an die Zeitschrift „Bravo" geschriebene Leserbriefe auswertete). Mädchen beschreiben sich demgegenüber als passiver, sie warten häufiger ab, bis die Jungen ihre Annäherungsversuche starten bzw. beschränken sich auf dezente Ermunterungen (signalisieren z. B. nonverbal, durch Blickkontakt und Mimik, ihr Interesse). Jedoch haben in unserem Kulturkreis auch Mädchen Leistungsaspekte verinnerlicht und fühlen sich ebenso wie Jungen genötigt, eine befriedigende und glückliche („erfolgreiche") Sexualbeziehung zu unterhalten.

Veränderungen in den letzten drei Jahrzehnten

Der Wertewandel im Gefolge emanzipatorischer Leitideen und Umbrüche (Studentenbewegung der '68er Generation, Hippie- und Flower-power-Kultur, Friedens- und Öko-Demonstrationen, Frauenbewegung etc.) und die Verbreitung eines sicheren Verhütungsmittels, der Anti-Baby-Pille, haben sicherlich entscheidend dazu beigetragen, daß in unserem Kulturkreis in den letzten Jahrzehnten eine Reihe von Veränderungen im männlichen und (besonders) im weiblichen Sexualverhalten stattgefunden haben.

Beide Geschlechter werden früher sexuell aktiv: Die – teilweise durchaus widersprüchlichen (und nicht immer glaubwürdigen und wissenschaftlich zuverlässigen) – Ergebnisse verschiedener Befragungen lassen sich dahingehend zusammenfassen, daß heutzutage etwa die Hälfte der 18jährigen Jungen und 60 % der gleichaltrigen Mädchen Koituserfahrung besitzen. Führt man sich vor Augen, daß im Jahre 1966 nur 11 % der Mädchen und 25 % der Jungen sexuell erfahren waren, so beeindruckt der deutlich stärkere prozentuale Zuwachs beim weiblichen Geschlecht! Genauere Erhebungen erbrachten, daß sexuell früher aktive Mädchen sich von sexuell später aktiven Mädchen in einer Reihe von Merkmalen unterscheiden: Sie sind weniger stark am traditionellen Frauenbild orientiert, unkonventioneller, unabhängiger vom Elternhaus, sozialkritischer eingestellt, stammen häufiger aus Familien mit niedrigem Sozialstatus, sind weniger bildungsmotiviert und Alkohol, Nikotin und Drogen gegenüber aufgeschlossener. Eine schlechte Beziehung zu den Eltern, Scheidung derselben, ein Mangel an sozialer Kontrolle, eine geringe Angst vor negativen Konsequenzen, attraktive Vorbilder, Massenmedien, Druck von Seiten der Clique und Erwartungen von Freunden sowie ein hoher Intimitäts- und Vertrautheitsgrad in der Partnerbeziehung wurden als weitere Faktoren ermittelt, welche frühe sexuelle Erfahrungen – bei Mädchen (mit Einschränkung auch bei Jungen) – erleichtern.

Von vielen Sozialwissenschaftlern wird die (sehr) frühe sexuelle Kontaktaufnahme zum anderen Geschlecht als „sozial abweichendes Verhalten" bewertet. Als Gründe für die Abweichung werden z. B. das Bemühen, das eigene negative Selbstbild und niedrige Selbstwertgefühl zu verbessern oder der Versuch, sich von elterlicher Autorität zu befreien, angeführt. Eine ganze Reihe von in jüngerer Zeit durchgeführten Befragungen machen es wahrscheinlich, daß *sexuelle Aktivitäten immer häufiger vorverlagert werden (in die Phase der frühen und mittleren Adoleszenz)*. Die Vorverlagerung geht einher mit einem unübersehbaren Geschlechtsrollenwandel, der vor allem bei jungen Mädchen stattgefunden hat. Von einer weitgehenden Angleichung der weiblichen und männlichen Geschlechtsrolle kann jedoch noch nicht geredet werden: Noch immer ziemt es sich für weibliche Jugendliche und junge Frauen nicht, den Sexualpartner häufig zu wechseln, wenn sie es nicht riskieren wollen, als „Flittchen" bezeichnet zu werden. Bei Jungen wird demgegenüber toleriert, wenn sie sich „die Hörner abstoßen"; sie steigern ihr Prestige und gewinnen Anerkennung im Freundeskreis, wenn sie auf reichhaltige sexuelle Erfahrungen zurückblicken können.

Erhebungen belegen des weiteren ein Mißverhältnis zwischen sexuellem Wissen und sexuellem Verhalten: Ein knappes Drittel der Mädchen und über die Hälfte der Jungen praktizieren beim „erstenmal" keine angemessene Verhütung. Zwar sind beide Geschlechter hinreichend informiert über Verhütungsmittel und -möglichkeiten, erleben aber entsprechende Planungen und Maßnahmen als einschränkend und die Spontaneität behindernd. Kurioserweise sind es gerade Mädchen aus der Gruppe der frühzeitig und intensiv sexuell aktiven Jugendlichen, die – obwohl sie über eine gute Sexualaufklärung verfügen – besonders nachlässig verhüten und daher auch zuweilen ungewollt schwanger werden. Ihre positive Einstellung zum Geschlechtsverkehr bestimmt ihr Verhalten stärker als ihr Wissen über empfängnisverhütende Maßnahmen (Oerter und Dreher 1995, 346).

Von zeitgenössischen Sexualpädagogen (z. B. Kluge 1990) wird vor allem die Notwendigkeit betont, das Sexualverhalten in die Gesamtpersönlichkeit zu integrieren und die Begrenzung der Sexualität auf körperlichen Lustgewinn mit einem austauschbaren Sexualpartner in Frage gestellt. Empfohlen wird eine ganzheitliche Sexualerziehung, in deren Mittelpunkt eine vertrauensvolle Beziehung (zunächst und in erster Linie zu den Eltern, die auch heutzutage noch von nur 15 % der Jugendlichen als Hauptinformationsquelle ihrer Sexualaufklärung genannt werden, und später zu einem potentiellen Sexualpartner) steht.

Homosexualität

Was die Entstehung von Homosexualität betrifft, so sind sich die meisten Wissenschaftler einig, daß *sowohl Anlage- als auch Umweltbedingungen an ihrem Zustandekommen beteiligt sind.* Dabei werden von verschiedenen Autoren unterschiedliche Schwerpunkte gesetzt, was das Gewicht der biologischen, psychischen und sozialen Bedingungen angeht.

Eine von Storms (1980) vorgestellte Theorie zur Erklärung von Homosexualität betont die Bedeutung der Sozialbeziehungen, die zum Zeitpunkt des erwachenden Sexualtriebs verfügbar sind: Frühreife Pubertierende, d. h. also ca. 10–11 Jahre alte Mädchen bzw. 12–13 Jahre alte Jungen, unterhalten noch fast ausschließlich Kontakte zu gleichgeschlechtlichen Peers, so daß sich ihr Geschlechtstrieb auf diese Personen ausrichtet. Normal- und Spätentwickler spüren ihren Sexualtrieb zu einer Zeit, während der gegengeschlechtliche Beziehungen zunehmend wichtiger werden. Storms kann Befunde vorlegen, die seine Annahmen untermauern: Die Mehrheit der von ihm untersuchten Probanden, deren Sexualität sich sehr früh regte und deren Sexualtrieb und sexuelle Phantasien sich auf die vorhandenen gleichgeschlechtlichen Partner ausrichteten, entwickelte homosexuelle Neigungen. Dagegen berichteten die von ihm befragten Normal- bzw. Spätentwickler, daß sich ihre sexuellen Bedürfnisse von Anfang an zu gegengeschlechtlichen Partnern hin orientierten.

Daß weibliche Jugendliche seltener zur Homosexualität neigen als männliche, wird nach Storms verständlich, wenn man sich vor Augen führt, daß der weibliche Sexualtrieb (sexuell getönte Phantasien und Masturbation) durchschnittlich zwei Jahre später (mit 15–16 Jahren) als der männliche Sexualtrieb erwacht, zu einem Zeitpunkt also, zu dem gegengeschlechtliche Kontakte wieder an Bedeutung gewinnen. Daß unter Leistungssportlern Homosexualität häufiger vorkommt als im Bevölkerungsdurchschnitt, dürfte damit zusammenhängen, daß Athleten/innen schon in der frühen Jugend, wenn sie mit dem Leistungstraining beginnen, vor allem gleichgeschlechtliche Kontakte knüpfen: Denn sie trainieren und messen sich in der Hauptsache mit ungefähr gleichaltrigen Personen gleichen Geschlechts.

Storms führt Homosexualität also auf zwei zusammenwirkende Ursachen zurück: Sexuelle Frühreife und gleichgeschlechtliche Sozialkontakte. Auch wenn mit Recht angezweifelt werden kann, daß diese schlichte Theorie genügt, um alle Erscheinungsformen von Homosexualität angemessen zu erklären, gebührt ihr der Verdienst, daß sie Homosexualität zum einen begreift als eine Spielart der „normalen" sexuellen Entwicklung (also nicht als abweichendes, abnormes Geschehen) und zum anderen den Akzent setzt auf das Zusammenwirken von Veranlagung (zur Frühreife) und sozialer Umwelt.

11. Wege aus der Kindheit heute

Halbstarkenkrawalle, Studentenproteste, Friedensbewegung:
Heranwachsende haben schon immer aufbegehrt

In den Nachkriegsjahrzehnten wandeln sich die westlichen Industrie-
länder allmählich zu konsumorientierten, hochtechnologisierten Dienst-
leistungsgesellschaften. Die Jugend bleibt davon nicht unberührt. Wie
in fast allen Epochen der Vergangenheit meldet sie Widerstand an:
„Nie wieder aufrüsten und Krieg führen!" ist die Parole der Pazifisten
in den Nachkriegsjahren, die Halbstarken der 50er Jahre provozieren
mit ihrer Kleidung und Haartracht das Bürgertum, zehn Jahre später
rebelliert die akademische Jugend gegen das Establishment und fordert
den grundlegenden gesellschaftlichen Umbau („Unter den Talaren
Staub von 1000 Jahren"), soziale Bewegungen von Jugendlichen aller
Sozialschichten artikulieren sich in den späten 70er und 80er Jahren
mit Protestmärschen und Demonstrationen für den Frieden und die
Umwelt, gegen die Kernkraft und industrielle Ausbeutung der Natur.

Eine immer wichtigere Rolle übernehmen dabei die Medien, insbesondere das Fernsehen und die Tagespresse, die durch ihre aktuellen Dokumente, in denen sowohl über Großereignisse, welche die
Jugend betreffen, als auch über kleinere Treffen oder „events" berichtet wird, zur Popularisierung vieler Jugendbewegungen und jugendlicher Gruppenbildungen und Moden erst beitragen. Dies wird
besonders deutlich, wenn man sich die vergangenen zwei Jahrzehnte vor Augen führt, in denen die Zahl der Stile, Trends und Gruppierungen innerhalb der Jugend – medienwirksam und durch die Medi-
en unterstützt – beträchtlich zugenommen hat. Die soziologischen
Schlagwörter „Pluralisierung" und „Individualisierung" der Gesell
schaft beziehen sich u. a. auch auf diese Vorgänge.

Ebenen der Verselbständigung von Heranwachsenden

Fundierte erfahrungswissenschaftliche Längsschnittuntersuchungen,
die sich mit der Frage befassen, auf welche Weise Kinder heutzutage
die Übergangsphase in die Jugend durchlaufen, sind rar (Fend 1991;
du Bois-Reymond et al. 1994; Büchner et al. 1996 c).

Viele *Soziologen* gehen in ihren Arbeiten von einer Theorie der Modernisierung der Gesellschaft aus und nehmen an, daß sich der Übergang ins Jugendalter beschleunigt hat. Als mögliche Gründe für die zunehmende Beschleunigung werden folgende Fakten angeführt: (1) Die Beziehungen zwischen den Familienmitgliedern, insbesondere zwischen den Eltern und ihren Kindern, sind informeller geworden. (2) Entscheidungen, welche die Schullaufbahn betreffen, müssen z. T. immer früher gefällt werden. (3) Die vielfältiger werdenden Angebote der Konsum- und Freizeitindustrie werden immer früher genutzt. (4) Der kindliche Lebensraum wird immer stärker zu einer Insel, für deren Binnenstruktur und Außenkontakte eine gute Planung und Organisation (vor allem) der Freizeitaktivitäten unbedingt erforderlich ist (Kötters et al. 1996, 99).

Für stärker *entwicklungspsychologisch orientierte Forscher* (Fend 1991) stehen die für diese Übergangsphase wesentlichen Entwicklungsaufgaben, Ablösung vom Elternhaus, Aufbau eigenständiger Sozialbeziehungen, einer Geschlechts- und einer Berufsidentität (vgl. dazu Abschnitt I. 6.), stärker im Vordergrund. Beschrieben wird, wie verschiedene Gruppen von Heranwachsenden sich mit diesen Entwicklungsaufgaben auseinandersetzen.

Auf der Grundlage der Ergebnisse einer Erkundungsuntersuchung (du Bois-Reymond et al. 1994), in der typische westdeutsche Wege ins Jugendalter mit typischen ostdeutschen Wegen (nach der Vereinigung) verglichen wurden, gelangten Büchner und Mitarbeiter/innen (1996 c) zu der Überzeugung, daß sich in Ostdeutschland noch häufiger traditionelle, „normalbiographische" Übergänge finden, während in Westdeutschland ein beschleunigtes Durchlaufen der Übergangsphase verbreiteter ist. Die Resultate der qualitativen Studie wurden zum Ausgangspunkt einer umfassenderen quantitativen Erhebung genommen. Auf diese wird im folgenden etwas ausführlicher Bezug genommen, weil sie eine Reihe von interessanten, verallgemeinerbaren Ergebnissen zu Tage förderte (Büchner et al. 1996 c).

Im Mittelpunkt einer Modellvorstellung dieses Autorenteams steht der Heranwachsende, der sich im Verlaufe der Pubertät und Adoleszenz zunehmend verselbständigt. In diesem Lebensabschnitt bestimmen vor allem die folgenden sechs Einflußfaktoren seine Lebenssituation entscheidend mit: Schulform, Sozialstatus der Familie,

Wohnort (Großstadt/Kleinstadt/ländliche Region), Geschlecht, Alter und „neues" oder „altes" Bundesland. Das Autorenteam (1996 c, 100) unterscheidet zwischen drei *Ebenen der Verselbständigung:* (1) Praktische Verselbständigung (selbständige Alltagsgestaltung), (2) soziale Verselbständigung (Ablösung von der Herkunftsfamilie) und (3) kognitive, d. h. geistig-verstandesmäßige Verselbständigung (Ausbildung eigener Zukunftsvorstellungen).

Erfaßt wurden zunächst „biographische Fixpunkte" (Fuchs 1985), mit denen in der Biographie- oder Lebenslaufforschung Handlungen bezeichnet werden, die während einer bestimmten Altersphase (hier zwischen 10 und 15 Jahren) jeweils zum ersten Mal getan werden. Von den Autoren wurden folgende biographische Fixpunkte zur Charakterisierung praktischer Verselbständigungsprozesse unterschieden:

(1) *Rauchen und Alkohol:* Ich habe das erstemal getrunken a) Bier, b) Wein/Sekt, c) Likör/Weinbrand/Schnaps – Ich habe das erstemal geraucht – Ich habe das erstemal mit Freunden Alkohol getrunken. (2) *Einstieg in die Geschlechtsrolle:* Ich bin/habe das erstemal a) mit jemandem gegangen, b) jemanden geküßt, c) in die Disco gegangen, d) verliebt gewesen, e) sexuelle Erfahrungen mit dem anderen Geschlecht gemacht. (3) *Persönliches Erscheinungsbild:* Ich habe das erstemal allein bestimmt, was ich anziehe.

Um das Ausmaß der Selbstbestimmung in anderen Bereichen des Alltagslebens zu erfassen, wurden die Antworten zu einer Reihe weiterer Themen einbezogen:

(4) *Umgang mit Taschengeld:* Vorbild und Rat sind mir beim Umgang mit Taschengeld wichtig. Ich darf mit meinem Taschengeld machen, was ich will. – Meine Eltern achten darauf, daß ich selbständig mit meinem Taschengeld umgehe. (5) *Auswahl der Freunde/Freundinnen;* Vorbild und Anregungen – von Vater/Mutter/Freunden – sind mir wichtig bei der Frage a) wer zu meinen Freunden gehört, b) mit wem ich gehe, meine Eltern achten darauf, daß ich den richtigen Umgang, die richtigen Freunde/Freundinnen, habe. (6) *Freizeitgestaltung:* Vorbild und Anregungen – von Vater/Mutter/Freunden – sind mir wichtig bei der Frage a) was ich in meiner Freizeit mache, b) welche Musik ich höre, c) welche Bücher ich lese. (7) *Zimmergestaltung und persönliches Erscheinungsbild:* Vorbild und Rat – von Vater/Mutter/Freunden – sind mir wichtig bei der Frage a) was ich anziehe, b) welche Frisur ich trage, c) wie ich mein Zimmer gestalte. (8) *Bildung und Politik:* Vorbild und Rat – von Vater/Mutter/Freunden – sind mir wichtig bei der Frage a) welchen Beruf ich erlernen möchte, b) wie ich mich in der Schule verhalte, c) welche politischen Ansichten ich habe.

Um die soziale Verselbständigung und Ablösung von den Eltern zu erfassen, wurden folgende Bereiche angesprochen:

(1) *Mithilfe im Haushalt der Eltern:* Ich muß a) mein Zimmer aufräumen, b) im Haushalt mithelfen, c) einkaufen. Meine Eltern achten darauf, daß ich meine Aufgaben im Haushalt erledige. Weil ich nicht mithelfen will, gibt es Ärger. (2) *Selbständigkeitsstreben:* Weil ich mit Freunden zusammen bin, die meinen Eltern nicht passen, gibt es Ärger. – Weil ich zu spät nach Hause komme, gibt es Ärger. – Wegen politischer Meinungsverschiedenheiten mit den Eltern gibt es Ärger. – Wenn mir meine Eltern etwas verbieten, a) mache ich es trotzdem, ohne daß meine Eltern etwas merken, b) mache ich es einfach und nehme den Ärger in Kauf, c) mache ich es, weil es im allgemeinen nicht passiert. (3) *Bevorzugte Ansprechpersonen:* Bei Problemen und Sorgen wende ich mich an meine Eltern. – Bei Problemen und Sorgen wende ich mich an meine Freunde. (4) *Familienklima:* In meiner Familie wird viel gelacht. – Ich fühle mich meistens in meiner Familie wohl. – Mit meinem Vater verstehe ich mich gut. – Mit meiner Mutter verstehe ich mich gut. – Meine Eltern unterstützen mich, wenn ich mir etwas nicht zutraue.

Um die Verselbständigungsprozesse auf der dritten Ebene, der kognitiven oder geistig-verstandesmäßigen Verselbständigung, zu ermitteln, in der es um Ausmaß und Qualität des Nachdenkens über die eigene Person geht, wurden zwei Fragen eingesetzt, die sich auf Zukunftsvorstellungen beziehen:

(1) *Möchtest Du selbst einmal Kinder haben?* und (2) *Kannst Du Dir schon einen Beruf für Dich vorstellen?*

12. Praktische Verselbständigung

Rauchen und Alkohol

Im Alter zwischen 10 und 15 Jahren spielen Zigaretten und Alkohol noch keine nennenswerte Rolle. Herausgefunden wurde aber auch, daß der Anteil derer, die angeben, noch nie geraucht bzw. noch keinen Alkohol getrunken zu haben, beständig abnimmt. *Der Einstieg in regelmäßiges Rauchen und Trinken scheint jedoch erst später, zwischen dem 15. und 17. Lebensjahr, stattzufinden,* was auch im Einklang mit anderen Untersuchungsergebnissen steht (Nordlohne 1992). Ost-West-Unterschiede ergaben sich kaum, lediglich Bier wird von westdeutschen angehenden Jugendlichen etwas häufiger getrunken.

Es zeigte sich auch, daß Heranwachsende der unteren Sozialschichten öfter als ihre Altersgenossen aus höheren Sozialschichten rauchen und trinken. Daß für manche (wenn auch nicht für viele) ihre Wege aus der Kindheit verbunden sind mit einer *gewissen gesundheitlichen Gefährdung dadurch,* daß sie sich die „Erwachsenen-Statussymbole" Rauchen und Alkoholtrinken besonders früh und in forcierter Weise aneignen, ist durch die Untersuchungsdaten zu belegen.

Hineinwachsen in die Geschlechtsrolle

In der Fachliteratur wird übereinstimmend berichtet, daß *Jugendliche heutzutage immer früher ihre ersten Erfahrungen bezogen auf das andere Geschlecht machen.* Die von Kötters et al. 1996 präsentierten Ergebnisse unterstützen diese Einschätzung:

Der Anteil der „Unerfahrenen" nimmt unter den 10–15jährigen sehr schnell ab (auf unter 5 %), dagegen steigt der Anteil der „Erfahrenen" rapide (auf 32,7 % bei den 15jährigen). Als „Unerfahrene" wurden dabei alle die bezeichnet, die noch keinen der vier biografischen Fixpunkte „Das erstemal mit jemandem gegangen", „Das erstemal geküßt", „Das erstemal verliebt", „Das erstemal sexuelle Erfahrungen mit dem anderen Geschlecht gemacht" erreicht hatten. Als „Erfahrene" wurden demgegenüber alle die tituliert, die bereits jeden der vier Fixpunkte durchlaufen hatten. Faßt man alle 10–15jährigen in einer Gruppe zusammen, so beläuft sich der Anteil der „Erfahrenen" auf 18,4 %, der Anteil der „Unerfahrenen" auf 14,3 %; die restlichen 67,3 % haben bereits einen, zwei oder drei der Fixpunkte erreicht, zwei Drittel sind also „teilerfahren".
   In Ostdeutschland gibt es knapp 5 % mehr „Unerfahrene", und ungefähr ebensoviel Prozent mehr Mädchen als Jungen gehören der Gruppe der „Erfahrenen" an. Markanter ist der Entwicklungsverlauf: Der Anteil der „Unerfahrenen" nimmt zwischen 10 und 15 Jahren kontinuierlich ab.

Taschengeldverwendung

In Ost- und Westdeutschland wird den Heranwachsenden von der großen Mehrheit der Eltern (über 87 %) zugestanden, frei über ihr Taschengeld zu verfügen. Diese Tatsache verdeutlicht, daß der selbständige und eigenverantwortliche Umgang mit einem kleinen Geldbetrag offensichtlich von sehr vielen Eltern gebilligt wird – wahrscheinlich in der Erwartung, die Unabhängigkeit und Eigenständig-

keit ihrer Kinder dadurch ein Stück weit zu unterstützen und vor-
anzubringen. Erwähnenswert ist, daß vor allem die jüngeren (10–
12jährigen) Buben dabei nicht selten (zu 40%) von ihren (häufiger
ostdeutschen und Unterschichts-)Eltern angehalten werden, das
Taschengeld nicht sofort auszugeben; von den Mädchen der jüngeren Altersgruppe werden nur 26% dazu ermahnt. Im Entwicklungsverlauf nehmen solche Ermahnungen jedoch deutlich ab.

Äußeres Erscheinungsbild: Wie kleide ich mich?

Zur praktischen Verselbständigung gehört auch das selbständige Entscheiden darüber, was man anzieht. *Diese Entscheidung wird den jüngeren (10–11jährigen) Heranwachsenden, besonders in den neuen
Bundesländern, noch nicht in vollem Maße zugestanden.* Im Alter
von 14–15 Jahren sind es jedoch nur noch ungefähr 10% der Jugendlichen (etwas häufiger Jungen), die nicht selbst entscheiden dürfen,
was sie anziehen.

Auswahl von Freunden und Freundinnen

Es wurde auch danach gefragt, in welchem Umfang selbst bestimmt
werden kann, welche/n Freunde/innen man hat. Knapp drei Viertel
der einbezogenen Heranwachsenden – von 67,7% bei der jüngeren,
über 74,6% bei der mittleren bis zu 81,7% bei der älteren Gruppe –
geben an, daß *ihnen dabei nicht hineingeredet wird.* Das gilt in besonderem Maße für die ostdeutschen Mädchen, die unabhängiger von
den Eltern sind als ihre männlichen Altersgenossen, wenn es um die
Entscheidung geht, wen sie als festen Freund/feste Freundin wählen
(„mit wem ich gehe").

Elterliche Einflüsse auf die Freizeitgestaltung

*Ungefähr die Hälfte der befragten Heranwachsenden geben an, daß
ihre Eltern ein Wörtchen mitreden bei dem, was sie in ihrer Freizeit
machen.* Beim Auswählen von Büchern, Zeitschriften, CDs, Videos
etc. sind drei Viertel der Jugendlichen (im Durchschnitt über die drei

Altersgruppen gemittelt) jedoch von den Eltern unabhängig. Ostdeutsche Jungen und Mädchen stimmen sich bei ihren Freizeitunternehmun-
gen häufiger mit ihren Freunden/Freundinnen ab als westdeutsche
Jugendliche. Im Entwicklungsverlauf betrachtet, nehmen die elterlichen
Einflüsse auf die Freizeitgestaltung ab und die der Freunde/Freundin-
nen zu. Doch schon bei den 10–12jährigen ist ein hoher Selbständig-
keitsspielraum und Selbstbestimmungsanspruch zu registrieren.

Schule, Ausbildung und Politik

*Elterliche Einflüsse auf Fragen, welche die Schule, Ausbildung
und/oder Politik betreffen, nehmen im Entwicklungsverlauf deutlich
ab* (bei schulischen Fragen z. B. holt sich von den 10–12jährigen
noch knapp die Hälfte Rat von den Eltern, von den 14–15jährigen
nur noch 28,8 %). Für die westdeutschen Jugendlichen ist charakteristisch, daß sie auf elterlichen Rat weniger Gewicht legen als ihre
ostdeutschen Altersgenossen.

Einrichtung und Gestaltung des eigenen Zimmers

Bei Fragen, welche die Einrichtung und Gestaltung des eigenen Zimmers betreffen, möchten schon die jüngsten befragten Heranwachsenden eigenständig und ohne elterliche Bevormundung entscheiden.
*Immerhin 55 % wird dies auch gestattet; bei den 13jährigen sind es
67,6 % und bei den 14–15jährigen 73,5 %.* Der Anteil der Freunde,
deren Rat eingeholt wird, bleibt bei gut 10 % über die Altersgruppen
hinweg annähernd konstant, wohingegen die elterlichen Einflüsse
kontinuierlich (von 32,0 % über 20,0 % auf 12,6 %) abnehmen.

Persönlicher Geschmack und Stil

Geht man davon aus, daß Jugendliche bei Entscheidungen, welche die
Bereiche Zimmergestaltung, Auswahl von Freunden/innen und persönliches Erscheinungsbild betreffen, in besonderem Maße gefordert sind,
ihren eigenen Stil und Geschmack zu finden, dann lassen sich auf dem
Hintergrund der zusammengetragenen Befunde folgende Fakten fest-

halten (Kötters et al. 1996, 114–115): (1) Mit steigendem Alter wächst die Unabhängigkeit, was Stil- und Geschmacksfragen betrifft. (2) Die Mütter spielen eine wichtigere Rolle als die Väter bei Entscheidungen, welche Geschmacksfragen betreffen. (3) Der Einfluß der Eltern nimmt ab, der Einfluß der Freunde/innen nimmt zu; dies gilt in besonderem Maße für die ostdeutschen Heranwachsenden. (4) Die größte Selbständigkeit von allen Befragten in den behandelten Bereichen haben die 14–15jährigen westdeutschen Mädchen.

13. Soziale Ablösung

Die Ablösung von den Eltern ist in unserem Kulturkreis mit mehr oder weniger massiven Konflikten verbunden; nach Einschätzung der meisten Entwicklungspsychologen und Pädagogen müssen konflikthafte Auseinandersetzungen zwischen den Heranwachsenden und ihren Eltern stattfinden, damit es auch tatsächlich zu einer gefühlsmäßigen und zwischenmenschlichen Abnabelung kommt. Bleiben Konflikte, Reibereien und Streitigkeiten vollständig aus, ist zu befürchten, daß im Eltern-Kind-Verhältnis keine echte Ablösung vollzogen wird, Eltern und Kinder bleiben aufeinander „fixiert".

In der Untersuchung von Kötters et al. (1996, 116–123) wurden einige ausgewählte *Konfliktbereiche* näher betrachtet (z. B. Mithilfe im Haushalt, abendliches Nach-Hause-Kommen, Konflikte um Freunde/innen und politische Fragen) und darüber hinaus ermittelt, welche Ansprechpartner bei persönlichen Problemen und Sorgen während der Übergangsphase vom Kindes- zum Jugendalter bevorzugt gewählt werden. Auch nach dem in der jeweiligen Familie vorherrschenden Klima wurde gefragt.

Pflichten im Haushalt: Anlässe von Streit und Ärger

Die Ergebnisse der Untersuchung belegen, daß *knapp die Hälfte der Befragten hin und wieder die Hilfe im Haushalt verweigert (oder auch nicht bereit ist, das eigene Zimmer aufzuräumen);* zu – mehr oder weniger regelmäßigen – Konflikten darüber kommt es dann bei zwei

Drittel dieser Hälfte, überraschenderweise nicht häufiger bei Mädchen, obwohl von diesen öfter häusliche Mithilfe erwartet wird. Hier scheint die geschlechtsspezifische Erziehung, die vom weiblichen Geschlecht Bravheit, Anpassungsbereitschaft und Nachgiebigkeit sowie Vorbereitung auf die spätere Hausfrauenrolle fordert, schon ihre Fundamente gefestigt zu haben. Die Befunde verdeutlichen weiter, daß mit dem Alter die Konflikthäufigkeit zunimmt (von 24 % bei den 10–12jährigen auf 40 % bei den 14–15jährigen) und daß von Eltern in den neuen Bundesländern größerer Wert darauf gelegt wird, daß Kinder Pflichten und Aufgaben im Haushalt übernehmen, was nicht weiter verwundert, wenn man sich vor Augen führt, daß in Ostdeutschland nach wie vor ein wesentlich höherer Prozentsatz von Müttern berufstätig ist. Am seltensten wird – im Ost-West-Vergleich – von den westdeutschen Jungen erwartet, daß sie regelmäßig im Haushalt mithelfen.

Weitere Konfliktanlässe

Konflikte zwischen den Heranwachsenden und ihren Eltern spielen sich auch *relativ häufig ab nach abendlichem Zu-spät-nach-Hause-Kommen;* davon berichten gut ein Viertel der befragten 14–15jährigen (knapp die Hälfte der Jugendlichen dieser Altersgruppe – Jungen etwas häufiger als Mädchen – gibt an, daß es bei ihnen geschieht, daß sie abends zu spät heimkommen).

Ungefähr ein Fünftel der Heranwachsenden erwähnt, daß es zu Konflikten mit den Eltern kommt, weil diesen die ausgewählten Freunde/innen nicht gefallen. Solche Konflikte spielen sich in Mittel- und Oberschichtfamilien deutlich seltener ab, was damit erklärt wird, daß in partnerschaftlich-demokratisch orientierten Familien, die in der Unterschicht weniger verbreitet sind, Kontroversen über die Freundeswahl ausdiskutiert und nicht autoritär von den Eltern entschieden werden. Alters- und Geschlechtsunterschiede sind nicht zu belegen. Konflikte entzünden sich auch an Themen, welche die Schule (schlechte Schulleistungen!), das unaufgeräumte Zimmer oder die Kleidung und Haartracht betreffen.

Nur 17 % der Heranwachsenden geben an, daß sie mit den Eltern Meinungsverschiedenheiten und – daraus resultierend – Streit und

Konflikte über politische und gesellschaftliche Fragen haben. Dieser Prozentsatz bleibt über die Altersstufen hinweg annähernd konstant, Jungen unterscheiden sich in diesem Punkt auch nicht von Mädchen und Heranwachsende aus den neuen Bundesländern nicht von ihren Altersgenossen aus den alten Bundesländern.

Anzufügen bleibt, daß sich in den Familien die meisten Konflikte auf der „horizontalen" Ebene, beim Streit zwischen den Geschwistern, abspielen; *von Meinungsverschiedenheiten und Konflikten mit den Geschwistern berichten nämlich fast vier Fünftel der Befragten* (Büchner und Fuhs 1996 a, 166).

Hilfe bei der Problembewältigung:
Weg von den Eltern, hin zu den Freunden

Der soziale Ablösungsprozeß, der sich zwischen dem 10. und 15. Lebensjahr abspielt, läßt sich besonders deutlich dokumentieren, wenn man die Antwortenverteilung betrachtet auf die Frage, wen die Heranwachsenden um Rat und Hilfe bei Alltagsproblemen bitten: *Von den 10–12jährigen wendet sich noch knapp die Hälfte an die Eltern, bei den 14–15jährigen sind es nur noch ein Fünftel!* Gleichzeitig nimmt die Bedeutung der Gruppe der Gleichaltrigen zu: Sie werden von einem Drittel der 10–12jährigen und von knapp der Hälfte der 14–15jährigen um Rat gefragt. Interessant ist, daß doppelt so viele Mädchen wie Jungen angeben, daß sie sich mit Sorgen und Alltagsproblemen an ihre Freunde/innen wenden. Vermutet wird, daß sich in diesem *auffälligen Geschlechtsunterschied* nicht nur die größere soziale Reife der Mädchen auf dieser Altersstufe manifestiert, sondern auch die in der Fachliteratur oft berichtete bessere soziale Unterstützung, über die das weibliche Geschlecht allgemein verfügt (Kötters et al. 1996, 121).

Geringfügige Verschlechterungen des Familienklimas

Mit Hilfe von fünf Fragebogen-Items („In meiner Familie wird viel gelacht"; Ich fühle mich meistens in meiner Familie wohl"; „Mit meinem Vater verstehe ich mich gut"; „Mit meiner Mutter verstehe ich mich gut"; „Meine Eltern unterstützen mich, wenn ich mir etwas nicht zutraue") wurde die Wahrnehmung des Familienklimas durch die Heranwachsenden erfaßt. *Die Ergebnisse belegen zwar, daß sich ab dem 13. Lebensjahr die positive Wahrnehmung des Familienklimas stetig verschlechtert; doch auch die 14–15jährigen erleben ihr Familienklima – trotz gelegentlicher Konflikte – durchaus noch als recht harmonisch.* Es zeigt sich auch, daß die Jungen und Mädchen, die sich bei Sorgen und Problemen ratsuchend an ihre Eltern wenden (können), sich in ihren Familien signifikant wohler fühlen, als die Gruppe der Heranwachsenden, welche die Eltern nicht um Rat fragt.

14. Schritte der kognitiven Ablösung

Lediglich zwei Aspekte der kognitiven Verselbständigung wurden mit Hilfe der Fragen „Möchtest Du später selbst einmal Kinder haben?" und „Kannst Du Dir schon einen Beruf für Dich vorstellen?" erfaßt. Die Ergebnisse untermauern einen deutlichen Ost-West-Unterschied: *In den neuen Bundesländern haben bereits 85% der Befragten Vorstellungen über die eigene familiale Zukunft, über ihre berufliche Zukunft besitzen sogar ausnahmslos alle Befragten (mehr oder weniger) konkrete Vorstellungen, in Westdeutschland dagegen nur ungefähr die Hälfte.* Am weitesten mit der kognitiven Verselbständigung sind die ostdeutschen Mädchen, gefolgt von den ostdeutschen Jungen und den westdeutschen Mädchen; das Schlußlicht bilden die westdeutschen Jungen, von denen sich erst 44,5% mit der eigenen familialen und beruflichen Zukunft beschäftigt haben. Daß sich die höchsten Prozentsätze der Verselbständigung jeweils in der Gruppe der 14–15jährigen finden, verwundert nicht angesichts der Tatsache, daß ein Großteil der Jugendlichen dieser Altersgruppe (als Haupt- bzw. Realschüler) bereits kurz vor dem Eintritt ins Berufsleben steht. Es zeigt sich außerdem, daß über die Hälfte der Befragten sich im Hinblick auf berufsbezogene Dinge von den Eltern nicht hineinreden lassen will (im Osten 55%, in den alten Bundesländern sogar 62%).

15. Zusammenfassung: Werden Kinder im Osten oder im Westen schneller erwachsen?

Insgesamt betrachtet kann lediglich davon gesprochen werden, daß die westdeutschen Heranwachsenden in einigen Bereichen die Übergangsphase ins Jugendalter schneller durchlaufen als ihre Altersgefährten in den neuen Bundesländern. Dies gilt z. B. für die Übernahme der – insbesondere weiblichen – Geschlechtsrolle: *Mädchen in den alten Bundesländern sind früher zum ersten Mal verliebt und beginnen früher mit gegengeschlechtlichen Freundschaften.* Demgegenüber fangen beide Geschlechter in Ostdeutschland früher an, in Diskotheken zu gehen. Westdeutsche Heranwachsende treffen früher selbständige Entscheidungen darüber, wozu sie ihr Taschengeld verwenden, wen sie als Freund/Freundin auswählen und welche Kleidung sie tragen. Ostdeutsche Heranwachsende beziehen bei ihren Entscheidungen noch stärker die Eltern bzw. ihre Freunde/Freundinnen mit ein. An letztere wenden sie sich auch früher und häufiger um Rat, wenn sie im Alltag Sorgen und Probleme haben. Zwischen westdeutschen Heranwachsenden und ihren Eltern gibt es häufiger Streit um die Frage des Abends-nach-Hause-Kommens.

Ostdeutsche Jungen und Mädchen entwickeln deutlich früher als ihre westdeutschen Altersgefährten/innen relativ klare Vorstellungen über ihre eigene berufliche und familiale Zukunft. Sicherlich hängt diese Eigentümlichkeit zum einen damit zusammen, daß in den neuen Bundesländern ungünstigere berufliche Aussichten für Jugendliche bestehen, und kann zum anderen mit der Tatsache in Verbindung gebracht werden, daß in der ehemaligen DDR frühes Heiratsalter und Kinderbekommen zur „Normalbiographie" gehörten.

Die in der Untersuchung von Kötters et al. (1996) zutage geförderten Ergebnisse lassen durchaus den Schluß zu, daß sich die „Wege von der Kindheit in die Jugend und ins Erwachsenenalter" von ostdeutschen und westdeutschen Heranwachsenden auch in Zukunft weiter angleichen werden.

IV: In welchen Familien wachsen unsere Kinder auf?

Mit dem Schlagwort „Familie im Wandel" beschreiben Sozialwissenschaftler die teilweise dramatischen Veränderungen, die in den letzten Jahrzehnten in deutschen Familien abgelaufen sind: Reduzierung der Kinderzahl, Abnahme der Heiratsneigung, Zunahme der Scheidungsquote, Zunahme der Zahl der Alleinerziehenden, Änderung der Formen familialen Zusammenlebens (nichteheliche Lebensgemeinschaften, Zwei-Haushalte-Ehen etc.) – um nur einige der weiterhin stattfindenden Veränderungen anzuführen – bringen es mit sich, daß Kinder heutzutage in ganz anderen Familienverhältnissen erwachsen werden als noch vor einer oder zwei Generationen. Im folgenden sollen zunächst einige Faktoren genauer betrachtet werden, die verdeutlichen, daß sich die familialen Lebensbedingungen der Heranwachsenden teilweise beträchtlich gewandelt haben.

1. Veränderte Familienformen

Immerhin sind es noch drei Viertel aller unmündigen Kinder, die zusammen mit ihren leiblichen Eltern in einem Haushalt leben. Jeweils ungefähr 10 % leben in einer Ein-Eltern-Familie zusammen mit der Mutter (mit dem Vater nur etwas über 1 %) oder in einer nichtehelichen Lebensgemeinschaft, welche die Mutter mit einem Partner unterhält, der nicht der leibliche Vater ihrer Kinder ist (Tabelle 4 gibt einen Überblick).

2. Persönliches Wohlbefinden: Familienklima und Familienform

Hervorzuheben ist, daß sich die Mehrheit der Heranwachsenden in ihren Familien durchaus wohl fühlt. Erwähnenswert sind einige die Familienform betreffende Unterschiede: Kinder und Jugendliche, die

Tabelle 4: Familienformen, in denen Kinder heutzutage aufwachsen
(aus Brake und Büchner 1996, 47)

Familienform (im selben Haushalt wohnen mit)	Großstadt (Ostdeutschl.)	Land (Ostdeutschl.)	Großstadt (Westdeutschl.)	Land (Westdeutschl.)
leiblichen Eltern	76,1	71,4	74,5	68,4
Eltern und Großeltern	1,8	14,4	1,8	20,9
nur mit Mutter	9,4	4,8	10,8	3,7
nur mit Vater	0,0	1,7	1,8	0,7
mit Mutter und Partner	11,2	6,2	8,7	5,5
mit Vater und Partnerin	0,6	1,1	1,0	0,4
mit Großeltern, Verwandten	0,6	0,3	1,2	0,4
sonstige (Pflegefamilie, Heim)	0,3	0,0	0,2	0,0
Summe	100 %	100 %	100 %	100 %

zusammen mit ihren leiblichen Eltern in einem Haushalt leben, fühlen sich am häufigsten wohl in ihren Familien (62,5 % der Befragten äußerte sich dementsprechend; in Ein-Eltern-Familien sind es 58,1 % und in Stieffamilien „nur" 52,1 %).

Weitere Auskünfte über das Familienklima wurden in der Untersuchung von Büchner et al. (1996 c) eingeholt: 65 % der in „Normalfamilien" aufwachsenden Jungen und Mädchen berichten, daß in ihrer Familie viel gelacht wird, 52,2 %, daß sie bei den Eltern Unterstützung finden, wenn sie sich etwas nicht zutrauen, ungefähr 45 %, daß sie sich nur selten traurig, bedrückt und alleingelassen fühlen und 38,5 %, daß es in ihrer Familie nur selten Streit und Ärger gibt. Etwas negativere Angaben bezogen auf das Familienklima werden von Kindern gemacht, die nur mit einem Elternteil aufwachsen, und noch niedrigere Werte sind von Kindern aus Stieffamilien in Erfahrung zu bringen. Brake und Büchner (1996, 49), die diese Ergebnisse präsentieren, warnen davor, die geringen Differenzen zwischen den Familienformen hinsichtlich des subjektiv erlebten Klimas zum Anlaß zu nehmen, pädagogische Pauschalurteile über die verschiedenen Familienformen zu fällen.

3. Geschwisterkinder und Einzelkinder

Nur noch in ungefähr 40 % der deutschen Haushalte wachsen überhaupt Kinder auf; die Mehrheit der Bundesbürger lebt als „Single" in Ein-Personen-Haushalten (ca. 20 %) oder – verheiratet oder unverheiratet (aber ohne Kinder) – in Zwei- oder Mehr-Personen-Haushalten (ca. 40 %). Betrachtet man alle Familien mit Kindern unter 18 Jahren, so liegt der Anteil der Ein-Kind-Familien bei ungefähr 50 %, der Zwei-Kinder-Familien bei ca. 38 %, der Drei-Kinder-Familien bei ca. 9 % und der Vier-und-mehr-Kinder-Familien bei knapp 3 %. Der Trend geht dabei deutlich zur immer geringeren Kinderzahl, Familien mit drei oder mehr Kindern werden immer seltener (Kasten 1998, 15 ff.).

Immer mehr Kinder wachsen ohne oder mit nur einem Geschwister auf – die Konsequenzen für die Persönlichkeitsentwicklung der zunehmenden Geschwisterarmut und Geschwisterlosigkeit werden kontrovers diskutiert (Kasten 1995). Die in vergangenen Jahrzehnten Einzelkindern oft zugeschriebenen Charaktereigenschaften (z. B. egoistisch, verwöhnt, unsozial, kontaktgestört, introvertiert, unangepaßt, neurotisch) müssen auf dem Boden der in jüngerer Zeit vorgelegten Forschungsergebnisse als unzutreffend zurückgewiesen werden. Einzelkinder wachsen wie Geschwisterkinder mehrheitlich in „Normalfamilien" auf, ihre Eltern (die meist noch ein zweites Kind „planen", zu dem es dann aber sehr häufig nicht kommt) achten i. allg. darauf, daß sie von klein auf regelmäßig mit anderen Kindern zusammen sind.

Ein von Brake und Büchner (1996, 43 f.) durchgeführter Ost-West-Vergleich macht deutlich, *daß in den neuen Bundesländern deutlich mehr Kinder ohne Geschwister aufwachsen und daß es in den alten Bundesländern mehr Familien mit vier und mehr Kindern gibt.* Daß im Osten wie im Westen in großstädtischen Regionen mehr Ein-Kind-Familien anzutreffen sind als auf dem Lande, verwundert nicht; der überraschend hohe Anteil von Familien mit vier und mehr Kindern im Westen, die in der Großstadt leben, läßt sich zurückführen auf den hohen Anteil von Ausländerfamilien (besonders türkischer Nationalität), den es im Osten nicht gibt.

4. Beschäftigungsverhältnisse und Schichtzugehörigkeit (sozialer Status) der Familie

Im Ost-West-Vergleich ergeben sich eine Reihe von Unterschieden: In den neuen Bundesländern liegt der Facharbeiteranteil bei 40 % (ein Drittel davon Frauen), in den alten Bundesländern bei 20 % (ein Viertel davon Frauen); der Anteil einfacher, ausführender Angestellter macht im Osten 19,6 %, im Westen 11,1 % aus; im Westen gibt es 24,3 % qualifizierte Angestellte, im Osten nur 15,3 %; Freiberufler sind im Osten mit nur 1,1 % vertreten, im Westen dagegen mit 7,3 %. Was die Beschäftigungsverhältnisse der Mütter betrifft, so fällt vor allem der wesentlich höhere Hausfrauen-Anteil von 15,9 % im Westen auf (gegenüber nur 1,4 % im Osten); dieser Unterschied ist sicher zum einen auf die *höhere Frauen-erwerbsquote im Osten* zurückzuführen – sie liegt zwar heute nur noch bei ungefähr 60 % (im Westen sind nur knapp 20 % der Mütter ganztags berufstätig) und hängt zum anderen auch damit zusammen, daß nichtberufstätige Mütter nicht nur in der Wahrnehmung ihrer Kinder, die in der Untersuchung von Brake und Büchner befragt wurden, sondern auch in der offiziellen Statistik als „Arbeitslose“ gelten.

Festzuhalten ist darüber hinaus, daß *im Osten mehr als 40 % der Kinder mit Eltern aufwachsen, die beide ganztägig arbeiten;* in den alten Bundesländern ist der Anteil der Teilerwerbstätigen (besonders bei den Müttern) deutlich höher, so daß nur 13 % der Kinder mit ganztags berufstätigen Eltern aufwachsen. Ganztägige Erwerbstätigkeit beider Eltern ist im Osten wie im Westen häufiger in großstädtischen Regionen anzutreffen.

Was den Sozialstatus der Eltern angeht, so erbringt der Ost-West-Vergleich auch einen markanten Unterschied: *Im Osten liegt der Anteil der Familien mit niedrigem und mittlerem Sozialstatus bei 70 %, im Westen bei – nur – 56 %.* Im übrigen zeigen sich im Ost-West-Vergleich auch überraschend *viele Entsprechungen,* was andere Berufssparten (angelernte/ungelernte Arbeiter/innen, qualifizierte Facharbeiter/innen, leitende Angestellte, akademische Berufe) betrifft.

5. Wohnverhältnisse: Ein eigenes Zimmer?

Zwischen Wohnverhältnissen und familialem Erziehungsstil scheint ein Zusammenhang zu bestehen: Beengte Wohnverhältnisse tragen zum elterlichen Erziehungsverhalten in der Hinsicht bei, daß Gehorsam, Ordnung und Respekt häufiger als Erziehungsziele im Vordergrund stehen und die Anpassung der Kinder an elterliche Vorschriften und Regeln strikter angemahnt wird. Die von Brake und Büchner erhobenen Daten belegen, daß in Ost- und Westdeutschland in großstädtischen Regionen weniger Quadratmeter Wohnfläche zur Verfügung stehen als auf dem Lande. *Im Osten haben 74 % der befragten Kinder ein eigenes Zimmer, im Westen sind es sogar 84 %.* Hüben wie drüben nimmt der Anteil der Kinder mit eigenem Zimmer mit der Geschwisterzahl kontinuierlich ab. Doch auch von den Kindern mit drei Geschwistern verfügen noch 70 % über ein eigenes Zimmer; ein höherer Sozialstatus wirkt sich dabei nur geringfügig positiv aus.

Allgemein wird angenommen, daß der relativ geringe Prozentsatz von Kindern, die kein eigenes Zimmer haben, generell benachteiligt ist (Brake und Büchner 1996, 58) – eine Annahme, die in dieser Pauschalität zumindest teilweise in Frage gestellt werden kann.

6. Taschengeld: Im Osten gibt es weniger

In den neuen Bundesländern bekommen 10 % der befragten Heranwachsenden (drei Fünftel davon gehören der jüngsten Altersgruppe der 10–12jährigen und drei Viertel einer Familie mit niedrigem oder mittlerem Sozialstatus an) gar kein Taschengeld, im Westen sind es nur 4,4 %. *Deutlich wird die günstigere Taschengeldsituation der Kinder und Jugendlichen in den alten Bundesländern:* Sie erhalten schon als 10jährige im Durchschnitt DM 15,– mehr als ihre Altersgefährten im Osten und mit 15 Jahren sogar fast den doppelten Betrag (DM 76,– gegenüber DM 40,–).

Die Tatsache, daß (besonders die älteren) *Jungen etwas mehr Taschengeld als Mädchen bekommen,* wird von verschiedenen Auto-

ren im Rückgriff auf die traditionelle Geschlechtsrollenerziehung ge-
deutet, welche den Jungen auf dieser Altersstufe schon mehr Eigenständigkeit und Unabhängigkeit zugesteht (Mädchen sind beispielsweise immer noch strengeren Regelungen unterworfen, was das
abendliche Nachhausekommen betrifft).

In den alten Bundesländern erhalten Heranwachsende aus großstädtischen Regionen durchschnittlich DM 15,– mehr Taschengeld
als Kinder und Jugendliche aus kleinstädtischen und ländlichen
Gebieten. Die größeren Konsumangebote und -anreize der Großstadt und das schnellere Hineinfinden in eine (nicht selten kosten-
intensive!) jugendkulturelle Gruppe („Techno-Fans", „Raver",
„Surfer", „Disco-Fans", „Computer-Freaks" etc.; vgl. zu Jugendkulturen den Abschnitt VI. 1.) können hier als Erklärung herangezogen
werden. Interessanterweise finden sich in den neuen Bundesländern
keine solchen regionalen Differenzierungen der Höhe des Taschengeldes.

Erwähnenswert ist weiter, daß in den alten Ländern *Heranwachsende (der jüngeren und mittleren Altersgruppe) aus Familien mit
hohem Sozialstatus durchschnittlich DM 8,50 weniger Taschengeld
bekommen als Heranwachsende aus Familien mit niedrigem Sozialstatus.* Bezieht man hier die Ergebnisse einer anderen Studie ein
(Büchner, Brake und Fuhs 1991), welche belegt, daß in Familien mit
niedrigem Sozialstatus die Kinderzimmer reichhaltiger mit Medien
der Unterhaltungselektronik (Computer, Stereoanlage, TV, Video)
ausgestattet sind als in Familien mit höherem Sozialstatus, dann ist
es naheliegend, unterschiedliche pädagogische Beweggründe der
Unterschichts- und Oberschichts-Eltern zur Erklärung dieser Differenzen in Erwägung zu ziehen.

Mit der Höhe ihres Taschengeldes „ziemlich oder völlig unzufrieden" sind – was nicht überrascht – häufiger die (von ihren Eltern
bewußt „knapp gehaltenen") Kinder und Jugendlichen aus höheren
Sozialschichten und – was auch nicht weiter überrascht – die älteren
(14–15jährigen) Heranwachsenden, deren konsumorientiertes An-
spruchsniveau zunimmt. Jedoch muß betont werden, daß die über-
wiegende Mehrheit aller Befragten „sehr zufrieden" (41%) oder
„ziemlich zufrieden" (43%) mit ihrem monatlichen Taschengeld-
betrag ist (Brake und Büchner 1996, 62).

7. Einschneidende Ereignisse, welche das Leben verändern

In der Erhebung von Brake und Büchner (1996, 63) wurde auch gefragt nach kritischen Lebensereignissen, wie Tod eines Verwandten, Ende einer Freundschaft, längere eigene Krankheit, Schulwechsel, Arbeitslosigkeit eines Elternteils, Umzug der Familie, Trennung der Eltern, Tod eines Elternteils etc. und festgestellt, daß *nur knapp 30 % der befragten Heranwachsenden noch keines der aufgezählten kritischen Ereignisse selbst erlebt hatte.* Zu belegen war darüber hinaus, daß ostdeutsche Jugendliche in höherem Maße von solchen Ereignissen – insbesondere *Arbeitslosigkeit, Umzug, Schulwechsel, Elterntrennung* – betroffen waren, was sicherlich in Verbindung gebracht werden kann mit den massiven und einschneidenden gesamtgesellschaftlichen Veränderungen in Ostdeutschland nach der „Wende". Nicht nur Brake und Büchner nehmen diesen Befund zum Anlaß, *die Jugend in den neuen Bundesländern mit zu den Verlierern der deutsch-deutschen Vereinigung zu zählen.* Naheliegend ist jedoch auch die Schlußfolgerung, daß heutzutage die Verarbeitung und Bewältigung von kritischen Lebensereignissen häufig zum Erwachsenwerden dazugehört. Das gilt in besonderem Maße für *die Trennung und/oder Scheidung der Eltern,* von der bis zu ihrem 18. Lebensjahr über ein Drittel der Heranwachsenden betroffen ist.

Eltern, deren Partnerschaft schon länger zerrüttet ist, trennen sich oft erst, wenn „die Kinder aus dem gröbsten heraus sind". Das bedeutet, daß Jungen und Mädchen häufig erst als Pubertierende oder Adoleszenten mit diesem kritischen Lebensereignis konfrontiert werden. Die Scheidungsforschung liefert keine klaren Ergebnisse, die eine eindeutige Beantwortung der Frage erlauben, ob Jungen oder Mädchen stärker in Mitleidenschaft gezogen werden durch die elterliche Scheidung. Die Geschlechtszugehörigkeit muß im Zusammenhang mit anderen Bedingungsfaktoren betrachtet werden, um zu einer genaueren Aussage zu gelangen. So belegen z. B. einige Studien, daß pubertierende und adoleszente Mädchen stärker als ihre männlichen Altersgenossen beeinträchtigt werden, wenn sie sich sehr bald nach der Scheidung der Eltern mit einem Stiefvater arrangieren sollen. Ihnen geht es – besonders wenn keine Geschwister da sind – besser in Ein-Eltern-Familien, wenn sie also bei der Mutter bleiben und der Umgang mit dem Vater einvernehmlich geregelt ist. Jungen sind in Ein-Eltern-(Mutter-)Familien gefährdeter, was möglicherweise damit zusammenhängt, daß ihnen in einem entscheidenden Entwicklungsabschnitt die männliche Bezugsperson und Identifikationsfigur nur teilweise zur Verfügung steht oder ganz vorenthalten wird.

Diese Forschungsergebnisse dürfen aber nicht uneingeschränkt verallgemeinert werden, da sie zumeist in städtischen Familien mit mittlerem oder gehobenem Sozialstatus gefunden wurden – in ländlichen Regionen und in Unter- und Oberschichtfamilien wären möglicherweise ganz andere Befunde zutage gefördert worden. Auch die sozialen Netzwerke der Familien, das Alter der Ehepartner, die Geschwisterzahl, die Wohnsituation usw. müssen als potentielle Schutzfaktoren bzw. Risikofaktoren in Rechnung gestellt werden.

Fazit: Die in den vorangehenden Abschnitten skizzierten Forschungsergebnisse machen deutlich, daß *bei der Darstellung der Wege, die heute von der Kindheit in die Jugend führen, der gesamte familiale Lebenszusammenhang einbezogen und untersucht werden muß.* Er setzt sich aus einer Vielzahl miteinander verbundener Einflußgrößen zusammen, die im folgenden noch genauer betrachtet werden.

8. Stellenwert der Eltern-Kind-Beziehung

Mehrere Untersuchungen belegen, daß zwischen dem 11. und 16. Lebensjahr die Bedeutung der Eltern-Kind-Beziehung abnimmt und gleichzeitig die Bedeutung der Beziehung zu den Gleichaltrigen zunimmt. Dies läßt sich z. B. schon daran zeigen, daß *die Heranwachsenden im Verlaufe dieser Lebensphase faktisch immer weniger Zeit mit den Eltern und immer mehr Zeit mit den Freunden verbringen* (Büchner und Fuhs 1996 a, 161).

9. Wandel des Musikgeschmacks

Als Hinweis darauf, daß sich die Kinder allmählich vom Elternhaus ablösen, kann ihr sich verändernder Musikgeschmack – zumeist

stark beeinflußt von den jeweils aktuellen Trends der Popmusik –
gewertet werden. Die meisten Heranwachsenden hören zunehmend seltener Musik zusammen mit den Eltern, dafür aber immer
häufiger allein oder zusammen mit ihren Freunden. Schon von den
10–12jährigen ist mehrheitlich zu erfahren, daß *sie eine ganz andere Musikrichtung bevorzugen als die Eltern,* und die 15jährigen
beziehen sich in Dingen, die Musik und deren Interpreten betreffen (z. B. Anhören, Überspielen, Kauf oder Tausch von CDs,
Kassetten, Musikvideos), kaum noch auf ihre Eltern, wohl aber
in wachsendem Maße auf ihre Freunde und andere Informations-
quellen.

10. Ansprechpartner bei Alltagsfragen

Es liegt auf der Hand, daß man sich mit Fragen und kleinen Problemen, die im Alltag auftauchen, an unterschiedliche Ansprechpartner wendet in Abhängigkeit davon, in welchem Bereich oder
in welcher Angelegenheit man einen Rat haben möchte. Die Autoren (1996a, 163) haben diese Tatsache berücksichtigt und in ihrer
Befragung 10 Bereiche unterschieden (Lebensorientierung, Berufswahl, Freundeswahl, Freizeitgestaltung, Zimmergestaltung,
Taschengeldverwendung, Kleidung, Frisur, Musikgeschmack, Bü-
cherauswahl). Die Ergebnisse untermauern, daß die Heranwachsenden in fast allen Bereichen sehr selbständig und eigenverant-
wortlich ihre Entscheidungen treffen und die Eltern nur selten um
Rat fragen, am häufigsten noch (und zwar nicht nur die Mutter,
sondern auch den Vater!), wenn es um Angelegenheiten geht, die
die Berufswahl oder die Lebensorientierung betreffen. An die Mutter wendet man sich gelegentlich auch noch, wenn es um „äußerliche Dinge", wie Kleidung, Frisur oder Zimmergestaltung geht.
Empfehlungen und Ratschläge von Freunden/innen werden zwischen dem 11. und 16. Lebensjahr immer häufiger eingeholt, vor
allem, wenn es um die Freizeitgestaltung, Musik- und Buchtips,
Kleidung und Frisur geht; *demgegenüber nimmt die Neigung, die
Eltern einzubeziehen und ihre Meinung anzuhören, in den meisten
Bereichen merklich ab.*

11. Respektierung der Privatsphäre

Um in Erfahrung zu bringen, in welchem Umfang den Heranwachsenden im Elternhaus Freiräume, z. B. bei der Nutzung und Gestaltung des eigenen Zimmers und anderer Räume, zugestanden werden, wurden die folgenden sieben Aussagen in die Erhebung aufgenommen: (1) Es gibt Zeiten, in denen ich meine Eltern nicht stören darf. (2) In meinem Zimmer kann ich die Möbel stellen, wie ich will. (3) In unserer Wohnung darf man nicht lärmen und toben. (4) Wenn ich laute Musik hören will, darf ich das nur in meinem Zimmer. (5) Meine Eltern klopfen an, wenn sie in mein Zimmer kommen. (6) Wenn ich Ruhe haben will, kann ich mich in mein Zimmer zurückziehen. (7) In meinem Zimmer kann ich die Bilder aufhängen, die mir gefallen. Geantwortet werden konnte (unter Zugrundelegung einer vierstufigen Skala) mit „trifft zu", „trifft eher zu", „trifft eher nicht zu" und „trifft nicht zu".

Die Ergebnisse legen die Unterscheidung von zwei *Kontrastgruppen* nahe: *Eine Gruppe mit relativ toleranten Eltern,* welche die Privatsphäre ihrer Kinder respektieren und ihnen viele Freiräume zugestehen, gleichzeitig auch nicht auf der Einhaltung strenger Regeln in der Wohnung bestehen, und *eine Gruppe mit weniger toleranten Eltern,* denen kindliche Freiräume und Privatsphäre nicht so wichtig sind, die Beachtung bestimmter Regeln (was ihre eigene Privatsphäre und das Verhalten in der Wohnung betrifft) aber um so wichtiger.

Relativ tolerante Eltern finden sich häufiger in der gehobenen und höheren Sozialschicht und – tendenziell – in den alten Bundesländern; einbezogen werden müssen hier natürlich die zumeist deutlich beengteren Wohnverhältnisse in den neuen Bundesländern, die sozusagen zwangsläufig mehr Einschränkungen und Reglementierungen von elterlicher Seite mit sich bringen.

Daß Jungen seltener als Mädchen davon berichten, daß ihnen Zuhause viele Freiräume zugestanden werden, kann möglicherweise als Resultat der traditionellen Geschlechtsrollenerziehung verstanden werden, nach der Jungen mehr Kontrolle und Beaufsichtigung brauchen, damit sie „nicht über die Stränge schlagen"; von Mädchen meint man, daß sie „von Natur aus" braver und rücksichtsvoller sind.

12. Formen und Qualitäten von Eltern-Kind-Beziehungen

Die Annahme, daß sich im Verlaufe des Übergangs von der Kindheit in die Jugend auch die Qualität der Beziehung verändert, die ein Kind zu seinen Eltern unterhält, ist einsichtig, wurde jedoch bis heute auf solider, erfahrungswissenschaftlicher Grundlage kaum überprüft. Das hängt vor allem damit zusammen, daß die Erfassung der Alltagsinteraktionen zwischen Eltern und Kindern, der tagtäglichen Umgangsgewohnheiten der Familienmitglieder untereinander, welche letztlich die Bausteine für die Beziehung bilden, methodisch große Schwierigkeiten bereitet. Eine systematische Beobachtung rund um die Uhr und Tag für Tag in möglichst vielen Familien, um den Anspruch der Repräsentativität zu gewährleisten, ist – vor allem aus ökonomischen und finanziellen Gründen – kaum zu rechtfertigen. Eine Befragung der Betroffenen ist möglicherweise nicht ganz zuverlässig, weil sich viele Befragte sicherlich scheuen, offen und ehrlich zu antworten. Sie gehen – teilweise nicht ganz zu Unrecht – davon aus, daß beim Interviewer manche Antworten erwünschter sind als andere; so geben sie lieber eine „sozial erwünschte" Antwort, von der sie annehmen, daß sie der „herrschenden Meinung" entspricht und von anderen Befragten vermutlich auch gegeben wird. Auch eine Befragung nur einer Partei, also z. B. nur der Kinder oder nur der Eltern (respektive der Mutter), wie es in der Forschung aus Kostengründen oft praktiziert wird, birgt ihre Gefahren: Die „Gegenpartei" sieht dieselbe Sache, z. B. dasselbe Alltagsverhalten, vielleicht in ganz anderem Licht und aus ganz anderer Perspektive. Diese methodischen Einschränkungen sollten bei der Betrachtung der folgenden Forschungsergebnisse zur sich wandelnden Eltern-Kind-Beziehung während der Übergangsjahre vom Kind zum Jugendlichen im Auge behalten werden.

Pädagogen und Psychologen sind sich weitgehend darüber einig, daß sich in den letzten 3 – 4 Jahrzehnten das Verhältnis zwischen Eltern und ihren Kindern in Deutschland (und vielen anderen westlichen Industrieländern) beträchtlich verändert hat. Ohne auf Einzelbewegungen und Verästelungen im Detail einzugehen – erinnert sei an die „antiautoritäre Bewegung" in den späten 60er und die Gegenbewegung „Mut zur Erziehung" in den frühen 80er Jahren – kann durchaus davon ausgegangen werden, *daß eine gewisse Akzentver-schiebung stattgefunden hat hin zu mehr partnerschaftlichen („de-mokratischen") und weg von Direktiven, Respekt, Einordnung und Gehorsam fordernden elterlichen Erziehungsstilen.*

Mit Veränderungen im Eltern-Kind-Verhältnis während der Über-gangsphase Kindheit/Jugend befaßten sich Büchner und Fuhs. Sie führten an eigenem und fremdem Datenmaterial aufwendige Aus-wertungen, vor allem Faktoren- und Clusteranalysen, durch. Eine ihrer Faktorenanalysen erbrachte fünf gut interpretierbare Faktoren (1996 a, 173). Es handelt sich um (1) den Faktor *„Elternzentriertheit des Familienalltags"* (familiale Interaktionsmuster sind vor allem eltern-orientiert und betonen eine gewisse Distanz zwischen Eltern und Kin-dern), (2) den Faktor *„Elterliches Strafverhalten"* (Art und Weise, wie die Eltern kindliches Fehlverhalten sanktionieren), (3) den Faktor *„Elterliche Aufmerksamkeit für das kindliche Wohlverhalten"* (Aus-maß, in dem Eltern darauf achten, daß von den Kindern bestimmte, vorgegebene Verhaltensregeln eingehalten werden), (4) den Faktor *„Respektierung der kindlichen Interessenäußerungen"* (Spektrum der Verhaltensweisen, das Eltern einsetzen, wenn sie sich mit Interessen-äußerungen ihrer Kinder auseinandersetzen, die ihren eigenen Inter-essen zuwiderlaufen) und (5) den Faktor *„Kindliche Durchsetzungs-strategien"* (Spektrum der Verhaltensweisen, mit denen die Kinder auf elterliche Verbote reagieren bzw. sie zu umgehen versuchen).

Mit Hilfe dieser fünf Faktoren kann sehr differenziert dargestellt werden, auf welche Weise die Eltern sich ihren Kindern gegenüber artikulieren und im Konfliktfall – bei mehr oder weniger starker Berücksichtigung der kindlichen Interessenlage – durchzusetzen ver-suchen. Eine Bildung von jeweils zwei Kontrastgruppen von Familien konnte dadurch erreicht werden, daß für jeden der fünf Faktoren eine besondere Analyse (Clusteranalyse) durchgeführt wurde, deren Ergeb-nisse im folgenden in stark vereinfachter Form dargestellt werden:

Stark elternzentrierte und weniger stark elternzentrierte Familien

Ungefähr *ein Drittel der befragten Kinder und Jugendlichen leben in Familien mit ausgeprägter Dominanz der Eltern,* die sozusagen den gesamten Lebensrhythmus ihrer Kinder bestimmen. Ungefähr *zwei Drittel leben in (mehr oder weniger stark) kindorientierten, partnerschaftlicheren Familien:* Die Eltern berücksichtigen in ihrer Lebensgestaltung (zumindest teilweise) auch die Bedürfnisse und Interessen ihrer Kinder.

Illustrieren lassen sich die Unterschiede zwischen diesen beiden, einander konträr gegenüberstehenden Gruppen durch einen Blick auf die Antwortverteilung der befragten Kinder und Jugendlichen: Die Aussage „Wenn ich Probleme habe, behalte ich sie lieber für mich als meine Eltern um Rat zu fragen", wird von den Kindern aus Familien mit hoher Elterndominanz/Elternzentrierung überwiegend bejaht, von den Kindern aus Familien mit stärkerer Kindorientierung dagegen überwiegend verneint. Ähnlich ist es mit den Aussagen „Meine Eltern sind häufig böse mit mir, wenn ich etwas gemacht habe, was ihnen nicht recht ist", und „Meine Eltern haben meist etwas anderes zu tun, wenn ich mal mit ihnen zusammen sein möchte", die von den Kindern aus elternzentrierten Familien bejaht, von den Kindern mit stärker kindorientierten Eltern überwiegend als unzutreffend zurückgewiesen werden.

Kinder der ersten Gruppe wissen häufig nicht, warum ihnen die Eltern etwas verbieten oder erlauben; wenn sie sich etwas zuschulden kommen lassen haben, werden sie nicht selten von ihren Eltern eine Zeitlang nicht beachtet. Sie haben weniger Freiheitsspielräume, häufiger Ärger mit den Eltern, weniger zärtliche und unterschiedlich strenge Eltern (z. B. eine nachsichtige Mutter und einen strengen Vater). Sie fühlen sich in ihren Familien, in denen seltener gelacht wird, weniger wohl und häufiger allein und bedrückt. Beim Übertritt ins Jugendalter ändert sich die Haltung der Eltern ihnen gegenüber kaum. Kinder der zweiten Gruppe beschreiben ihre Eltern als verständnisvoller und fühlen sich von ihnen ernst genommen. Sie erleben Vater und Mutter als ungefähr gleich streng; 82 % würden ihre eigenen Kinder ähnlich oder genauso erziehen, wie sie selbst erzogen werden – bei den Kindern der ersten Gruppe (mit den dominanten und ignorierenden Eltern) sind es nur 18 %!

Erwähnenswert ist, daß es sich bei Eltern und Kindern der ersten Gruppe häufiger um Familien mit niedrigerem Sozialstatus handelt, wohingegen stärker kindorientierte Eltern häufiger in der gehobenen und höheren Sozialschicht angetroffen werden können. Ost-West- oder Stadt-Land-Unterschiede in der Verteilung der Gruppen ließen sich nicht nachweisen (Büchner und Fuhs 1996a, 175).

Selten und weniger selten strafende Eltern

Mit Hilfe des Kriteriums „elterliches Strafverhalten" lassen sich wieder zwei Gruppen von Familien voneinander unterscheiden: *Familien (knapp ein Viertel), in denen relativ regelmäßig bis zumindest gelegentlich Strafen, wie Fernsehverbot, Hausarrest, Ohrfeige oder Taschengeldentzug, eingesetzt werden und Familien (gut drei Viertel), in denen solche Bestrafungen nur selten oder gar nicht erfolgen.*
    Im Hinblick auf die Ost-West- bzw. Stadt-Land-Verteilung der beiden Gruppen finden sich keine Unterschiede, auch Schichtunterschiede sind nicht zu dokumentieren. Die Ergebnisse belegen jedoch eine Abnahme des elterlichen Strafverhaltens zwischen dem 11. und 16. Lebensjahr der Heranwachsenden.
    Ein näherer Blick auf die Qualität der Eltern-Kind-Beziehungen enthüllt, daß in Familien mit häufigerem Vollzug von Strafen die Eltern weniger zärtlich mit ihren Kindern umgehen, weniger Zeit für ihre Kinder und häufiger Ärger mit ihnen haben, diesen weniger Freiheitsräume lassen, so daß diese mehrheitlich angeben, daß sie später einmal ihre eigenen Kinder anders erziehen wollen, als sie selbst erzogen worden sind.

Unterstützendes und kontrollierendes Augenmerk der Eltern auf angemessenes Verhalten der Kinder

Gut die Hälfte der befragten Kinder und Jugendlichen (1. Gruppe) gibt an, daß sie von den Eltern relativ häufig kontrolliert, aber auch unterstützt wird, daß diese ihnen also insgesamt mehr Aufmerksamkeit zukommen lassen, als dies bei Kindern der zweiten Gruppe der Fall ist. Beantwortet wurde die Frage: „Worauf achten Deine Eltern? a) …, daß ich ordentlich gekleidet bin; b) …, daß ich mich anständig benehme; c) …, daß ich den richtigen Umgang habe; d) …, daß ich meine Schulaufgaben erledige; e) …, daß ich gute Schulnoten nach Hause bringe".
    Unverkennbar ist ein Entwicklungstrend, d. h. eine Abnahme der unterstützend-kontrollierenden elterlichen Zuwendung während des Übergangs von der Kindheit in die Jugend. Der ersten Gruppe

zuordenbare Familien sind häufiger in den neuen Bundesländern und seltener in Familien mit gehobenerem oder höherem Sozialstatus anzutreffen. Die Heranwachsenden in diesen Familien fühlen sich zu 74 % wohl in ihren Familien. Bei den Heranwachsenden der zweiten Gruppe mit weniger unterstützend-kontrollierenden Eltern sind es nur 54 %. Nur 40 % von diesen berichten, daß sie mit elterlicher Unterstützung rechnen können, wenn sie sich etwas nicht zutrauen, während es in der Kontrastgruppe 60 % sind. Die Kinder in diesen Familien begegnen der unterstützend-kontrollierenden Haltung der Eltern also mit Verständnis und durchweg positiven Gefühlen; sie erleben die elterliche Zuwendung vermutlich nicht so sehr als Kontrolle und Einengung, sondern stärker als Anteilnahme und Fürsorglichkeit. Büchner und Fuhs (1996 a, 183–184) meinen, daß man bei dieser Gruppe durchaus davon reden kann, daß die Eltern eine kindorientierte Haltung einnehmen, sich dabei aber nicht so sehr auf die konkreten Ansprüche und Interessen ihrer Kinder in bestimmten Situationen beziehen, sondern sich eher leiten lassen von ihren eigenen Auffassungen über kindgemäße Verhaltensnormen und (daraus resultierendem) angemessenem kindlichen Verhalten.

Elterliche Respektierung der Interessen ihrer Kinder

In Abgrenzung von der im vorangehenden Abschnitt behandelten „normbezogenen" Kindorientierung geht es hier um wirklich partnerschaftliches Sich-auf-die-Kinder-Beziehen: Die Heranwachsenden wurden gefragt, ob ihre Eltern meist nachgeben, wenn sie einsehen, daß sie nicht recht haben, ob ihre Eltern Rücksicht nehmen und das gleiche von ihnen erwarten, ob ihre Eltern mit ihnen reden und gemeinsam eine Lösung gefunden wird und ob ihre Eltern ihnen ihre Entscheidung erklären.

Die Befragungsergebnisse lassen wieder eine Aufteilung in zwei Gruppen von *Familien mit a) relativ hoher elterlicher Respektierung kindlicher Interessen (über 60 % der Befragten) und b) mäßiger elterlicher Respektierung kindlicher Interessen (knapp 40 % der Befragten)* zu.

Typischerweise wird in Familien, die der ersten Gruppe zugeordnet werden können, im Falle des Aufeinandertreffens unterschiedlicher elterlicher und kindlicher Interessen versucht, eine Entscheidung
herbeizuführen, in der die Belange der Kinder mitberücksichtigt werden; gegebenenfalls wird den Kindern z. B. verständlich gemacht, warum ihre Wünsche nicht erfüllt werden können oder warum sie ihre
Ansprüche aufschieben müssen. Letztlich geht es hier um das *De-
mokratieverständnis* der Familie, d. h. um die Art und Weise, wie sich
Eltern und Kinder bei Meinungsverschiedenheiten oder im Streit- und
Konfliktfall miteinander auseinandersetzen und schließlich einigen;
im Idealfall werden Kompromisse ausgehandelt bzw. Lösungen gefunden, die beide Seiten zufriedenstellen.

Von zeitgenössischen Pädagogen wird diese Form des partnerschaftlichen Umgangs von Eltern und Kindern, das Miteinander-
Reden, um Lösungen zu erarbeiten, das Kompromisse Anstreben
und das Begründen von elterlichen Entscheidungen als *wesentlicher
Bestandteil wünschenswerter Eltern-Kind-Beziehungen* betrachtet
(du Bois-Reymond et al. 1994, 150, zitiert nach Büchner und Fuhs
1996a, 185).

Erwähnenswert ist, daß die Befragungsergebnisse im Hinblick auf
diese Gruppenbildung keine Differenzierung nach Ost-West-, Stadt-
Land-, Geschlechts- oder Altersunterschieden zulassen. Nachweisbar sind lediglich *Sozialschichtunterschiede:* In Familien mit gehobenem oder hohem Sozialstatus werden die kindlichen Interessenäußerungen in stärkerem Umfang respektiert und demokratischer
verhandelt als in Familien mit niedrigem oder mittlerem Status. Vermutet werden kann, daß es den Kindern in erstgenannten Familien
schon von klein an ermöglicht wird, sich die sprachlichen Kompetenzen anzueignen, die sie benötigen, um in Auseinandersetzungen
und Verhandlungen mit den Eltern ihre eigenen Interessen angemessen vertreten zu können.

Ein Blick auf die Eltern-Kind-Beziehungen und das Klima in
diesen Familien enthüllt überwiegend positive Qualitäten: Die befragten Heranwachsenden berichten, daß sie sich rundum wohl
in ihren Familien fühlen, daß es nur selten Ärger mit den Eltern
gibt, daß diese Zeit für sie haben, ihnen Freiräume lassen und auch
zärtlich mit ihnen umgehen; vier Fünftel bringen zum Ausdruck,

daß sie später einmal ihre eigenen Kinder genauso oder ähnlich erziehen wollen, wie sie es im Elternhaus erlebt haben – in der Kontrastgruppe (Eltern, die kindliche Interessenäußerungen nur mäßig berücksichtigen) sind es nur drei Fünftel. In diesen Familien wird etwas weniger gelacht, herrscht etwas mehr Hektik, fühlen sich die Heranwachsenden etwas häufiger allein und sind etwas öfter bedrückt.

Durchsetzungsstrategien der Kinder

In diesem Bereich der Eltern-Kind-Interaktionen geht es um das Verhalten, das Heranwachsende einsetzen, um sich über elterliche Anordnungen, Einschränkungen und Verbote hinwegzusetzen. In der Befragung vorgegeben wurden *drei Handlungsalternativen:* (1) Gegen den Willen der Eltern etwas tun und Ärger in Kauf nehmen; (2) gegen den Willen der Eltern etwas tun, weil die Eltern es nicht merken; (3) gegen den Willen der Eltern etwas tun, weil im allgemeinen nichts (danach) passiert (Büchner und Fuhs 1996 a, 187).

Beurteilt wird in diesem Bereich also nicht die Wahrnehmung des elterlichen Verhaltens aus Sicht der Kinder, wie es in den vorangehenden drei Bereichen der Fall war, sondern die Art und Weise, wie Kinder mit elterlichen Restriktionen umgehen. Es ließen sich wieder *zwei kontrastierende Familien-Gruppen bilden, eine größere Gruppe (72 % der Befragten), die den vorgegebenen, o. g. Handlungsalternativen eher ablehnend gegenübersteht, und eine kleinere Gruppe (28 %), welche die Alternativen eher positiv einschätzt.*

Die Ergebnisse untermauern einen – nicht überraschenden – Entwicklungstrend: Ältere Kinder und junge Jugendliche setzen häufiger Durchsetzungsstrategien ein als jüngere Kinder und nehmen damit auch häufiger Ärger in Kauf. Das Faktum, daß der Übergang von der Kindheit in die Jugend nicht reibungslos verläuft, sondern mit Spannungen, Konflikten und Distanzierungen von der Welt der Erwachsenen einher geht, findet sich hier anschaulich illustriert.

Zu dokumentieren sind auch *Geschlechtsunterschiede,* die sich als Resultat der traditionellen Geschlechtsrollenerziehung begreifen las-

sen, die für Mädchen Bravheit, Nachgiebigkeit und Anpassungsfähigkeit, für Jungen demgegenüber Durchsetzungsvermögen, Un-
nachgiebigkeit und Willensstärke als wünschenswert anstrebt: Jungen greifen entsprechend häufiger (32 %) als Mädchen (22 %) auf
Durchsetzungsstrategien zurück, um elterliche Einschränkungen zu
umgehen.

Ost-West- und Stadt-Land-Unterschiede ließen sich nicht belegen,
wohl aber Unterschiede im Hinblick auf den sozialen Status der Eltern: Heranwachsende aus Familien mit niedrigem oder mittlerem
Sozialstatus verwendeten häufiger Durchsetzungsstrategien, um ihre
Handlungsspielräume zu vergrößern, als Heranwachsende aus Familien mit gehobenem oder hohem Sozialstatus. Möglicherweise
hängt diese Tatsache zu einem Teil damit zusammen, daß letztge-
nannte Heranwachsende es nicht nötig haben, „riskante" Durchsetzungsstrategien zu verwenden, weil sie mit ihren Eltern verhandeln
und streiten können, um diese zur Aufhebung von Einschränkungen
zu veranlassen. Heranwachsende mit wenig kindorientierten, auto-
ritär-direktiven (Unterschichts-)Eltern, die nicht über die Fähigkeit
verfügen, Verhandlungen zu führen, bleibt oft nur der Weg, sich über
elterliche Anordnungen hinwegzusetzen und etwas heimlich zu tun
in der Hoffnung, daß es nicht entdeckt wird, oder aber Ärger und Bestrafung in Kauf zu nehmen.

Weitere interessante Zusammenhänge enthüllen sich, wenn die
Qualität des Familienklimas und der Eltern-Kind-Beziehungen näher
betrachtet werden: In der (kleineren) Teilgruppe der Familien von
Heranwachsenden, die angeben, daß sie die Verwendung „riskanter"
Durchsetzungsstrategien befürworten, gibt es deutlich häufiger
Ärger (aus verschiedensten Anlässen: zu spät nach Hause kommen, Schulleistungen, Mithilfe im Haushalt, Freunde/Freundinnen,
Kleidung/Haartracht, Rauchen/Trinken, Zimmer aufräumen, Streit
mit Geschwistern, sonstige Meinungsverschiedenheiten). Im Kon-
trast dazu fühlen sich die Heranwachsenden, die „riskante" Durchsetzungsstrategien eher ablehnen, mit ihren Eltern wohler, in ihren
Familien wird mehr gelacht und gibt es weniger Hektik; sie erfahren
von ihren Eltern, die mehr Zeit für sie haben, häufiger Unterstützung und Zuspruch, wenn sie sich etwas nicht zutrauen, und sind
seltener bedrückt oder traurig.

13. Komplexität und Vielfalt der Eltern-Kind-Beziehungen

Mit Hilfe einer tabellarischen Übersicht (Tabelle 5) läßt sich die Komplexität der Wechselwirkungen zwischen den vorangehend beschriebenen fünf Grundqualitäten (oder Faktoren) von Eltern-Kind-Beziehungen und sozialstatistischen Merkmalen etwas überschaubarer machen. Die Übersicht macht deutlich, daß sich *Ost-West-Unterschiede* nur im Hinblick auf das elterliche Strafverhalten und im Hinblick auf die kontrollierend-unterstützende Haltung der Eltern belegen lassen: Beide sind in den neuen Bundesländern etwas häufiger zu registrieren.

Altersunterschiede zeigen sich nicht bei der Elternzentriertheit und der elterlichen Respektierung kindlicher Interessen – hier scheint es sich um relativ stabile und überdauernde Qualitäten in der Eltern-Kind-Beziehung zu handeln. Eine mit dem Alter abnehmende Tendenz läßt sich in Bezug auf das elterliche Strafverhalten und die elterliche Aufmerksamkeit (kindlichem Wohlverhalten gegenüber) belegen; eine mit dem Alter zunehmende Tendenz ist beim Einsatz von Durchsetzungsstrategien von Seiten des Kindes zu dokumentieren. Beide Tendenzen zusammengenommen verdeutlichen, daß der Übergang von der Kindheit in die Jugend mit einer Zunahme von Freiräumen und Abgrenzungstendenzen einhergeht.

Die zu Tage geförderten *Geschlechtsunterschiede* lassen sich als Konsequenzen der auch heute noch in vielen Familien vorherrschenden, traditionellen Geschlechtsrollenerziehung verständlich machen: Jungen bedürfen stärkerer Kontrollen, müssen härter angefaßt werden und riskieren es häufiger, dadurch Ärger zu bekommen, daß sie etwas gegen den elterlichen Willen tun. Die Tatsache, daß sich im Hinblick auf die unterstützend-kontrollierende Aufmerksamkeit der Eltern und im Hinblick auf die elterliche Respektierung kindlicher Interessen keine Geschlechtsunterschiede belegen lassen, schränkt jedoch die Gültigkeit der vorangehenden Interpretation etwas ein. In der gegenwärtig praktizierten Geschlechtsrollenerziehung sind gelegentlich auch Angleichungsprozesse zu registrieren: Jungen werden zuweilen in ähnlicher Weise wie Mädchen unterstützt und Mädchen erfahren ähnliche Kontrollen wie Jungen. Die vorgelegten Ergebnisse stützen damit die Schlußfolgerung,

Tabelle 5: Grundqualitäten von Eltern-Kind-Beziehungen und Sozialstatistik

Sozialstatistische Merkmale	Elternzentriertheit	Elterliches Strafverhalten	Elterliche Aufmerksamkeit	Respektierung der Kindinteressen	Kindliches Durchsetzungsvermögen
Ost-West-Unterschiede	keine	im Osten geringfügig höher	im Osten höher	keine	keine
Altersunterschiede	keine	bei den Jüngeren höher	bei den Jüngeren höher	keine	bei den Älteren höher
Geschlechtsunterschiede	höher bei den Jungen	geringfügig höher bei Jungen	keine	keine	höher bei den Jungen
Statusunterschiede	höher bei niedrigem Status	keine	höher bei niedrigem Status	höher bei hohem Status	höher bei niedrigem Status
Zufriedenheit des Kindes	geringer	geringer	deutlich höher	höher	geringer
Akzeptanz Elternverhalten	deutlich geringer	geringer	höher	höher	geringer
Familienklima	schlechter	schlechter	kein Unterschied	besser	deutlich schlechter
Kindliche Freiräume	geringer	geringer	geringer	größer	kein Unterschied
Elterliche Unterstützung	geringer	geringer	höher	deutlich höher	geringer
Elterliche Zuwendung	weniger Zeit und Zärtlichkeit	weniger Zeit und Zärtlichkeit	mehr Zärtlichkeit	mehr Zeit und Zärtlichkeit	weniger Zeit und Zärtlichkeit

daß sich Mütter und Väter im Hinblick auf die von ihnen im Erziehungsalltag wahrgenommenen Rollen und Aufgaben ein wenig aufeinander zubewegen. Möglicherweise können diese Befunde – zusammenfassend betrachtet – als *Vorboten eines umfassenderen Geschlechtsrollenwandels* und einer sich verändernden Geschlechtsrollenerziehung betrachtet werden, der zumindest in einer Reihe von Familien zunehmend Fuß faßt.

Deutliche Unterschiede wurden im Hinblick auf den *Sozialstatus der Familien* zutage gefördert: Elternzentriertheit als wesentliche Qualität im Eltern-Kind-Verhältnis dominiert in Familien mit niedrigem und mittlerem Sozialstatus; dasselbe gilt für die unterstützend-kontrollierende Beachtung kindlichen Wohlverhaltens durch die Eltern und die Verwendung von „riskanten" (Ärger und Bestrafung in Kauf nehmenden) Durchsetzungsstrategien von Seiten der Kinder; eine stärkere Respektierung der kindlichen Interessenlage ist demgegenüber in Familien mit gehobenem und hohem Sozialstatus verbreiteter; elterliches Strafverhalten schließlich scheint über alle Sozialschichten hinweg in annähernd gleichem (relativ geringem) Umfang vorzukommen.

Diese schichtspezifischen Befunde stützen die Interpretation, daß die Eltern der oberen Sozialschichten zum „Trendsetter" für einen stärker kind- und individuumsorientierten Erziehungsstil werden können. In den unteren Sozialschichten ist demgegenüber noch häufiger eine normorientierte, unterstützend-kontrollierende Einstellung der Eltern ihren heranwachsenden Kindern gegenüber anzutreffen. Die hier wirksame Norm orientiert sich durchaus am Schutz und Wohl des Kindes, für den auf dieser Norm aufbauenden elterlichen Erziehungsstil steht jedoch die – keine Ausnahmen und Abweichungen tolerierende – Forderung nach kindlichem Wohlverhalten („ein anständiger Junge/ein anständiges Mädchen verhält sich so und nicht anders") im Vordergrund (Büchner und Fuhs 1996a, 197).

Die erhobenen Daten belegen jedoch auch, daß *stärker normorientierte und stärker individuumsorientierte elterliche Erziehung nebeneinander in derselben Familie vorkommen können.* Aus Sicht der befragten Heranwachsenden scheinen sich die Eltern also „bereichsspezifisch" unterschiedlich zu verhalten, d. h. einmal bereit zu sein, auf die vom Kind geäußerten Anliegen und Interessen einzu-

gehen und eine ausgehandelte, in beiderseitigem Einvernehmen getroffene Entscheidung herbeizuführen, ein anderes Mal jedoch sich
über die kindliche Interessenlage hinwegzusetzen und ohne Diskussion und Verhandlung allein und normorientiert zu entscheiden. Über
die Beweggründe, welche die Eltern zu einem solchen, aus Sicht der
Kinder widersprüchlichen Erziehungsverhalten veranlassen, kann
nur spekuliert werden. Möglicherweise lassen sie sich in Bereichen,
in denen sie – aufgrund ihrer Wertorientierung – Mitsprache- und
Mitwirkungsrecht ihrer Kinder bejahen, auf Diskussionen und Verhandlungen ein, sind aber nicht bereit, diese grundlegend demokratische Haltung auch auf andere Bereiche auszudehnen.

Was die *Zufriedenheit der Heranwachsenden* mit dem Verhältnis
zu ihren Eltern und dem elterlichen Erziehungsverhalten betrifft, so
kann festgehalten werden, daß sie die elterliche kontrollierend-unterstützende Aufmerksamkeit und Zuwendung und die Respektierung
ihrer Interessen von seiten der Eltern positiv erleben (und für sich
selbst und das eigene zukünftige Erziehungsverhalten akzeptieren).
Dagegen erleben sie hohe Elternzentriertheit im Familienalltag, aus-
geprägtes elterliches Strafverhalten und das eigene Verwenden von
riskanten Durchsetzungsstrategien eher negativ (und lehnen es für
sich selbst und ihre eigene Zukunft als Eltern ab).

Die *Wahrnehmungen des Familienklimas* entsprechen diesen Einschätzungen: In Familien mit hoher kontrollierend-unterstützender
Aufmerksamkeit und gleichzeitiger stärkerer Respektierung ihrer Interessenäußerungen fühlen sich die Heranwachsenden wohler als in
Familien mit hoher Elternzentriertheit und ausgeprägtem elterlichen
Bestrafungsverhalten. In diesen Familien fühlen sich die Kinder und
jungen Jugendlichen öfter bedrückt, traurig und allein gelassen und
erhalten auch weniger elterliche Zuwendung, Zärtlichkeit und Unterstützung, wenn sie sich einmal etwas nicht zutrauen.

Die größten *Freiräume* für sich erleben die Heranwachsenden mit
Eltern, die ihre Interessenäußerungen respektieren und zu berücksichtigen bereit sind; von deutlich geringeren Freiräumen für sich
berichten Kinder aus Familien mit hoher Elternzentrierung, mit ausgeprägtem Bestrafungsverhalten und auch aus Familien mit hohem
kontrollierend-unterstützenden Elternverhalten (Büchner und Fuhs
1996a, 198–200).

14. Entwicklung des Eltern-Kind-Verhältnisses

Mit der Frage, wie sich das Verhältnis zwischen Eltern und ihren Kindern während der Übergangsjahre zwischen 12 und 16 Jahren verändert, befaßt sich eine Arbeit von Storch (1994). Die Autorin wertete die von Fend und Mitarbeitern/innen (1991) im Rahmen einer Längsschnittuntersuchung erhobenen Daten (vgl. Absatz VII. 15.) – geleitet vor allem von der Frage, wie sich die Bindungs- und die Macht-Qualität im Eltern-Kind-Verhältnis wandeln – noch einmal aus. Dabei berücksichtigte sie sowohl die Sichtweise der Heranwachsenden, die fünfmal (mit 12, 13, 14, 15 und 16 Jahren) erfaßt wurde, als auch die Sichtweise der Eltern, die zweimal ermittelt wurde. Den Heranwachsenden wurden die Fragen von vier Familienklima-Fragebogen (FK-FB) zur Beantwortung vorgelegt. Sie lauten:

FK-FB 1 (Transparenz und Interesse)

– Wenn ich Probleme habe, behalte ich sie lieber für mich, als meine Eltern um Rat zu fragen.
– Ich habe das Gefühl, daß ich mit meinen Eltern über alles reden kann.
– Zwischen meinen Eltern und mir kommt es oft zu Reibereien.
– Meine Eltern haben viel Verständnis für meine Probleme.
– Meine Eltern hören mir immer aufmerksam zu, wenn ich etwas erzähle.
– Meine Eltern haben meistens etwas anderes zu tun, wenn ich mal mit ihnen zusammen sein möchte.
– Meine Eltern kümmern sich recht wenig um mich.
– Meine Eltern interessieren sich recht wenig dafür, was ich so denke und tue.

FK-FB 2 (Inkonsistenz und Willkür)

– Mir ist nicht immer klar, was meine Eltern von mir wollen.
– Meine Eltern drohen mir häufig Strafe an und führen sie dann nicht aus.
– Ich weiß überhaupt nicht, warum mir etwas erlaubt wird oder nicht.
– Meine Eltern versprechen mir manchmal etwas und halten es dann nicht.
– Ich weiß bei meinen Eltern oft nicht, wie ich es ihnen recht machen soll.
– Wenn meine Eltern mir etwas verbieten, wissen sie oft selbst nicht warum.
– Oft finden meine Eltern bei mir Sachen gut, worüber sie sich ein anderes Mal ärgern.
– Es kommt oft vor, daß meine Eltern mir einmal etwas erlauben, was sie mir ein anderes Mal verbieten.

FK-FB 3 (Wertschätzung und Respektierung)

- Meine Eltern geben meistens nach, wenn sie einsehen, daß ich Recht habe.
- Wenn bei mir etwas schief gelaufen ist, reden meine Eltern immer mit mir.
- Meine Eltern nehmen Rücksicht auf mich und erwarten das Gleiche von mir.
- Wenn meine Eltern mir etwas verbieten, sagen sie mir immer, warum sie es tun.
- Meine Eltern versuchen immer, mich zu verstehen, wenn ich etwas falsch gemacht habe.
- Meine Eltern fragen mich häufig nach meiner Meinung.
- Meine Eltern nehmen immer ernst, was ich sage.
- Meine Eltern gestehen mir zu, daß ich manchmal meine eigenen Wege gehen möchte.

FK-FB 4 (Strafintensität und Mißachtung)

- Meine Eltern lassen mich oft eine Zeitlang links liegen, wenn ich etwas angestellt habe.
- Wenn ich etwas angestellt habe, schimpfen meine Eltern häufig mit mir.
- Meine Eltern dulden oft keinen Widerspruch.
- Meine Eltern sagen häufig zu mir, daß ich etwas noch nicht verstehe, wenn ich anderer Meinung bin.
- Wenn ich etwas angestellt habe, verbieten mir meine Eltern häufig Dinge, die ich gerne tue.
- Meine Eltern lassen mich häufig nicht das tun, was ich gerne möchte.
- Meine Eltern sind häufig böse mit mir, wenn ich etwas gemacht habe, was ihnen nicht recht ist.
- Meine Eltern erwarten von mir, daß ich mich allem füge, was sie mir vorschreiben.

Auswertung: Es konnten vier Faktoren ermittelt werden, von denen drei Faktoren alle als negativ wahrgenommenen Fragebogenfragen umfassen und ein Faktor alle als positiv wahrgenommenen Fragen abdeckt. Diesem Ergebnis entsprechend wird zwischen einer „förderlichen Eltern-Kind-Beziehungswelt" (Faktor 1: Allgemein Förderliches) und einer „belastenden Beziehungswelt" (Faktor 2: Allgemein Belastendes; Faktor 3: Instabilität; Faktor 4: Verlassenheit vs. Bevormundung) unterschieden.
Ergebnisse: Der Faktor „förderliche Beziehungswelt" bleibt für Jungen und Mädchen über die vier Erhebungsjahre hinweg inhaltlich annähernd unverändert erhalten. Natürlich unterscheiden sich dabei Familien voneinander, was die Qualität und Intensität der „förderlichen Beziehungswelt" betrifft. Innerhalb der „belastenden*

Beziehungswelt" sind stärkere Geschlechtsunterschiede und Veränderungen über die Zeit hinweg zu verzeichnen. Das gilt z. b. für den Faktor 3 („Instabilität"): Mädchen erleben das Erziehungsverhalten ihrer Eltern durchgängig als kaum berechenbar und willkürlich. Jungen nehmen ihre Eltern anfänglich, d. h. zu Beginn der Pubertät, als ihnen vor allem negativ zugewandt (kontrollierend und bestrafend), später erleben sie ihre Eltern eher als uninteressiert. Von beiden Geschlechtern wird der wahrgenommene Verlust an gefühlsmäßiger Nähe und Bindung als bedrückend und belastend erlebt.

Beim Faktor 4 („Verlassenheit vs. Bevormundung") zeigen sich die deutlichsten *Geschlechtsunterschiede*. Mädchen erleben eine mangelnde familiale Zusammengehörigkeit und fehlende gegenseitige Anteilnahme und fühlen sich verlassen. Für Jungen steht die Unterdrückung ihrer erwachenden Eigenständigkeit durch autoritäres elterliches Verhalten stärker im Vordergrund, sie fühlen sich häufiger bevormundet.

Die zwischen den Heranwachsenden und ihren Eltern ablaufenden Alltagskonflikte wurden mit zwei Fragebogen-Skalen („Jugendlichendissenz" aus Sicht der Heranwachsenden, „Elterndissenz" aus Sicht der Eltern) erfaßt:

Jugendlichendissenz-Skala

Instruktionen: Bei welchen Themen und Problemen stimmst Du mit Deinen Eltern überein, bei welchen eher nicht?

Antwortvorgaben: (1) Stimme mit meinen Eltern überein; (2) stimme mit meinen Eltern eher nicht überein.

... mit welchen Freunden bzw. Freundinnen man umgehen sollte (Umgang)
... ob man in meinem Alter schon einen Freund bzw. eine Freundin haben darf (gegengeschlechtliche Freundschaft)
... wann ich am Abend zu Hause sein soll (Ausgang)
... woran der Mensch glauben soll (Glaube)
... welche Parteien und welche Politik gut sind (Politik)
... was ich in der Schule leisten soll (Schule)
... was ich mir kaufen darf (Kaufen)
... was ich anziehen soll (Anziehen)
... wie man sich benehmen soll (Benehmen)
... wieviel Taschengeld ich bekommen soll (Taschengeld)
... ob meine Freundin bzw. mein Freund in Ordnung ist (Freund/in)

Elterndissenz-Skala

Instruktionen: Bei welchen Themen und Problemen stimmen Sie mit Ihrem Kind überein, bei welchen eher nicht?

Antwortvorgaben: (1) Stimme mit meinem Kind überein; (2) stimme mit meinem Kind eher nicht überein.

... mit welchen Freunden (bei Jungen) bzw. Freundinnen (bei Mädchen) man umgehen sollte und mit welchen nicht (Umgang)
... ob man in seinem Alter schon eine Freundin (bei Jungen) bzw. in ihrem Alter einen Freund (bei Mädchen) haben sollte (gegengeschlechtliche Freundschaft)
... wann es abends zu Hause sein sollte (Ausgang)
... woran der Mensch glauben soll (Glaube)
... welche Parteien und welche Politik gut sind (Politik)
... was es in der Schule leisten soll (Schule)
... was es sich kaufen darf (Kaufen)
... welche Pflichten es im Haushalt übernehmen soll (Pflichten)
... was und wie lange es fernsehen darf (Fernsehen)
... was es in seiner Freizeit außerhalb des Hauses tut (Freizeit)
... Essen und Mahlzeiten (z. B. Verhalten bei Tisch, wann und was gegessen wird) (Essen)
... ob man in seinem/ihrem Alter das Wochenende und die Ferien meistens mit den Eltern verbringen soll (Wochenende).

Ergebnisse: Zunächst ist festzuhalten, daß sich die *Konfliktwelten von Jungen und Mädchen voneinander deutlich unterscheiden und sich über die Jahre hinweg verändern,* wie aus den Tabellen 6a – c zu erkennen ist.

Ins Auge fällt, daß *für Mädchen das Konfliktthema „gegengeschlechtliche Freundschaft"* einen besonders hohen Stellenwert über die Jahre hinweg hat, *für Jungen dagegen „Kaufen",* z. B. also Anschaffungen eines Mopeds, Computers, Skateboards, Mountainbikes etc., eine konstant höhere Bedeutung besitzt. In diesem Ergebnis spiegelt sich zum einen der Entwicklungsvorsprung der Mädchen wider, die aufgrund ihrer körperlichen, psychischen und sozialen Reife in diesem Alter schon stärkeres Interesse am anderen Geschlecht zeigen, zum anderen aber auch eine geschlechtstypische Differenzierung, die im Einklang steht mit dem traditionellen Geschlechtsrollenklischee: Diesem entsprechend interessieren sich Mädchen stärker für Zwischenmenschliches und Soziales, vor allem für Beziehungen und Freundschaften, während

Tabelle 6 a: Konfliktthemen für Mädchen zwischen 13 und 15 Jahren
(geordnet nach Wichtigkeit, Angaben in Prozent; Storch 1994, 83)

13jährige Mädchen		14jährige Mädchen		15jährige Mädchen	
Anziehen gegengeschlechtl.	56,5	Anziehen	50,1	Politik	51,3
		Politik	48,6	Umgang gegengeschlechtl.	45,8
Freundschaft	51,0	gegengeschlechtl.			
Politik	48,8	Freundschaft	48,4	Freundschaft	44,6
Kaufen	47,4	Kaufen	46,1	Anziehen	43,9
Umgang	46,7	Umgang	42,9	Ausgang	42,0
Glaube	39,6	Ausgang	38,3	Kaufen	39,5
Ausgang	38,1	Glaube	37,1	Glaube	37,2
Benehmen	35,7	Benehmen	32,4	Schule	34,4
Freundin	34,4	Freundin	32,1	Benehmen	33,9
Schule	32,5	Schule	31,3	Freundin	31,3
Taschengeld	25,6	Taschengeld	24,8	Taschengeld	29,7

Jungen sich lieber mit Dingen ihrer gegenständlichen Umwelt und
natürlich technischen und naturwissenschaftlichen Zusammenhängen
beschäftigen.

*Die elterliche Konfliktwahrnehmung unterscheidet sich von der
ihrer Kinder sehr deutlich,* wie Tabelle 6 c verdeutlicht.

Tabelle 6 b: Konfliktthemen für Jungen zwischen 13 und 15 Jahren
(geordnet nach Wichtigkeit, Angaben in Prozent; Storch 1994, 85)

13jährige Jungen		14jährige Jungen		15jährige Jungen	
Anziehen	54,3	Kaufen	51,9	Politik	52,0
Kaufen	52,8	Anziehen	51,3	Anziehen	50,3
Politik	49,1	Politik	49,6	Kaufen	50,1
Umgang gegengeschlechtl.	43,3	Umgang	44,7	Umgang	47,3
		Glaube	41,4	Ausgang	47,0
Freundschaft	40,8	gegengeschlechtl.		gegengeschlechtl.	
Glaube	39,6	Freundschaft	40,1	Freundschaft	40,4
Benehmen	38,0	Ausgang	40,1	Glaube	40,1
Ausgang	37,0	Freund	36,7	Benehmen	39,1
Freund	35,7	Benehmen	34,9	Freund	38,2
Taschengeld	35,0	Taschengeld	34,8	Schule	37,6
Schule	32,4	Schule	31,7	Taschengeld	36,8

Tabelle 6c: Konfliktthemen aus Sicht der Eltern
(geordnet nach Wichtigkeit; Storch 1994, 88)

Eltern von 13jährigen Mädchen		Eltern von 15jährigen Mädchen		Eltern von 13jährigen Jungen		Eltern von 15jährigen Jungen	
Pflichten	51,7	Pflichten	56,2	Fernsehen	59,5	Fernsehen	54,0
Fernsehen	48,4	Fernsehen	35,8	Pflichten	53,9	Pflichten	50,9
Essen	35,9	Essen	32,1	Schule	45,6	Essen	34,4
Kaufen	28,0	Ausgang	30,5	Essen	38,6	Schule	34,1
Schule	26,8	Politik	30,2	Kaufen	36,8	Politik	27,1
Umgang	24,1	Schule	29,4	Ausgang	24,4	Kaufen	25,8
Ausgang	23,6	Wochen-		Politik	21,4	Glaube	25,4
Politik	23,5	ende	26,6	Umgang	18,6	Wochen-	
gegengeschl.		Kaufen	26,3	Glaube	13,1	ende	21,7
Freundsch.	20,6	Glaube	22,9	Freizeit	12,1	Ausgang	21,3
Wochen-		gegengeschl.		gegengeschl.		Umgang	16,6
ende	15,4	Freundsch.	21,4	Freundsch.	12,2	gegengeschl.	
Freizeit	14,2	Freizeit	17,9	Wochen-		Freundsch.	16,3
Glaube	14,2	Umgang	17,1	ende	10,6	Freizeit	14,1

Es sind vor allem „Pflichten im Haushalt" (bei den Eltern von Mädchen an erster Stelle), die „Zeitdauer des Fernsehens" (bei den Eltern von Jungen an erster Stelle) und die „täglichen gemeinsamen Mahlzeiten", die in den Augen der Eltern immer wieder Anlaß zu konflikthaften Auseinandersetzungen geben. Dieses Ergebnis wird plausibel, wenn man sich vor Augen führt, daß die genannten drei Konfliktfelder wesentliche Bereiche des Familienzusammenlebens abdecken. Essens- und Fernsehregelungen sowie Haushaltspflichten stellen sozusagen Eckpunkte dar, die von den Eltern vorgegeben werden, um den täglichen Umgang der Familienmitglieder miteinander zu regulieren. Die Eltern, denen die Einhaltung der Regeln wichtig ist, weil durch sie letztlich die Intensität und Qualität der Kontakte zwischen ihnen und ihren Kindern bestimmt wird, sind natürlich an der Aufrechterhaltung ihrer Festlegungen interessiert und erleben Regelverstöße als Autoritätsverlust.

Auffällig ist, daß Konfliktthemen, die für die Heranwachsenden große Bedeutung besitzen, für die Mädchen z. B. die „gegengeschlechtlichen Freunde", für die Jungen das „Kaufen", aus Sicht der

Eltern nur einen geringen Stellenwert haben. Häufiger zu Konflikten kommt es in ihrer Wahrnehmung mit ihren Töchtern z. B. über abendliche Ausgehzeiten und mit ihren Söhnen über schulische Belange. Bezieht man ein, daß Mädchen in diesem Alter größere Einschränkungen erfahren, was Ausgehzeiten angeht, so kann vermutet werden, daß sich hier das elterliche Bemühen ausdrückt, ihre Töchter vor zu frühen gegengeschlechtlichen Kontakten zu bewahren. Sie versuchen mit Hilfe ihrer Kontrollmaßnahmen die Tatsache zu übergehen, daß ihre körperlich und seelisch herangereiften Töchter durchaus schon Interessen bezogen auf das andere Geschlecht entwickelt haben.

Vier Gruppen von Familien, acht Wege aus der Kindheit

Einige weitere Ergebnisse wurden dadurch gewonnen, daß *vier Gruppen von Familien* gebildet wurden: (1) Familien, in denen das Klima während des Erhebungszeitraums (also zwischen dem 13. und 17. Lebensjahr der Heranwachsenden) stabil positiv bleibt; (2) Familien, in denen das Klima stabil negativ bleibt; (3) Familien, in denen sich das Klima während des Erhebungszeitraums verbessert; (4) Familien, in denen sich das Klima verschlechtert. Gefragt wurde zunächst nach soziodemographischen Merkmalen, hinsichtlich derer sich diese vier Gruppen beschreiben und voneinander abgrenzen lassen: Familien mit konstant positivem Klima sind häufiger in der oberen Sozialschicht angesiedelt, die Heranwachsenden aus Familien mit konstant negativem Klima besuchen am häufigsten die Realschule (und am seltensten das Gymnasium).

Unterschieden wurde außerdem zwischen *Jungen-Familien und Mädchen-Familien*. Zu belegen war, daß die Mütter aus Mädchen-Familien mit stabil positivem Klimaverlauf häufiger Abitur oder (sogar) Hochschulabschluß haben und daß die Mütter aus Mädchen-Familien mit verbessertem Verlauf häufiger (nur) die Hauptschule abgeschlossen haben. Angestellten-Väter sind am häufigsten in Mädchen-Familien mit verschlechtertem Verlauf, Arbeiter-Väter am häufigsten in Mädchen-Familien mit verbessertem Verlauf anzutreffen. Für Jungen-Familien konnten keine solchen soziodemographischen Besonderheiten nachgewiesen werden.

Insgesamt ergaben sich also *acht Gruppen von Familien,* die im folgenden kurz charakterisiert werden:

Jungen-Familien mit stabil positivem Klima

Jungen, die in solchen Familien heranwachsen, berichten nur sehr selten, daß es mit den Eltern zu Konflikten kommt bei der Frage, was sie sich (von ihrem Taschengeld) kaufen dürfen. Die Autorin meint, daß die Eltern, die ihren Söhnen hier große Selbständigkeit zugestehen, ihnen damit eine „Fundamentalbotschaft" vermitteln, nämlich „Du mußt selbst wissen, was Dir soviel wert ist, daß Du Dein Geld dafür ausgibst" (Storch 1994, 120). Aus ihrer Sicht dürfte es für viele Eltern kein besondcres Problem sein, ihren Söhnen die finanzielle Selbstverwaltung zuzugestehen; schwieriger dürfte es den meisten Eltern dagegen fallen, den Söhnen entgegenzukommen, wenn es um Fragen geht, welche die Kleidung und das Benehmen betreffen. Diese berühren das Erscheinungsbild in der Öffentlichkeit, und hier fühlen sich die Eltern einem stärkeren Anpassungsdruck ausgesetzt, besonders dann, wenn ihre Sprößlinge – durch ihr äußeres Aussehen (als Punk, Skinhead, Gruftie etc.) – sich besonders weit von den gängigen Normen entfernen.

Typisch für diese Familien ist weiter, daß sich am Thema „Schulleistungen" nur selten Konflikte entzünden. Die in diesen Familien heranwachsenden Jungen haben die besten Schulnoten aller Jungen-Gruppen, und ihre Eltern überfordern sie nicht mit zu hohen Erwartungen (wie das z. B. in Familien mit Klimaverschlechterung der Fall ist). Angenommen wird (Storch 1994, 121), daß die Eltern bezogen auf die Schulleistungen ihrer Söhne diesen hier die Botschaft übermitteln „Es ist Dein Leben und Deine Zukunft. Kümmere Dich darum, daß Du mit Dir zufrieden sein kannst".

Die Eltern in diesen Familien vertrauen ihren Söhnen zwar grundsätzlich, z. B. daß diese sich positiv entwickeln und nicht auf die schiefe Bahn geraten, verzichten aber hin und wieder nicht auf Kritik, wenn diese sich nicht an getroffene Verabredungen oder Vereinbarungen halten. Die Söhne berichten, daß sie den Eltern von sich aus nur sehr selten über ihre auf die Zukunft bezogenen Pläne und

Ideen berichten. Sie können sich damit innerlich von den Eltern entfernen, und diese tolerieren das Distanz herstellende Verhalten ihrer Söhne, wenn auch teilweise mit gemischten Gefühlen. Daß das positive Klima über die Jahre hinweg stabil bleibt, liegt vor allem an der gegenseitigen Akzeptanz und am Miteinander-im-Gespräch-Bleiben.

Jungen-Familien mit Verschlechterung des Klimas

Es handelt sich hier in erster Linie um Familien, in denen die Jungen, deren Gesamtentwicklung möglicherweise etwas verzögert verläuft (sie haben z. B. das niedrigste Körpergewicht im Vergleich mit den männlichen Heranwachsenden in den anderen drei Gruppen), sich noch mit 13 Jahren ganz unauffällig, angepaßt und „pflegeleicht" verhalten. 93,8 % dieser „braven Jungen" (der höchste Prozentsatz aller Gruppen) wollen – und entsprechen damit den Erwartungen ihrer Eltern – das Abitur als Schulabschluß für sich, haben dabei aber nur durchschnittliche Schulnoten. Die Eltern vermitteln ihnen die Botschaft „In unserer Familie ist nur das Beste gut genug!" und schaffen dadurch ein Klima der Überforderung (Storch 1994, 122).

Zwei Jahre später beklagen sich die Söhne massiv über die in ihrer Familie herrschenden Verhältnisse, die Eltern nehmen wahr, daß sich die Söhne häufig beleidigt zurückziehen und äußern die Sorge, daß sich ihr Kind in der Familie nicht mehr recht wohl fühlt. Sie befürchten auch, daß ihnen die Kontrolle entgleitet und sie keinen positiven Einfluß mehr ausüben können. Besonders häufig kommt es zu Konflikten um das abendliche Nachhausekommen, und mit 16 Jahren werden die Erwachsenen-Statussymbole Rauchen und Alkoholkonsum durchgängig in Anspruch genommen. Die sehr hohe Gesprächsintensität zwischen Eltern und Söhnen zu Beginn der Pubertät sinkt rapide ab auf ein (nur noch) durchschnittliches Niveau.

Insgesamt illustriert dieser Entwicklungsverlauf, wie wichtig für die Heranwachsenden die Ablösung aus einer sehr starken Elternbindung ist. Daß es im Verlaufe der Abgrenzungen und Distanzierungen immer wieder zu massiven Konflikten in den verschiedensten Bereichen kommt, die zur Verschlechterung des Familienklimas beitragen, liegt auf der Hand.

Jungen-Familien mit Verbesserung des Klimas

In diesen Familien wird – aus Sicht der Jungen – im Verlaufe des Äl-
terwerdens das Familienklima immer besser. Mit 13 Jahren haben sie
oft Streit mit ihren Eltern, z. B. über die Frage „Mit welchen Freunden man Umgang haben sollte". Zu Konflikten kommt es auch über
schulische Dinge; obwohl die Schulnoten dieser Jungengruppe durchaus im Durchschnitt liegen, sind die Eltern unzufrieden und erhöhen
dadurch den Schulstreß für ihre Söhne. Streit entzündet sich auch an
der Frage, was sich die Jungen kaufen dürfen und an der Frage, ob
und wann die Mahlzeiten zusammen eingenommen werden und was
gegessen werden soll.

Zwei Jahre später hat sich das Konfliktpotential in diesen Famili-
en deutlich vermindert: Es finden kaum noch adoleszenztypische
Machtkämpfe zwischen Eltern und Söhnen statt. Den 13jährigen Heranwachsenden wurde noch die Botschaft vermittelt „Hier bestimmen
immer noch wir!" (Storch 1994, 126). Mit 15 Jahren wird ihnen dann
schon wesentlich mehr Mitspracherecht eingeräumt. Beispielsweise
mußten die Jungen mit 13 Jahren abends am frühesten von allen Gruppen wieder zu Hause sein; mit 16 Jahren dagegen genießen sie die
großzügigste aller Ausgangsregelungen.

Aus Sicht der Eltern haben die ständigen Machtkämpfe jedoch nicht
dazu geführt, daß sie resigniert und die Auseinandersetzung mit ihren
Sprößlingen ganz aufgegeben haben und sich nun als machtlos erleben. Im Gegenteil: Sie meinen, daß sie durchaus noch in der Lage
sind, erzieherischen Einfluß auszuüben; über finanzielle Angelegenheiten kommt es nach wie vor zu Disputen, und auf ein nicht vollständig ungetrübtes Familienklima weist auch die Tatsache hin, daß
die Jungen dieser Gruppe mit 16 Jahren am häufigsten von allen Jugendlichen Alkohol konsumieren.

Jungen-Familien mit stabil negativem Klima

Charakteristisch für diese Familien ist, daß Eltern und Söhne das Familienklima ganz unterschiedlich einschätzen: Die Eltern meinen, daß
sich ihre Söhne wohlfühlen zu Hause, während diese sich zu allen

Erhebungszeitpunkten deutlich unwohler daheim fühlen als die Jungen aus den anderen Gruppen.

In diesen Familien erhält sich ein hohes Konfliktpotential über den gesamten Erhebungszeitraum hinweg. Streit entzündet sich nicht nur an Fragen, die das äußere Erscheinungsbild (Benehmen, Haartracht, Kleidung) und die soziale Ablösung und Selbständigkeit (Umgang mit Freunden bzw. einer Freundin, Ausgangszeiten) betreffen, sondern auch an den Schulleistungen der Söhne, die – im Vergleich mit den anderen Jugendlichen – faktisch mit Abstand die schlechtesten Schulnoten haben (es erwarten auch nur 27,8 % der Eltern von ihren Söhnen, daß sie das Abitur schaffen).

Die Eltern haben mehrheitlich die Angst, daß ihre Söhne unter schlechten Einfluß geraten können und sie machtlos vis-à-vis stehen. Nicht ohne Grund: Im Hinblick auf Nikotin- und Alkoholkonsum nehmen ihre Söhne mit 13 bzw. mit 15 – 16 Jahren Spitzenplätze ein.

Auch am Thema „Taschengeld und seine Verwendung" entzündet sich immer wieder Streit. Die heranwachsenden Jungen müssen mit 13 und auch mit 16 Jahren noch um jede Mark feilschen und jede Ausgabe rechtfertigen. Sie erleben sich in ihrem ganzen Lebensraum als eingeschränkt; in ihren Familien ist der innerfamiliale Austausch sehr eingeschränkt, es finden keine offenen Gespräche statt, die Eltern verstehen es nicht, sich auf ihre Söhne einzustellen, erleben sich über weite Strecken als macht- und hilflos und vermitteln diesen als Fundamentalbotschaft (Storch 1994, 131) „Bei Dir ist sowieso Hopfen und Malz verloren". Naheliegend ist die Vermutung, daß für die Söhne schon sehr früh andere Bezugspersonen wichtiger werden als die Eltern; eine gewisse Gefährdung, in die sprichwörtlich schlechte Gesellschaft zu geraten, ist damit nicht von der Hand zu weisen.

Mädchen-Familien mit stabil positivem Klima

In diesen Familien ist – aus Sicht der Eltern und der Töchter – das Konfliktpotential am niedrigsten. Es spielen sich zwar auch Meinungsverschiedenheiten ab, die sich vor allem an zwei Themen entzünden: Kleidung (und äußeres Erscheinungsbild) und Pflichten/Mithilfe im Haushalt. Über die Jahre hinweg kommt es aber vergleichsweise selten zu Konflikten über abendliche Ausgehzeiten, Umgang mit Freundinnen und gegengeschlechtliche Freundschaften. Hervorhebenswert ist, daß alle Eltern dieser Gruppe berichten, daß ihre Töchter von sich aus über ihre Freundschaften erzählen.

Die Mädchen, die in diesen Familien aufwachsen, erleben eine offene, gute Gesprächsatmosphäre und, obwohl noch viel gemeinsam unternommen wird, für sich genügend Freiräume. Angenommen werden kann, daß die Eltern ihren Töchtern die fundamentale Botschaft übermitteln „Wir sind füreinander da, aber jeder darf auch seine eigenen Wege gehen" (Storch 1994, 110).

Was den schulischen Bereich betrifft, so kommt es kaum zu Konflikten. Die Mädchen haben über die Jahre hinweg gute Noten und knapp drei Viertel der Eltern geht davon aus, daß sie später einmal Abitur machen. In den Familien überwiegt ein Klima der Ermutigung mit der Eltern-Botschaft „Du wirst das schon gut machen".

Mit 16 Jahren sind die Mädchen in diesen Familien – was ihre persönliche Lebensgestaltung betrifft – schon weitgehend selbständig. Ihre Mütter, die einen überdurchschnittlich hohen Schulabschluß und ein großes Bildungsinteresse haben, vermitteln ihnen die Botschaft „Berufliches Fortkommen ist für Frauen selbstverständlich". Zu Meinungsverschiedenheiten kommt es, wenn überhaupt, allenfalls noch über politische und gesellschaftliche Themen.

Mädchen-Familien mit Verschlechterung des Klimas

Bei diesen Familien handelt es sich, wenn die Töchter 13 Jahre alt sind, um typische unauffällige Familien; es gibt keine markanten Merkmale, hinsichtlich derer sie sich von den anderen Gruppen unterscheiden. Mit 16 Jahren jedoch fühlen sich die Mädchen in diesen Familien am wenigsten wohl. Die Eltern berichten, daß sie unzufrieden sind mit ihrer Rolle als Mütter und Väter, nicht zuletzt, weil sie keinen rechten Zugang zu ihren Töchtern mehr haben; diese erzählen z. B. nur ganz selten, mit wem sie befreundet sind. Deshalb kommt es auch ständig zum Streit über das Thema gegengeschlechtliche Freundschaften.

Weiteres Konfliktpotential häuft sich an in Fragen, die schulische Dinge betreffen. Die Eltern würdigen die guten Schulleistungen ihrer Töchter überhaupt nicht und gehen mehrheitlich davon aus, daß diese nicht das Abitur machen werden. In einem „Entwertungsklima" vermitteln sie den Töchtern ihre fundamentale Botschaft „Ob Deine Noten wohl für das Abi reichen ..." (Storch 1994, 111).

Vermutlich entsteht das negative Familienklima vor allem dadurch, daß die („frühreifen") Mädchen schon sehr früh damit beginnen, ihren eigenen „erwachsenen" Lebensraum aufzubauen: Sie haben als 13jährige schon ihre Fühler zum anderen Geschlecht ausgestreckt und fangen früh an zu rauchen und Alkohol zu trinken. Die Eltern reagieren auf die – aus ihrer Sicht zu früh stattfindenden – Ablösungsbestrebungen ihrer Töchter mit Einschränkungen und Verboten, verkürzen z.B. die abendlichen Ausgangszeiten und vermitteln ihnen die Botschaft „Dazu bist Du noch zu jung" (Storch 1994, 114).

Aus Sicht der 16jährigen Mädchen, denen es vor allem darum geht, der ständigen elterlichen Bevormundung zu entkommen, entzünden sich die meisten familiären Konflikte vor allem an der Frage der gegengeschlechtlichen Freundschaften. Diese versuchen die Eltern dadurch zu lösen, daß sie in sehr restriktiver Weise Ausgangszeiten festlegen, um dadurch die Kontaktmöglichkeiten zu potentiellen Freunden einzuschränken. Sie signalisieren ihren Töchtern damit, daß es letztlich immer noch sie sind, die erlauben und verbieten, und daß sie auch nicht beabsichtigen, von ihrer Machtposition abzurücken. Daß durch diese starre elterliche Haltung die Gefahr heraufbeschworen wird, daß die Mädchen nicht richtig erwachsen werden und sozusagen auf einer niedrigen Stufe der Identitätsentwicklung stehen bleiben, ist nicht von der Hand zu weisen.

Mädchen-Familien mit Verbesserung des Klimas

Diese Familien sind aus pädagogischer Sicht besonders interessant, denn in ihnen lassen sich einige Faktoren aufweisen, welche die positive Ablösung heranwachsender Mädchen unterstützen.

Mit 13 Jahren wird den Mädchen von ihren Eltern noch signalisiert „Das kannst Du noch nicht allein entscheiden, überlaß das mal ruhig uns" (Storch 1994, 116). Dementsprechend häufig kommt es zu Konflikten, z.B. über die Themen „Anziehen", „Kaufen", „Um-

gang". Die Mädchen erleben ihre Eltern als uneinsichtig und starr,
fühlen sich bevormundet und nicht wohl in ihrer Familie, in der – aus
ihrer Sicht – ein Bevormundungsklima vorherrscht. Die Eltern haben eine ganz andere Optik, sie nehmen die von ihren Töchtern emp-
fundene, angespannte Atmosphäre gar nicht wahr, gehen mehrheitlich davon aus, daß diese sich zu Hause durchaus wohl fühlen und
vermitteln diesen die fundamentale Botschaft „Du bist doch unser
liebes Schätzchen!" (Storch 1994, 117–118).

Daß sich zwischen dem 14. und 16. Lebensjahr der Mädchen das
Familienklima – auch aus deren Sicht – entscheidend verbessert, ist
auf die Tatsache zurückzuführen, daß *während dieser Zeit zwischen
Eltern und Töchtern die Gesprächsintensität deutlich zunimmt.* Die
Mädchen haben immer häufiger das Gefühl, ihnen wird zugehört und
ihren Anliegen und Wünschen wird mit Verständnis begegnet. Aus
Sicht der Eltern steigt während dieser Zeit das innerfamiliale Konfliktpotential, sie berichten über häufige Meinungsverschiedenheiten, haben aber nicht das Gefühl, daß sich die Beziehung zu ihren
Töchtern verschlechtert und sie einen nicht mehr so guten Zugang
zu diesen haben.

Mädchen-Familien mit stabil negativem Klima

In diesen Familien erhält sich über die Jahre hinweg (aus Sicht der
Eltern und Töchter) ein hohes Konfliktpotential; gleichzeitig finden
auch kaum einmal intensivere Gespräche statt, und gemeinsame Unternehmungen sind selten.

Die Mädchen fangen schon früh an zu rauchen und Alkohol zu
trinken und geben mit 16 Jahren an, schon mehrmals einen festen
Freund gehabt zu haben. Die Eltern fühlen sich überfordert, schaffen es nicht, im Kontakt mit den Töchtern zu bleiben, wissen oft nicht,
was diese außerhalb des Hauses eigentlich machen und signalisieren
ihnen „Aus Dir wird nie etwas werden" oder „Du machst uns nichts
als Kummer" (Storch 1994, 119).

Die Töchter fühlen sich bereits als 13jährige viel zu stark bevormundet, vor allem in den Bereichen „Anziehen", „Kaufen" und „Umgang". Auch über die Fragen, wie lange sie abends ausgehen dürfen

und ob sie schon einen festen Freund haben dürfen, wird immer wieder gestritten. Selbst mit 16 Jahren entzünden sich an der Frage „Ist die Freundin in Ordnung?" immer wieder Konflikte.

Man kann davon ausgehen, daß sich in diesen Familien eine gegenseitige Entfremdung schon sehr früh ausbildet. Den Eltern gelingt es im Verlaufe der Adoleszenzjahre auch nicht, die Distanz zwischen sich und den Töchtern etwas zu verringern. Die ständig schwelenden Konflikte tragen dazu bei, daß die Mädchen sich innerlich den Eltern immer weniger verbunden fühlen und auch äußerlich immer häufiger die Gelegenheit nutzen, sich nicht mehr in der elterlichen Wohnung aufzuhalten. Flucht bleibt ihnen als Antwort auf die in ihren Familien vollständig fehlenden Möglichkeiten, Konflikte anzugehen und gemeinsam konstruktiv zu lösen.

Gemeinsamkeiten zwischen Mädchen-Familien und Jungen-Familien

Trotz aller Unterschiede fallen einige *Gemeinsamkeiten zwischen Mädchen-Familien und Jungen-Familien* ins Auge:

(1) In Familien mit stabil positivem Klima wird der größte Wert auf (Allgemein-)Bildung, z.B. auch durch entsprechende gemeinsame Freizeitaktivitäten und Lektüre von Büchern, gelegt.

(2) In diesen Familien werden am seltensten Drohungen oder Verbote als Erziehungsmaßnahmen eingesetzt, erzählen die Heranwachsenden sehr häufig von sich aus, wer ihre Freunde sind, und äußern die Eltern am seltensten den Wunsch, ihre Kinder sollten nicht so schnell beleidigt sein und sich zurückziehen.

(3) Auf restriktive Erziehungsmittel (Verbote, Entzug von Privilegien, Drohungen) wird am häufigsten zurückgegriffen in Familien mit stabil negativem Klima und (zumindest anfänglich) auch in Familien mit Klimaverbesserung im Laufe der Adoleszenzjahre.

(4) Die Eltern in Familien mit Klimaverschlechterung geben am häufigsten an, daß sie befürchten, daß ihre erzieherischen Maßnahmen nichts mehr bewirken.

Die von Storch aufgezeigten acht Klimaverlaufs-Familientypen beschreiben beispielhaft acht verschiedene Wege von der Kindheit ins Erwachsenenalter. Sie spiegeln sicherlich nicht die ganze Vielfalt der Vorgänge wider, die sich zwischen Eltern und Kindern während dieser Übergangsjahre abspielen können, machen aber aufmerksam auf eine Reihe von wichtigen Einflußfaktoren, die mitbestimmen, in welche Richtung sich das Eltern-Kind-Verhältnis und auch das elterliche Erziehungsverhalten entwickeln.

15. Pädagogische Konsequenzen

Angesichts der Vielfalt und Komplexität der Einflußfaktoren, welche die Qualität des Eltern-Kind-Verhältnisses und des damit zusammenhängenden elterlichen Erziehungsverhaltens mitbestimmen, stellt sich die Frage, was aus pädagogischer Sicht beherzigt werden sollte, damit Eltern-Kind-Beziehungen gelingen und sich auch während der Adoleszenzjahre ein positives Eltern-Kind-Verhältnis erhält. Anknüpfend an Überlegungen von Büchner und Fuhs (1996a, 200) und Storch (1994, 109) lassen sich folgende, in erster Linie *an die Adresse der Eltern gerichtete Empfehlungen* formulieren:

(1) Eltern sollten die Interessenäußerungen und Ansprüche auf Eigenständigkeit ihrer Kinder respektieren, auch wenn diese ihren eigenen Interessen und Bedürfnissen widersprechen; sie sollten bereit sein, sich mit ihren heranwachsenden Kindern darüber zu unterhalten und gegebenenfalls auch zu arrangieren, d. h. von Fall zu Fall verhandeln, ob und in welchem Umfang die kindliche Interessenlage berücksichtigt werden kann. Im Idealfall sollte ein Kompromiß geschlossen werden, mit dem beide Seiten einverstanden und zufrieden sind bzw. eine Entscheidung getroffen werden, der die Kinder – zumindest teilweise – zustimmen können. Im Falle der Nichtzustimmung sollten die Eltern ihren Kindern verständlich zu machen versuchen, wieso sie diese (und keine andere) Entscheidung getroffen haben.

(2) Eltern sollten, wenn sie sich ihren Kindern mit „kontrollierend-unterstützender Aufmerksamkeit" zuwenden, darauf achten, daß sie deren Freiräume nicht zu sehr einengen. Sie sollten ihre Auffassung

von „kindlichem Wohlverhalten" nicht zu stark an starre Normen knüpfen, sondern sich an flexibleren Regeln orientieren; d. h., sie sollten ihren Kindern durchaus Wegweiser und Richtungsmarken für „angemessenes, anständiges Verhalten" zur Verfügung stellen, diese aber nicht ausnahmslos und in jedem Fall durchzusetzen versuchen, sondern auch bereit sein, Ausnahmen anzuerkennen, und die Besonderheiten der Situation und des Einzelfalls berücksichtigen.

(3) Eltern – häufig sind es die Väter – sollten nicht den gesamten Lebensrhythmus der Familie auf sich abstellen und ein elternzentriertes Klima schaffen, sondern auch die Bedürfnisse und Anliegen ihrer Kinder, besonders wenn es um deren Abgrenzung und Eigenständigkeit geht, einbeziehen. Durch wechselseitiges Aufeinandereingehen, auch wenn es zu Konflikten und Meinungsverschiedenheiten kommt, baut sich Nähe auf, das Verständnis füreinander wächst, und es resultiert ein Klima, in dem sich alle Familienangehörigen wohlfühlen.

(4) Bestrafungen und negatives Sanktionieren (z. B. auch durch Nichtbeachtung, Liebes- oder Zuwendungsentzug oder Vorenthaltung von Privilegien und Drohungen) von kindlichem Fehlverhalten sollten Eltern nach Möglichkeit vermeiden bzw. nur in seltenen Ausnahmefällen verwenden, z. B. wenn faktische Gefährdungen für die Heranwachsenden (oder andere beteiligte Personen) bestehen.

(5) Eltern sollten sich so verhalten, daß es ihre Kinder nicht nötig haben, gegen den erklärten Elternwillen zu verstoßen und hinter ihrem Rücken – mit dem Risiko, ertappt zu werden – Strategien zur Durchsetzung ihrer eigenen Interessen und Bedürfnisse einzusetzen.

V: Freundschaften, Bekanntschaften, Cliquen: Beziehungen zu (ungefähr) Gleichaltrigen

Immer wieder wurde belegt, daß im Verlaufe der Pubertät und Adoleszenz die *Beziehungen zu den gleich- und gegengeschlechtlichen Freunden und Bekannten einen immer größeren Stellenwert einnehmen.* Meist wird davon ausgegangen, daß gleichzeitig eine gefühlsmäßige Ablösung vom Elternhaus erfolgt, in deren Gefolge auch die Bedeutung der Eltern für die eigene Identitätsentwicklung abnimmt. Daß diese Annahme einer Differenzierung bedarf, machen neuere Forschungsergebnisse deutlich.

1. Bevorzugung der Eltern oder der Freunde?

In verschiedenen Untersuchungen wurde nachgewiesen, daß die Heranwachsenden sich besonders deutlich von ihren Eltern distanzieren und sich stärker zu ihren Freunden hin orientieren, wenn ihre Beziehung zu den Eltern getrübt ist. Bei Vorliegen einer positiven Eltern-Kind-Beziehung bleibt die Bedeutung der Eltern für die Selbstkonzeptentwicklung erhalten. Belegt wurde z. B., daß Heranwachsende aus unvollständigen oder Stief-Familien wesentlich stärker beeinflußt werden von ihren Freunden und Bekannten als Heranwachsende aus vollständigen, „normalen" Familien. *In den meisten Fällen kann davon ausgegangen werden, daß sich Elternbeziehungen und Gleichaltrigenbeziehungen ergänzen und nur phasenweise in einem Konkurrenzverhältnis zueinander stehen.*

Die Heranwachsenden sind bei ihrer Suche nach neuen Sicherheiten und Bindungen dann besonders gefährdet, wenn sie in *gestörten Familienverhältnissen* (z. B. Partnerschaftskonflikte der Eltern, Arbeitslosigkeit eines Elternteils, Alkoholismus, Drogen, gewaltförmige Übergriffe wie Mißhandlung oder Mißbrauch etc.) leben. Nach-

gewiesen wurde, daß Kinder, die in solchen „broken homes" aufwachsen, häufiger in die sprichwörtliche „schlechte Gesellschaft"
geraten und durch deviantes und delinquentes Verhalten, wie
Weglaufen und Herumstreunen, Alkohol- und Nikotinkonsum,
Schulschwänzen und Schulversagen, Kaufhausdiebstahl etc., auffällig werden.

Es finden sich in der Fachliteratur aber auch einige Hinweise darauf, daß für eine *Übergangszeit* (zwischen dem 13. und 17. Lebensjahr) in vielen Durchschnittsfamilien und bei Vorliegen positiver
Beziehungen zu den Eltern das Verhältnis zu diesen – aus Sicht der
Heranwachsenden – nicht immer ganz unproblematisch und unbe-
lastet ist.

Interessant ist in diesem Zusammenhang ein von Fend (1990) vor-
gelegtes Forschungsergebnis. Gefunden wurde, daß für Jugendliche,
deren „Ich-Stärke" zwischen dem 12. und 16. Lebensjahr auf hohem
Niveau stabil bleibt, die Eltern durchgängig wichtige Bezugspersonen sind. Jugendliche, deren *Ich-Stärke* konstant niedrig bleibt,
bevorzugen schon vom 13. Lebensjahr an – bei gleichzeitiger Distanzierung von den Eltern – gleichaltrige Bezugspersonen. Heranwachsende, deren Ich-Stärke im Verlaufe der Adoleszenz abnimmt,
sind am stärksten bezogen auf gleichaltrige (auch andersgeschlechtliche) Freunde und grenzen sich am deutlichsten von den Eltern ab.
Und Heranwachsende mit ansteigender Ich-Stärke bevorzugen vom
14. Lebensjahr an stärker andersgeschlechtliche Freundschaften, bleiben aber im Kontakt mit den Eltern.

„Ich-Stärke" wurde in Fends Untersuchung mit Hilfe von Selbst-
einschätzungen und Selbstbeschreibungen u. a. in folgenden Bereichen bestimmt: Vorstellungen von eigenen Fähigkeiten, Kontrolle von
Gefühlen, allgemeines Selbstwertgefühl, Ängstlichkeit, körperliche
Attraktivität.

Die Ergebnisse machen deutlich, daß die gleichaltrigen (gleich-
und andersgeschlechtlichen) Bezugspersonen einen besonderen Stellenwert besitzen für Heranwachsende mit niedriger oder absinken-
der Ich-Stärke. Da die Bedeutung der Eltern für diese Jugendlichen
schon zu Beginn der Pubertät stark abnimmt, ist – aus pädagogischer
Sicht – eine gewisse Gefährdung dieser Gruppe von Heranwachsenden nicht von der Hand zu weisen. Auf der anderen Seite *kann es also*

nur begrüßt werden, wenn es Eltern und ihren Kindern gelingt, auch während der Stürme der Pubertät in Kontakt (und im Gespräch miteinander!) zu bleiben.

Daß es für die Heranwachsenden oft nicht einfach ist, eine positive Beziehung zu ihren Eltern aufrechtzuerhalten, hängt zu einem Teil

Verbundenheit zwischen Vater und Sohn während der Pubertät

Gemeinsamkeiten zwischen Mutter und Tochter während der Pubertät

auch damit zusammen, daß von der Gruppe der Gleichaltrigen Anpassung, z. B. was Outfit und Ansichten betrifft, erwartet wird. Dieser *Konformitätsdruck* ist am stärksten ausgeprägt bei den 12 – 13jährigen und läßt in der Regel, natürlich in Abhängigkeit davon, mit welcher Clique man es zu tun hat, im Laufe der Adoleszenz etwas nach.

Gleiche Wellenlänge unter Freundinnen

2. Wandel der Freundschaften

Übereinstimmend wird der Aufbau und die Aufrechterhaltung enger Freundschaften als eine zentrale Entwicklungsaufgabe des Jugendalters bezeichnet. Belegt ist, daß sich das *Verständnis von „Freundschaft"* als besondere zwischenmenschliche Beziehung schon im Laufe der späten Kindheit verändert. 8jährige unterscheiden noch kaum zwischen Freunden und Spielkameraden, wichtig sind für sie die gemeinsamen Unternehmungen. Doch mit ungefähr 10 Jahren kommen für sie weitere Merkmale dazu: Gemeinsame Interessen und Vorlieben, gemeinsame Einstellungen und Überzeugungen, sich sympathisch finden, sich auf den anderen verlassen und ihm vertrauen können etc. Mit dem Entdecken der eigenen Innenwelt, dem erwachenden Bewußtsein und der wachsenden Fähigkeit zur Selbstreflexion werden nicht nur die „inneren" Merkmale von Freundschaft entdeckt,

Mehr Offenheit und Vertrauen in Mädchenfreundschaften

sondern auch die gleichaltrigen Freunde immer wichtiger. Sie sind einem ähnlich, mit ihnen liegt man auf einer Wellenlänge, sie können einen am besten verstehen, weil sie sich ja in der gleichen Lage befinden. So baut sich zwischen Gleichaltrigen in der mittleren Adoleszenz, wenn sie sich als „beste Freunde/innen" gesucht und gefunden haben, sehr schnell Vertrauen und große Offenheit auf. In dieser Phase dienen Freundschaften in besonderem Maße als „Medium der Selbstoffenbarung" (Oerter und Dreher 1995, 376), das für eine gesunde Identitätsentwicklung unentbehrlich ist.

Immer wieder wurde nachgewiesen, daß *Freundschaften für Mädchen in diesem Alter eine gefühlsmäßig größere Bedeutung haben als für Jungen.* Diese Tatsache wird zurückgeführt auf die *geschlechtsspezifische Sozialisation,* die Jungen dazu erzieht, „richtige, große und starke Männer" zu werden, d. h. durchsetzungsfähig und hart gegen sich selbst zu sein, keine Schwächen zu zeigen, keine Probleme zu haben bzw. mit diesen allein fertig zu werden etc. Solche Männer haben es nicht nötig, schon gar nicht ihresgleichen gegenüber, um Hilfe zu bitten, sie können sich schon selbst helfen.

Mädchen pflegen in Freundschaften eine andere Gesprächskultur als Jungen

Sie erleben es als „unmännlich", sich einem anderen gegenüber zu öffnen und mit ihm über die eigenen Sorgen und Nöte, Ängste und Befürchtungen, Probleme und Konflikte (wenn sie diese überhaupt wahrnehmen) zu reden.

Mädchen in diesem Alter tun sich dagegen leichter, offen miteinander zu sprechen und sich mit einer Freundin auszutauschen, weil es nicht als „unweiblich" gilt, Schwächen zu zeigen und sich helfen zu lassen. Nachgewiesen wurde, daß Mädchen eine andere „Gesprächs- und Problemlösekultur" (Kolip 1993, 178) als Jungen aufbauen und ein aktiveres Bewältigungsverhalten im Umgang mit zwischenmenschlichen Problemen entwickeln. Anknüpfend an dieses Forschungsergebnis kann davon ausgegangen werden, daß nicht nur die (gleichgeschlechtlichen) Freundschaften, sondern *das gesamte soziale Netzwerk, d. h. der Freundes- und Bekanntenkreis, für weibliche Jugendliche eine andere Bedeutung und Funktion besitzt als für männliche Jugendliche.* Für letztere ist die Clique wichtig für gemeinsame Unternehmungen (gemeinsames Ausgehen und Besuch von Veranstaltungen, Restaurants, Discos); die Mädchen schätzen das auch, daneben aber ist ihnen die (beste oder eine gute) Freundin besonders wichtig, die sie brauchen, um (auch) über Probleme sprechen zu können. Daß ihre gleichgeschlechtlichen Freundschaften für sie einen besonderen Stellenwert haben, kommt auch darin zum Ausdruck, daß es häufiger zu Spannungen, Konflikten und Eifersucht kommt. (Kleine) Fehler und gelegentliche Unzuverlässigkeiten werden der besten Freundin verziehen, solange grundlegende Offenheit und gegenseitiges Vertrauen gewährleistet ist. Für männliche Jugendliche spielen solche Qualitäten, wenn sie ihre Freundschaften beschreiben, so gut wie gar keine Rolle.

Einige Forschungsbefunde sprechen dafür, daß die große Intimität, welche die gleichgeschlechtlichen Freundschaften weiblicher Jugendlicher in der mittleren Adoleszenz erreichen, nach dem 18. Lebensjahr wieder etwas abnimmt zugunsten einer stärkeren Zuwendung zum anderen Geschlecht.

3. Freundschaft, Gleichaltrigengruppe und Partnerschaft

Für manche Entwicklungspsychologen (z. B. Oerter und Dreher 1995, 378) besteht eine *wichtige Funktion der Freundschaft darin, daß sie auf andersgeschlechtliche Partnerschaften und Liebesbeziehungen vorbereitet.* Das Interesse am anderen Geschlecht ist schon in der frühen Adoleszenz (bei den 12 – 14jährigen) da, jedoch bedarf es der vorangehenden Erfahrung von Intimität und Offenheit in einer gleichgeschlechtlichen Freundschaft, um sich auch für einen Partner des anderen Geschlechtes öffnen zu können. Dies gilt in besonderem Maße für weibliche Jugendliche, für die Nähe und Offenheit in einer Liebesbeziehung und richtigen Partnerschaft einen höheren Stellenwert haben, als dies bei (vielen) männlichen Jugendlichen der Fall ist (vgl. dazu auch den Abschnitt III. 10. über die Entwicklung des Sexualverhaltens).

Nach Abschluß der Pubertät: die gemischtgeschlechtliche Gruppe

Die Unternehmungen und Aktivitäten in der Gleichaltrigengruppe oder Clique erleichtern die Annäherungen an das andere Geschlecht. Innerhalb der gemeinsamen Disco-, Party- und Veranstaltungsbesuche bieten sich immer wieder Gelegenheiten zur Aufnahme von gegengeschlechtlichen Kontakten, aus denen sich – wenn es „gefunkt" hat – längerdauernde Partnerschaften und Liebesbeziehungen entwickeln können (vgl. dazu auch Abschnitt VI. 3. „Das andere Geschlecht: Wiederannäherungen").

4. Schule als Sozialisationsinstanz

Daß die pädagogische Institution „Schule" nicht nur ein Ort des Lernens ist, sondern auch als ein Ort des Miteinander-Lebens begriffen werden muß, an dem freundschaftliche und andere zwischenmenschliche Kontakte aufgebaut, unterhalten und beendet werden, liegt auf der Hand. Auf beide Funktionen der Schule wird im folgenden eingegangen.

Schule als Ort des Lernens

Während der Phase des Übergangs von der Kindheit ins Jugend-
alter müssen wichtige, auf die Schullaufbahn bezogene Entscheidun-
gen getroffen werden: Soll auf eine weiterführende Schule (Realschule
oder Gymnasium) gewechselt oder weiterhin die Hauptschule besucht
werden? Soll ein 9. Schuljahr absolviert und der qualifizierte Hauptschulabschluß erworben werden? Soll der Wechsel auf eine weiterführende Schule (z. B. auch von der Realschule aufs Gymnasium)
nach der 4., 5. oder 6. Klassenstufe vollzogen werden? Welcher gymnasiale Zweig soll absolviert werden, z. B. der naturwissenschaftliche,
der neusprachliche oder der altsprachliche? Welche einzelnen Fächer
sollen gewählt bzw. abgewählt werden, z. B. welche zweite Fremd-
sprache, Chemie und/oder Physik? Welche Fächer sollen auf der gymnasialen Kollegstufe in Form von Grund- bzw. in Form von Leistungs-
kursen belegt werden? Von den getroffenen Entscheidungen hängt
die spätere Berufslaufbahn in umfassender Weise ab.

Durch eine Vielzahl von Forschungsergebnissen ist zu belegen,
daß auch heute noch schullaufbahnbezogene Entscheidungen in be-
trächtlichem Maße davon bestimmt werden, in welcher Familie ein
Kind bzw. Jugendlicher aufwächst. *Heranwachsende aus Familien*
mit niedrigem Sozialstatus wechseln deutlich seltener auf eine wei-
terführende Schule. Dazu ein paar genauere Zahlen aus der erwähnten Repräsentativerhebung von Büchner und Mitarbeitern/innen (vgl.
Büchner und Krüger, 1996 b, 201 f.). In den neuen Bundesländern –
im ehemaligen „Arbeiter- und Bauernstaat" – gehen nur 2,5 % der
Kinder aus Familien mit niedrigem Sozialstatus auf ein Gymnasium,
in Westdeutschland sind es 13,7 %; demgegenüber durchlaufen in Ost-
wie in Westdeutschland über 82 % der Kinder aus Familien mit hohem Sozialstatus die gymnasiale Schullaufbahn. Betrachtet man demgegenüber den Hauptschulbesuch, so stellt sich die Situation umgekehrt dar: Über 40 % der westdeutschen Kinder aus Familien mit niedrigem Sozialstatus gehen auf eine Hauptschule, im Osten sind es –
im Bundesland Sachsen-Anhalt – nur 12,7 %, was mit neu geschaffenen strukturellen Besonderheiten in den neuen Bundesländern zusammenhängt (Hauptschul- und Realschulbildungsgang werden zumeist in ein und derselben Schule parallel angeboten, so daß die mei-

sten Schüler/innen sich für den attraktiveren Realschulabschluß entscheiden, was natürlich zu einer starken Abwertung des Hauptschulabschlusses führt). Nur 2 % der westdeutschen Kinder (im Osten: 0 %) aus Familien mit hohem Sozialstatus besuchen eine Hauptschule. Diese Befunde untermauern die von engagierten Fachleuten seit Jahrzehnten kritisierte, *immer noch fortbestehende Ungleichheit der Sozialschichten bei der Bildungsbeteiligung.* In Ost- und in Westdeutschland ist – zusammenfassend betrachtet – eine *immer mehr abnehmende Attraktivität des Hauptschulabschlusses zu beobachten* (im Osten wollen ihn nur 7,5 %, im Westen 10,1 % der Befragten), der in erster Linie noch angestrebt wird von Kindern aus Familien mit niedrigem Sozialstatus und von Kindern ausländischer Mitbürger.

Geschlechtsunterschiede: In den alten wie in den neuen Bundesländern streben etwas mehr Mädchen (45 % im Osten und 62,4 % im Westen) als Jungen (39 % im Osten und 58 % im Westen) das Abitur an. Im Hinblick auf diesen Geschlechtsunterschied ist ein deutliches Stadt-Land-Gefälle zu verzeichnen, das damit in Verbindung gebracht werden kann, daß – besonders in Ostdeutschland – noch keine flächendeckende (auch ländliche Regionen einbeziehende) Versorgung mit Gymnasien bzw. Gesamtschulen erreicht ist.

Erwähnenswert ist noch ein *Altersunterschied:* Zwischen dem 11. und 16. Lebensjahr (Jahrgangsstufe 5 bis 9) nimmt der Wunsch, Abitur zu machen, deutlich ab, und zwar in Ostdeutschland (von 51 % auf 21,4 %) markanter als in Westdeutschland (von 68,8 % auf 54,6 %). Das – in den alten Bundesländern sehr ausgeprägt zu registrierende – Streben nach einem höheren Schulabschluß hat also in den neuen Bundesländern die älteren Schüler/innen (und ihre Eltern) nicht in dem Maße erreicht wie die jüngeren Schüler/innen.

Bildungsbezogene Aktivitäten außerhalb der Schule

Was Heranwachsende am Nachmittag, am Abend, am Wochenende und in den Schulferien unternehmen, beeinflußt ihre schulischen Lernleistungen und ihren Schulerfolg erheblich. Schon vor Jahrzehnten wurde – im Zusammenhang mit der Diskussion der „ungleichen Bil-

dungschancen innerhalb der Sozialschichten" darauf hingewiesen, daß
Schüler/innen, die in *Familien mit niedrigem oder mittlerem Sozialstatus aufwachsen, den* „passiven *Mediengebrauch"* (Fernseh-,
Video- und Musikkonsum) bevorzugen, Schüler/innen der *höheren
Sozialschichten demgegenüber stärker zum* „aktiven *Mediengebrauch"* (Lesen, Musizieren, Basteln/Werken, Briefe/Tagebuch
schreiben) neigen bzw. angeregt werden. An dieser Tatsache scheint
sich bis heute nicht viel geändert zu haben: Die von Büchner et al.
(1996 c) durchgeführte Repräsentativerhebung liefert dafür fast nur
bestätigende Befunde.

Büchner und Krüger (1996 b, 210) befragten die Kinder und
Jugendlichen ihrer Stichprobe nach ihren Freizeitaktivitäten und
fanden heraus, daß Angehörige der niedrigen und mittleren Sozialschicht in ihrer Freizeit in großem Umfang *medienorientiert* sind
(TV, Video, Computerspiele) und daß die Medienorientierung in
der gehobenen und höheren Sozialschicht signifikant abnimmt. Für
diese Schichten ist eine wesentlich stärkere *Bildungsorientierung*
zu dokumentieren: Die Heranwachsenden basteln, werken, malen,
zeichnen, lesen, musizieren, singen in ihrer Freizeit, spielen ein Musikinstrument, schreiben Briefe, Tagebücher, Geschichten – Aktivitäten, deren Bedeutung für erfolgreiches schulisches Lernen evi-
dent ist. *Bildungsorientierte Freizeitaktivitäten werden von Kindern
und Jugendlichen, die in Familien mit niedrigem oder mittlerem Status
groß werden, wesentlich seltener betrieben.*

Besonders deutlich läßt sich das *Schichtgefälle* dokumentieren,
wenn man die Verteilung der Freizeitaktivität „ein Musikinstrument
spielen" über die Schichten hinweg betrachtet. Klavier oder Geige
spielen nur 3 % der Kinder und Jugendlichen aus der niedrigen Sozialschicht, aber fast 30 % der in Familien mit hohem Sozialstatus
Heranwachsenden. Ins Auge fällt auch, daß in den neuen Bundesländern nur 22,5 % der Befragten, in Westdeutschland dagegen 40 %
der Befragten ein Musikinstrument spielen (neben den „klassischen"
Instrumenten Klavier und Geige wurde auch nach anderen Instrumenten wie Flöte, Gitarre, Keyboard gefragt).

In einer früheren Studie von Büchner, Brake und Fuhs (1991) wurde belegt, daß mit sinkendem Sozialstatus der Familie die Ausstat-
tung der Kinderzimmer mit moderner Unterhaltungselektronik

wächst. Dieses Forschungsergebnis läßt vermuten, daß bei der *Anschaffung von Geräten,* die den passiven Mediengebrauch im Kinderzimmer ermöglichen, weniger finanzielle Erwägungen, sondern stärker *wertorientierte und pädagogische Überlegungen* im Vordergrund stehen.

Die in ihrer Freizeit am stärksten medienkonsumorientierten Heranwachsenden kommen vor allem aus Familien mit niedrigem Sozialstatus, besuchen die Hauptschule und werden von ihren Eltern am wenigsten kontrolliert, ob und wie lange sie abends bzw. nachts noch fernsehen. Aus medienpädagogischer Sicht halten es Büchner und Krüger (1996 b, 215) nicht für abwegig, diese Gruppe von Kindern und Jugendlichen als *„Risikogruppe"* zu bezeichnen.

Häufigkeit von außerschulischen Terminen

Das Wahrnehmen von außerschulischen Terminen, d.h. also das regelmäßige Teilnehmen an Angeboten von Vereinen und (anderen) Institutionen, hat in bildungsmäßig-kultureller Hinsicht zweifellos eine (manchmal größere, manchmal weniger große) Bedeutung. In einem Sportverein z.B. besteht die Gelegenheit, neben physischen, der Körperertüchtigung dienenden. Qualifikationen auch soziale und zwischenmenschliche Kompetenzen zu erwerben, die einem in der Schule und erst recht im späteren Leben nützen können. Daß die Teilnahme an Kursen, Seminaren und Workshops von Volkshochschulen, Musikschulen und anderen kulturellen Einrichtungen von Nutzen ist für schulische und außerschulische Bildung und Leistung, braucht nicht näher erläutert zu werden.

Büchner und Krüger fanden in ihrer Befragung heraus, daß ein *knappes Drittel der Haupt- und Realschüler/innen keinerlei regelmäßige außerschulische Termine* wahrnimmt; von den Gymnasiasten sind dagegen nicht einmal 3 % ohne jede terminliche Verpflichtung, dafür haben aber ungefähr 40 % mehr als vier Termine pro Woche, bei den Haupt- und Realschüler/innen nur zwischen 15 und 18 %. Ähnlich sieht es mit der Mitgliedschaft in Vereinen aus: 60 % der Hauptschüler/innen und die Hälfte der Realschüler/innen gehören keinem Verein an, bei den Gymnasiasten sind dies nur gut 15 %, aber knapp 30 % sind in mehr als drei Vereinen engagiert (bei den Haupt- und Realschüler/innen weniger als 10 %). *Die sehr ungleiche, schulform- und sozialschichtabhängige Beteiligung der Heranwachsenden an außerschulischen Bildungsangeboten kommt hier deutlich zum Ausdruck.*

Alltägliche, in Verbindung mit der Schule
entstehende Belastungen

Folgende schulbezogene Probleme und Belastungssituationen wurden in der Befragung von Büchner und Krüger (1996 b, 216–222) erfaßt: (1) Klassenwiederholung, (2) Nachhilfe, (3) Nichtaufnahme in die Wunschschule, (4) Schulwechsel und (5) Versetzungsgefährdung. Die erhobenen Ergebnisse untermauern sehr deutlich die Benachteiligung von Kindern und *Jugendlichen aus Familien mit niedrigem Sozialstatus, die von allen fünf Belastungsbereichen deutlich häufiger betroffen sind.* Diese „objektive" Tatsache steht im Einklang mit der subjektiven Wahrnehmung ihrer persönlichen schulischen Situation durch die Befragten, die deutlich häufiger als Schüler/innen aus Familien mit höherem Sozialstatus von sich feststellen, „daß sie in der Schule weniger zustande bringen als andere" und „daß die Lehrer so richtig eigentlich nie mit ihnen zufrieden sind, auch wenn sie sich noch so sehr anstrengen" und auch deutlich häufiger die Befürchtung hegen, daß sie die Schule nicht schaffen (65 % der Befragten aus der niedrigen Sozialschicht in Ostdeutschland und 49 % in Westdeutschland äußern sich dahingehend).

Der schon mehrfach erwähnte Sozialisationsforscher Fend (1991) hat darauf aufmerksam gemacht, daß die erfolgreiche *Nutzung von* „*Stützressourcen"* dazu beitragen kann, daß schullaufbahnbezogene Probleme bewältigt und Belastungen überwunden werden. Daran anknüpfend erbrachte die Erhebung von Büchner und Krüger, daß die objektiv stärker belasteten Schüler/innen faktisch *weniger Unterstützung* (z. B. von den Eltern und Lehrern) erhalten als die weniger stark belasteten Schüler/innen.

Die erhobenen Daten dokumentieren, daß *deutlich mehr Schüler/innen in Ostdeutschland ihre schulische Situation als belastend erleben;* z. B. befürchtet in Westdeutschland nur knapp ein Drittel der Befragten, die Schule nicht zu schaffen, im Osten ist es fast die Hälfte; in Westdeutschland erwähnt nur ein Fünftel der Befragten, daß es Angst davor hat, der Lehrer könne unzufrieden sein mit ihrer Leistung, im Osten dagegen ein gutes Drittel.

Noch stärker ins Auge fällt der *Einfluß der sozialen Herkunft der Schüler/innen:* Insgesamt weniger Befürchtungen und Ängste – in Ost- und Westdeutschland – haben die Befragten aus Familien mit gehobenem oder hohem Sozialstatus; sie haben durchschnittlich auch die besseren Schulnoten. Anzunehmen ist, daß sich die negativeren Erwartungen der Schüler/innen aus niedrigeren Sozialschichten – im Sinne einer sich selbst erfüllenden Prophezeiung – ungünstig auf ihre schulischen Leistungen auswirken. Hinzu kommt noch, daß die Eltern dieser Schüler/innen häufiger unzufrieden sind mit den Schulnoten ihrer Kinder und mit Ärger und Kritik reagieren. Anzufügen bleibt, daß *ostdeutsche Familien mit niedrigem Sozialstatus den schulischen Leistungen einen besonders hohen Stellenwert beimessen,* eine Einstellung, die von ihren Kindern übernommen wird, die unter Gleichaltrigen ein höheres Ansehen haben, wenn sie gute Schüler sind.

*Wie nehmen die Schüler/innen ihre Lehrer
und Lehrerinnen wahr?*

In mehreren Erhebungen (Tillmann und Reh 1994; Riedel, Griwatz und Leutert 1994) wurden Belege dafür zusammengetragen, daß *die ostdeutschen Lehrer/innen von ihren Schülern/innen als strenger, diszipin- und ordnungsorientierter erlebt werden als die westdeutschen Heranwachsenden ihre Lehrer/innen erleben.* Die in der repräsentativen Befragung von Büchner et al. (1996 c) gewonnenen Ergebnisse gehen in dieselbe Richtung: Die Schüler und Schülerinnen in den neuen Bundesländern fühlen sich von ihren Lehrern/innen stärker bevormundet, mehr unter Leistungsdruck gesetzt, weniger partnerschaftlich und nicht als Individuum behandelt. Dies gilt in besonderem Maße für Schüler/innen mit schlechten Schulnoten aus Familien mit niedrigem Sozialstatus, die eine Hauptschule oder Realschule besuchen. Eine besonders für diese Schüler- und Schülerinnen-Gruppe wünschenswerte Unterstützung dadurch, daß sie sich an ihrer Schule wohl fühlen und auf ihre Lehrer/innen zugehen können, wenn sie Schwierigkeiten und Probleme haben, ist also nur höchst selten gegeben. In Gesamtschulen und Gymnasien geht es den Schülern/innen in dieser Hinsicht besser. Dieses Befragungsergebnis veranlaßt Büchner und Krüger (1996 b, 224) die Hauptschule, die ihre soziale Unterstützungsfunktion aus einer Reihe von (auch strukturell bedingten) Gründen nicht zu erfüllen vermag, generell in Frage zu stellen. Bestimmte Schüler- und Schülerinnen-Gruppen, welche die Hauptschule absolvieren, erleben gehäuft Benachteiligungen und geraten zunehmend in eine sozial randständige Position.

Schulversagen und Schulverweigerung

Zusammenfassend kann festgehalten werden, daß Jungen und männliche Jugendliche häufiger als Mädchen und weibliche Jugendliche von Sitzenbleiben und schlechten Schulnoten betroffen sind. Dieses Ergebnis steht im Einklang mit den Erwartungen, die sich vom Geschlechtsrollenklischee ableiten lassen: Mädchen entsprechen dem Ideal „der guten Schülerin/des guten Schülers" stärker als Jungen, die sich – ihrer Geschlechtsrolle gemäß – *weniger* brav, fleißig, interessiert, strebsam und angepaßt verhalten. Eine Differenzierung nach Schultyp und Geschlecht für die Altersstufe der 15 – 19jährigen ergab, daß Realschüler im Durchschnitt die schlechtesten Schulleistungen und die höchsten Durchfallquoten erzielen. Als Erklärung für diesen Sachverhalt werden vier Bedingungsbereiche verantwortlich gemacht, (1) fehlende Anstrengungsbereitschaft, mangelnde Motivation und Unlust, (2) Ablenkungen außerhalb der Schule, (3) ungünstige („langweilige") Unterrichtsgestaltung durch den Lehrer und (4) nichtunterstützendes Lehrerverhalten – Bedingungen, deren Zusammenwirken das negative Lernverhalten des „schlechten" Schülers erklären.

Wünschenswerte bildungspolitische und pädagogische Maßnahmen im schulischen Bereich

(1) Es sollten mehr Ganztagsschulen und Grundschulen eingerichtet und so ausgestattet werden, daß auch nachmittags eine angemessene Betreuung und Versorgung der Schüler/innen (z. B. Schulaufgabenaufsicht, Nachhilfe, Freizeitaktivitäten) zuverlässig möglich ist.

(2) Die Schulen sollten stärker geöffnet werden für Freizeit- und Bildungsangebote von außen, z. B. für Programme von Vereinen und Verbänden, das Ziel müßte die gemeinwesenorientierte Stadtteilschule sein. Die Kooperation zwischen den Schulen und der institutionalisierten Kinder- und Jugendarbeit sollte ausgebaut werden (zwischen den Einrichtungen der Jugendhilfe und den Schulen gibt es noch kaum Zusammenarbeit).

(3) In die gesamte schulische Bildung, also auch in die Gesamtschulen und Gymnasien, müssen in verstärktem Umfang erfahrungs- und praxisorientierte Unterrichtsteile eingebaut werden; Maßnahmen, von denen in der Pädagogik schon lange geredet wird – selbstorganisiertes Lernen in Projektgruppen, Stärkung von Teamgeist und Kooperationsfähigkeit, fächerübergreifende Angebote, anschauliches, beispielhaftes Lernen in Praktika – müssen im Schulbetrieb zur Regel werden.

(4) Die *Koedukation,* d. h. der gemeinsame Unterricht von Jungen und Mädchen, sollte in Unterrichtsfächern, in denen Ungerechtigkeiten und Ungleichbehandlungen durch Geschlechtsdiskriminierungen an der Tagesordnung sind, *zeitweilig aufgehoben* werden: Mädchen haben dadurch Kompetenzgewinn in technischen und naturwissenschaftlichen Fächern, Jungen profitieren in sozialen und musisch-kreativen Fächern.

(5) Eingerichtet werden sollten *integrativere Schulformen,* um eine größere Durchlässigkeit zwischen den verschiedenen Bildungsgängen zu gewährleisten. Zu empfehlen ist auch eine sechsjährige Grundschule, wie sie sich in Berlin und Brandenburg bereits bewährt hat: Allzu frühzeitige schullaufbahnbezogene Entscheidungen können dadurch hinausgeschoben werden. Erfahrungen, die bisher mit Förder- und Orientierungsstufen gemacht wurden, haben sich nur begrenzt bewährt, da sie Auslese- und Prüfungsdruck mit sich bringen.

(6) Um zu vermeiden, daß die Hauptschule zu einer „Restschule" für (meist auch sozial diskriminierte) Minderheiten wird, sollte diese Schulform in Mittel-, Sekundar- oder Gesamtschulen integriert werden. Dadurch würde es erleichtert, ein oder zwei weitere Schuljahre „dranzuhängen" und somit einen qualifizierteren Abschluß zu erreichen (Büchner und Krüger 1996 b, 234).

5. Von Armut betroffene Kinder und Jugendliche

Eine wachsende Zahl von Veröffentlichungen (z. B. Klocke und Hurrelmann 1998; Otto und Bolay 1997) macht darauf aufmerksam, daß in Deutschland immer mehr Familien von Armut bedroht sind bzw. faktisch in Armut leben. Die sinkenden Realeinkommen, die (weiterhin besonders in den neuen Bundesländern) zunehmende Arbeitslosigkeit und die wachsende Zahl von Alleinerziehenden bzw. Ein-Eltern-Familien werden in erster Linie dafür verantwortlich gemacht.

Definitionen von „Armut"

Der Begriff „Armut" wird in der Wissenschaft sehr unterschiedlich definiert, z. B. als (1) *bekämpfte Armut* (von Armut bedrohte Personen und Haushalte, die Sozialhilfe erhalten), (2) *verdeckte Armut* (Personen, die von ihrem Recht auf Sozialhilfe keinen Gebrauch machen), (3) *absolute Armut* (von Obdachlosigkeit und Hunger betroffene Personen) oder (4) *relative Armut* (gemessen am Wohlstandsniveau seines Landes gilt der als arm, der weniger als 50 % des durchschnittlichen Einkommens zur Verfügung hat).

Gemeinsam ist diesen Definitionen, daß sie sich bei der Bestimmung von Armut lediglich auf die *ökonomische* Mittelausstattung beziehen. Im *Lebenslagenansatz* (Döring, Hanesch und Huster 1990) wird dagegen die ganze Lebenssituation des Kindes und seiner Familie näher betrachtet, d. h., neben der finanziellen Lage werden noch drei weitere Lebensbereiche (Arbeit, Ausbildung, Wohnsituation) einbezogen. Bei Vorliegen von Unterversorgung in mindestens zwei von vier Bereichen wird von Armut gesprochen.

Es liegt auf der Hand, daß sich die „objektiv" gegebene Unterversorgung und Mangellage subjektiv auf unterschiedliche Weise, z. B. in Form von Unzufriedenheit, Zukunftsangst, Scham, Niedergeschlagenheit, Einsamkeit und Isolation, auswirken kann. In neueren Untersuchungen wurden einige wichtige Zusammenhänge ermittelt, auf die im folgenden kurz eingegangen wird.

Statistische Eckdaten

In der offiziellen Statistik der Bundeszentrale für Politische Bildung gelten 1995 *21,8 % der westdeutschen und 19,7 % der ostdeutschen Kinder unter 15 Jahren als arm.* (Diese Zahlen entsprechen – in etwa – den im Sommer 1998 der Bundesregierung im 10. Jugendbericht vorgelegten Daten.) In besonderem Maße von Armut betroffen sind Ausländerfamilien, Familien mit drei und mehr Kindern und Ein-Eltern-Haushalte (15 % der deutschen Familien sind Ein-Eltern-Familien, von denen mehr als ein Drittel in Armut lebt).

Auswirkungen von Armut

Armut wirkt sich unmittelbar auf die alltägliche Lebensgestaltung von Kindern und Jugendlichen aus. Ob es die Taschengeldfrage ist, die Teilnahme (bzw. Nichtteilnahme) an der nächsten Klassenfahrt, der Kauf (bzw. Nichtkauf) eines neuen Kleidungsstücks, die (abgelehnte) Einladung zu einer Geburtstagsfeier (weil das Geld für ein Geschenk nicht da ist): Beim tagtäglichen Verzichten und Sicheinschränken erleben die Heranwachsenden in bedrückender und frustrierender Weise immer wieder, was es bedeutet, in einer armen Familie groß zu werden. Die Teilnahme am sozialen und kulturellen Leben der Gesellschaft reduziert sich auf ein Minimum! Wie die Kinder und Jugendlichen damit zurechtkommen, hängt von verschiedenen Faktoren ab. Eine zentrale Bedeutung ist der Haltung der Eltern beizumessen. In der Regel empfindet der Vater – als Hauptverdiener und „Familienoberhaupt" – die prekäre finanzielle Situation als besonders belastend, insbesondere dann, wenn sie durch seine Arbeitslosigkeit verursacht wird. Meist verschlechtert sich die Beziehung zwischen den Eltern, was sich wiederum ungünstig auswirkt auf deren Erziehungsverhalten. Die Heranwachsenden fühlen sich oft ungerecht und willkürlich behandelt und distanzieren sich – im günstigen Falle – innerlich und äußerlich etwas von ihren Eltern. Im ungünstigen Falle kommt es zu vermehrten Spannungen und Konflikten und einer massiven Verschlechterung der Eltern-Kind-Beziehung, welche zu Entwicklungskrisen, Verhaltensstörungen und psychosomatischen Beeinträchtigungen bei den Heranwachsenden führen kann. Das gilt im besonderen Maße für die Gruppe derer, die sich mitten in der Pubertät befinden und sich besonders schwer tun, ihr Selbstkonzept mit positiven Qualitäten auszustatten. Im Vergleich mit den bessergestellten Freunden schneiden sie schlecht ab, weil ihnen wichtige Statusmerkmale nicht zur Verfügung stehen, die für das äußere Erscheinungsbild wesentlich sind (Kleidung, Sportausrüstung, Spielmaterial; lässiges, „cooles" Auftreten). Die resultierende Verunsicherung verstärkt ihr Rückzugsverhalten und trägt dazu bei, daß sie sich sozial und zwischenmenschlich weiter isolieren und auch geistig und seelisch verarmen.

Schutzfaktoren und Risikofaktoren

Natürlich ist die skizzierte Entwicklung keine zwangsläufige, aber sie ereignet sich so, wie beschrieben, nachgewiesenermaßen sehr häufig, besonders dann, wenn *Risikofaktoren* vorliegen, z. B. (1) wenn die finanzielle Lage der Familie sehr prekär ist und die Armut lange andauert (statistisch belegt ist, daß sich ein Fünftel der in Armut lebenden Familien – es handelt sich vor allem um Familien mit niedrigem Sozialstatus – schon länger als 5 Jahre in dieser Situation befindet); (2) wenn kein stützendes soziales Netzwerk (im Verwandten- und Freundeskreis) zur Verfügung steht; (3) wenn die Familie in einer Region lebt (oft einem Großstadtviertel), die von (Jugend-)Arbeitslosigkeit besonders betroffen ist (Bildung einer „Armutssubkultur"); (4) wenn die Konsumansprüche der Familienmitglieder groß sind; (5) wenn zusätzliche finanzielle Mittel auf illegalem Wege (durch delinquentes, kriminelles Verhalten) beschafft werden; (6) wenn negative, unproduktive Bewältigungsstrategien zur Minderung der Notlage eingesetzt werden; (7) wenn das Verhältnis der Eltern zueinander schon vor Eintreten der Armut kein besonders positives war; (8) wenn die Eltern, bedingt durch die erlebte Belastung und durch Spannungen in ihrer Partnerbeziehung, zur harten Bestrafung und willkürlichen Disziplinierung ihrer Kinder neigen und (9) wenn sich bei den Heranwachsenden bereits problematisches Verhalten ausgebildet hat.

Umgekehrt betrachtet können also folgende *Schutzfaktoren* benannt werden: (1) Kurze Dauer der Armut, (2) Vorhandensein eines stützenden, außerfamilialen Netzwerks, (3) positive Partnerschaftsqualität der Eltern, (4) positive Beziehung der Heranwachsenden zu beiden Elternteilen, (5) günstige Entwicklungsphase der Heranwachsenden: Pubertät bereits abgeschlossen oder noch nicht begonnen, (6) Vorliegen eines aktiven und flexiblen Bewältigungsstils (bei den Heranwachsenden und ihren Bezugspersonen innerhalb und außerhalb der Familie), (7) weitgehende Unabhängigkeit von äußeren Statussymbolen und Konsumansprüchen, (8) sehr gute bis hervorragende Leistungen im schulischen und außerschulischen Bereich, (9) Zugehörigkeit zu einer Gruppe, einem Verein o. ä. (um Isolation und kultureller Deprivation entgegenzuwirken), (10) Beschaffung zusätzlicher finanzieller Mittel durch Gelegenheitsarbeiten und Jobs.

Ungünstige und günstige Bewältigungsstrategien

In einigen Forschungsprojekten (z. B. Neuberger 1997) wurden die *Bewältigungsstrategien* näher betrachtet, die Familien, die von Armut betroffen sind, einsetzen, um ihre Lage zu meistern. Herausgearbeitet wurde, daß Familien in unterschiedlichem Ausmaß über Ressourcen verfügen bzw. fähig sind, solche Ressourcen zu mobilisieren, die ihnen den Umgang mit Problemen erleichtern, die im Gefolge von Armut entstehen. Eine entscheidende Rolle spielt dabei, *wie die Eltern die Armutssituation wahrnehmen.* Je bedrückender und belastender die Situation erlebt wird, desto schwieriger fällt es den Eltern, Mittel und Wege zur Minderung der Notsituation ausfindig zu machen. Manche Autoren sprechen von einem *Teufelskreis,* der hier entsteht: Die negative Wahrnehmung der Situation wirkt lähmend. Die Tatsache, daß keine Aktivitäten zur Verbesserung der Lage erfolgen, trägt zur Einzementierung und Verlängerung der Armut in der Familie bei. Besser geht es der kleinen Gruppe von Eltern, die über Ressourcen verfügen bzw. fähig sind, solche zu mobilisieren und deren Wahrnehmung der Lebenssituation nicht durchgängig negativ getönt ist. Inwieweit eine *gezielte Hilfe durch sozialpädagogische Maßnahmen und den Einsatz von Sozialarbeitern/innen* unverschuldet in Armut und Not geratenen Familien wirklich (d. h. dauerhaft) nützt, wird kontrovers diskutiert.

Festgehalten werden kann, daß heranwachsende Kinder, deren Familien von Armut betroffen sind, in besonderem Maße Beeinträchtigungen und Probleme erleben, die sie allein und auf sich gestellt und ohne Unterstützung von außen häufig nicht zu bewältigen imstande sind. Nicht zuletzt aus diesem Grunde appellieren viele Sozialforscher an die Bundesregierung, sozial- und arbeitspolitische Hilfsmaßnahmen einzuleiten.

Sozialpolitische und arbeitspolitische Maßnahmen

Gefordert wird z. B., den *Familienleistungsausgleich* neu zu bestimmen. Die Leistungen der Familie werden in unserem Sozialsystem nach wie vor praktisch als selbstverständlich hingenommen. Lediglich 25 % des finanziellen Aufwandes, den Eltern, die Kinder aufziehen, als Mehrbelastung erfahren, werden ihnen staatlich erstattet. Durch Kinderfreibeträge und Kindergeld werden die (ungefähr) DM 500,– pro Monat, die als Existenzminimum für ein Kind heute veranschlagt werden, nicht annähernd erreicht. Klocke und Hurrelmann (1998, 19) sprechen in diesem Zusammenhang von „institutionalisierter finanzieller Ausbeutung von Familien" und plädieren für einen *Familienlastenausgleich,* der – vergleichbar der dynamischen Rentenanpassung – gekoppelt sein sollte an das Familieneinkommen. Erforderlich sind darüber hinaus – gerade in den strukturell benachteiligten und strukturschwachen Regionen der alten und neuen Bundesländer – *wirksame arbeitspolitische Maßnahmen* zum Abbau von Dauerarbeitslosigkeit.

VI: Das Jugendalter:
Rückkehr in ruhigere Gewässer oder
Aufbruch zu unbekannten Meeren?

Diese Frage lenkt die Aufmerksamkeit zum einen auf die Tatsache, daß sich mit Abklingen des teilweise dramatischen Geschehens während der Pubertät die Wellen tatsächlich wieder etwas glätten, daß sich zum anderen aber mit Erreichen der Adoleszenz neue Entwicklungsaufgaben stellen, durch deren erfolgreiche Bewältigung der Übergang ins Erwachsenenalter ermöglich wird.

Viele Jugendliche tun sich leichter, die neuen Entwicklungsaufgaben (vgl. dazu Abschnitt I. 6.) zu lösen, wenn sie *Mitglied in einer Gruppe* sind, die sie gut finden und mit deren Lebensstil sie etwas anfangen können. Andere Jugendliche lehnen es ab, sich zu „uniformieren" und sympathisieren allenfalls mit einer Richtung, einem Stil oder einer Mode.

1. Jugendliche „Subkulturen"

In den 60er Jahren wurde, inspiriert von englischen Jugendforschern, der Begriff *„Subkultur"* auch in Deutschland verwendet, um den Blick darauf zu lenken, daß auch bei uns immer häufiger einzelne Gruppierungen und Bewegungen auffielen, die sich betont von anderen Jugendlichen und besonders von der Welt der Erwachsenen distanzierten. Solche Jugendsubkulturen, die sich teilweise schroff und aggressiv von der etablierten, „bürgerlichen" Kultur abgrenzten, z. B. die *„Halbstarken"* und *„Rocker"*, *später auch die „Skinheads"*, rekrutierten sich vor allem aus den unteren Sozialschichten. In der Protestbewegung der „68er Generation" meldeten sich dann auch Jugendliche aus der sozialen Mittel- und Oberschicht mit zahlreichen Aktionen (Demonstrationen, Menschenketten, Schweigemärsche, Sit-ins) gegen das „Establishment" und die herrschende politische

Ordnung zu Wort, *das Jahrzehnt der „Flower power", „Blumenkinder" und „Hippies"* wurde eingeläutet. Im darauf folgenden Jahrzehnt macht eine Reihe von sozial engagierten Bewegungen, die von Jugendlichen mitgetragen wurde, auf sich aufmerksam: *Friedensbewegung, Umweltbewegung, Anti-Kernkraft-Bewegung.*

Gruppenbildungen unter heutigen Jugendlichen

Betrachtet man die in neuerer Zeit stattfindenden Gruppenbildungen unter Jugendlichen, so fällt auf, daß sie sich – im Unterschied zu früheren Jugend-Subkulturen – zum einen weitgehend *abgekoppelt haben von einem bestimmten Sozialstatus,* zum anderen aber auch das soziale und politische Engagement weniger betonen.

Nicht zuletzt deshalb wird in der zeitgenössischen Jugendforschung der Begriff „Subkultur" immer seltener verwendet; bevorzugt werden Begriffe wie *Szene, Gruppen, Stile, Trends, Moden.* Damit wird der Tatsache Rechnung getragen, daß im Verlaufe der letzten Jahrzehnte durch die stattgefundene Individualisierung und Pluralisierung auch für Jugendliche die Möglichkeiten, sich anders als die anderen zu benehmen und andere Ansichten zu vertreten (und natürlich auch zu kleiden!), beträchtlich zugenommen haben. Zwar lassen sich die Nachfolger der jugendlichen Subkulturen der 60er, 70er und 80er Jahre, wenn auch in geringerem Umfang und verändertem Gewand, auch heute noch auffinden, doch rücken unter heutigen Jugendlichen Veränderungsideen, Auflehnung und Rebellion etwas in den Hintergrund. Im Vordergrund steht das *Anderssein als die Erwachsenen* (und anderen Jugendlichen): Man will eine besondere Identität nur für sich (und seinesgleichen) haben und sich auch durch sein Aussehen und Verhalten von den anderen unterscheiden, aber sich nicht unbedingt in Opposition zu den anderen setzen.

Diese Einstellung ist bei vielen Jugendlichen unterschiedlicher Stilorientierungen anzutreffen, möglicherweise sogar bei der Mehrheit, gilt aber beileibe nicht für alle Jugendlichen. Wesentlich ist, daß in jüngerer Zeit der *Einfluß der Medien* bei der Ausgestaltung einzelner Stile zugenommen hat (z. B. Techno, Raver, Surfer). Im Überblick betrachtet spielen heutzutage vermutlich beim Aufbau des sich zu

... zu einer Clique gehören, in der man sich wohl fühlt!

einer bestimmten Richtung zugehörig Fühlens immer stärker auch situationsspezifische Faktoren eine Rolle: In welcher konkreten Lebenssituation und Entwicklungsphase befinde ich mich gerade? Woran orientieren sich die mir nahestehenden gleichaltrigen Bezugspersonen („Peers")? Welchen Beschäftigungen, Interessen, Vorlieben gehe ich gerne nach? Welche Stars, Vorbilder, Idole finde ich gut? Für welche Musikrichtung, Kleidermode, Sportart, Kinofilme und andere kulturellen Angebote kann ich mich begeistern? Und in Umkehrung dieser Fragen: Welchen Entwicklungsabschnitt habe ich gerade hinter mich gebracht? Woran orientieren sich die mir weniger sympathischen, langweiligen oder mir ablehnend gegenüberstehenden Personen und Gruppen? Welche Beschäftigungen, Interessen und Neigungen sind mir zuwider? Wer ist für mich ein „Anti-Typ", welche bekannten zeitgenössischen Personen sind mir gleichgültig, bedeuten mir nichts, lehne ich ab? Welche Musikrichtung, Sportart, Kleidermode finde ich langweilig und uninteressant?

Diese – fiktiven – Fragen, die sich Heranwachsende mehr oder weniger bewußt hin und wieder stellen, helfen ihnen bei der *Ausbildung ihres eigenen Gruppengefühls,* wobei das Ausmaß des sich mit einem Gruppenstil Identifizierens (vom oberflächlichen Sympathisieren bis zum fanatischen Erfüllung Finden in bestimmten Gruppenaktivitäten) und die Dauer der Zugehörigkeit zu dieser Gruppe natürlich schwanken in Abhängigkeit von einer Vielzahl weiterer situativer Faktoren: Welche Erfahrungen mache ich im Laufe meiner Gruppenmitgliedschaft, wo werde ich bekräftigt, wo stoße ich auf Mißbilligung, Spott, Verachtung? Und wie reagieren die mir wichtigen Personen der Erwachsenenwelt? Wann klingt meine Begeisterung etwas ab, wann läßt mein Interesse nach? Welchen neuen und andersartigen Einflüssen (Trends, Moden, Stilrichtungen) begegne ich dann? Mit welchen neuen Entwicklungsaufgaben (z. B. Ablösung vom Elternhaus, Eintritt ins Berufsleben, Aufbau einer Partnerschaft) werde ich konfrontiert? Wie gehe ich bei ihrer Bewältigung vor? Wo habe ich Erfolgs- und wo Mißerfolgserlebnisse?

Die Shell-Jugendstudien

In Deutschland wurden seit 1981 in ungefähr fünfjährigen Abständen (1985, 1991 und 1996) repräsentative Jugendstudien durchgeführt. Diese wurden von der Deutschen Shell AG unterstützt und richteten ihr Augenmerk u. a. auch auf die Gruppenorientierungen und -stile von Jugendlichen; einige Ergebnisse, die im Rahmen der Shell-Studien gewonnen wurden, sollen hier etwas ausführlicher dargestellt werden.

Zunächst einige Erläuterungen zur methodischen Vorgehensweise: Den in die Untersuchung einbezogenen Jugendlichen werden, verbunden mit der Frage „Ich habe hier Kärtchen mit einigen Gruppen von Leuten, die seit einiger Zeit von sich reden machen – wie stehst Du zu den einzelnen Gruppen?" Karten vorgelegt, auf denen aktuelle Gruppenstile aufgeführt sind. Sie sollen angeben, ob

(1) sie sich selbst der Gruppe zurechnen bzw. so ähnlich leben,
(2) sie nicht dazugehören, solche Leute aber ganz gut finden,
(3) ihnen die Gruppe ziemlich egal ist, sie sie gut tolerieren können,
(4) sie die Gruppe nicht so gut leiden können,
(5) das Gegner/Feinde von ihnen sind, die sie bekämpfen,
(6) sie noch nie davon gehört haben, sich nichts darunter vorstellen können.

In der 1981er Erhebung wurden 16 Gruppenstile vorgegeben, 1984 waren es 24, 1991 (zum erstenmal wurden bei dieser Erhebung auch die ostdeutschen Jugendlichen einbezogen) 19 und 1996 sogar 29 Gruppenstile. Eine Bezugnahme auf die zum jeweiligen Erhebungszeitpunkt vorgefundene Situation war damit gewährleistet: *Gruppenstile kommen und gehen und wandeln sich teilweise sehr schnell.* Die ausgewählten Stilrichtungen sollen die zum jeweiligen Zeitpunkt angetroffenen „Szenen" und „Gruppenbildungen" in ausreichender Breite und Differenzierung wiedergeben, erheben aber nicht den Anspruch auf Vollständigkeit.

Klassifikation von jugendlichen Gruppenstilen

Die beteiligten Sozialforscher ordneten den Gruppenstilen sechs theoretisch abgeleitete, übergreifende Klassifikationskategorien zu (Strzoda, Zinnecker und Pfeffer 1996, auf deren im Rahmen der Shell-Studien, vgl. Silbereisen, Vaskovics und Zinnecker 1996, vorgelegte Forschungsergebnisse im folgenden Bezug genommen wird).

(1) *Fankulturen,* d. h. häufiger anzutreffende, beständigere Jugendkulturen (Disco-Fans, Musikgruppen-Fans, Fußball-Fans, Motorrad-Fans);
(2) dauerhaftere Formen von *Gruppenstilen mit starker Tendenz, sich nach außen darzustellen* (Punker, Rocker);
(3) *politisch orientierte Gegenkulturen* (z. B. Umweltschützer, Kernkraftgegner, Hausbesetzer);
(4) *aktuelle, vor allem an Mode und Design orientierte Jugendstile* (die teilweise, z. B. die „Popper", von den Medien erschaffen und verbreitet werden);
(5) *Gruppenstile, die sich auf kulturell tabuisierte Inhalte* (wie Gewalt, Tod) *gründen* (Radikalismus, Rassismus, Terrorismus, Jugendsekten);
(6) *an Sport, Bewegung, Fitness und körperlicher Attraktivität orientierte Gruppenstile* (Jogger, Body-Building).

Ergebnisse der 1996er Erhebung

Bei der Datenauswertung ging es zunächst darum, die wichtigsten Orientierungsmuster der Jugendlichen zu erfassen: Mit welchen Gruppenstilen identifizieren sich die Jugendlichen am häufigsten, von welchen grenzen sie sich am deutlichsten ab, welchen begegnen sie mit Gleichgültigkeit? Um diese Fragen zuverlässig zu beantworten, wurden die *beliebtesten* („ich gehöre selbst dazu") und die *unbeliebtesten* („kann ich nicht leiden/bekämpfe ich") Stile jeweils in einer Rangreihe geordnet. Für die 1996er Erhebung ergab sich folgende Reihenfolge:

1. Fans von Musikgruppen: dazu bekennen sich 23,5 % – 7,2 % lehnen sie ab;
2. Computer-Fans: 18,6 % Anhänger – 11,6 % Ablehner;
3. Disco-Fans: 18,5 % Anhänger – 9,4 % Ablehner;
4. Fußball-Fans: 14,9 % Anhänger – 21,2 % Ablehner;
5. Jogger: 13,1 % Anhänger – 9,1 % Ablehner;
6. Umweltschützer: 13,0 % Anhänger – 9,7 % Ablehner;
7. Motorrad-Fans: 11 % Anhänger – 12,5 % Ablehner;
8. Friedensbewegung: 10,7 % Anhänger – 9 % Ablehner;
9. Bravo-Leser/innen: 10,6 % Anhänger – 16,8 % Ablehner;
10. Body-Building/Fitness-Training: 9,5 % Anhänger – 20,1 Ablehner;
11. Kernkraftgegner: 8,1 % Anhänger – 20 % Ablehner;
12. Technos: 7,2 % Anhänger – 24,7 % Ablehner;
13. Raver: 5,5 % Anhänger – 24,1 % Ablehner;
14. Hip Hop/Rap: 5,3 % Anhänger – 26,5 Ablehner;
15. FKK-Bewegung: 5,1 % Anhänger – 17,2 % Ablehner;
16. Streetball: 3,9 % Anhänger – 16,9 % Ablehner;
17. Surfer: 3,8 % Anhänger – 14,5 % Ablehner;
18. Skateboarder: 3,5 % Anhänger – 16,5 % Ablehner;
19. Heavy Metals: 3,1 % Anhänger – 40,6 % Ablehner;
20. Punks: 1,9 % Anhänger – 44,2 % Ablehner;
21. Sprayer/Tagger: 1,7 % Anhänger – 42 % Ablehner;
22. Rocker: 1,6 % Anhänger – 44,3 % Ablehner;
23. Hausbesetzer: 1,4 % Anhänger – 51 % Ablehner;
24. Yuppies: 1,3 % Anhänger – 38,7 % Ablehner;
25. Grufties: 1,1 % Anhänger – 44,5 % Ablehner;
26. Skinheads: 1 % Anhänger – 83,1 % Ablehner;
27. Okkulte Gruppen: 1 % Anhänger – 68,6 % Ablehner;
28. Fußball-Hooligans: 0,8 % Anhänger 87,1 % Ablehner;
29. S-Bahn/Auto-Surfer: 0,6 % Anhänger – 62,9 % Ablehner.

Deutlich wird, daß vor allem die Fan-Gruppen (Musik, Computer, Disco, Fußball, Motorrad) auf breite Akzeptanz bei vielen Jugendlichen stoßen. Es folgen Gruppierungen, denen eine Protesthaltung gemeinsam ist (Ökobewegung, Friedensbewegung, Anti-Atombewegung). Körperbezogene Gruppen (Jogging, Body-Building, Fitness)

schließen sich an. Auf mittleren Plätzen rangieren mode- und frei-
zeitorientierte, von den Medien mitgeprägte Gruppierungen (Technos, Raver, Hip-Hop/Rapper). Weiter unten schließen sich Gruppen
an, die noch stärker und exklusiver aktuelle Modestile favorisieren
(Streetballer, Surfer, Skateboarder). Schließlich folgen ganz unten in
der Rangreihe Gruppen und Stile, die mehrheitlich auf Ablehnung
stoßen und deren Anhängerschaft nur wenige Prozent bzw. Prozent-
Bruchteile der Stimmen auf sich vereinen (von Heavy Metals, Punks,
Sprayern, Rockern bis zu Skinheads, Okkultisten, Hooligans und
S-Bahn/Auto-Surfern).

Alters- und Geschlechtsabhängigkeit der Gruppenstile

Eine alters- und geschlechtsbezogene Auswertung der Daten macht
deutlich, daß einzelne Gruppenstile, z. B. Fans von Film- oder Musik-
stars oder „Bravo"-Leser, eine besonders *hohe Alters- und Geschlechtsabhängigkeit* aufweisen: Fast 60 % der 13jährigen Mädchen sind
„Bravo"-Leserinnen und Fans von Musikbands und/oder Sänger/in-
nen. Für 18 – 19jährige weibliche Jugendliche spielt dagegen die Lektüre von „Bravo" und die Identifikation mit Pop- und Filmstars kaum
mehr eine Rolle. Nur noch 10 bis 20 % der jungen Erwachsenen bezeichnen sich als Fans von Musikgruppen oder Showstars.
    Eine ausgeprägte Altersabhängigkeit läßt sich auch für die Hip-
Hop/Rapper, Raver und Technos belegen, deren Anhänger sich vor
allem aus sehr jungen Adoleszenten (13 – 16 Jahre) rekrutieren und
deren Bedeutung für ältere Adoleszenten schnell abnimmt. Zu belegen ist, daß spezifische Stilrichtungen, in denen Musik und Mode
dominieren, für die jungen Adoleszenten eine besondere Attraktivität
besitzen. Interessanterweise läßt sich für diese Altersstufe kein Zusammenhang zwischen Identifikation mit einer Stilrichtung und Treffen in Cliquen mit Gleichgesinnten nachweisen. Die 13 – 16jährigen
brauchen, um ihre Identifikation auszuleben, nicht unbedingt die
Gruppe der Gleichaltrigen.
    Insgesamt betrachtet fällt auf, daß sich *jüngere Adoleszenten im
Bereich der expressiven, d. h. sich nach außen darstellenden Gruppenstile* besonders stark engagieren: Über 80 % der Altersgruppe der

13–18jährigen geben an, daß sie sich mit einem Stil identifizieren bzw. sich ihm sehr verbunden fühlen. Vom 19. Lebensjahr an nimmt der Anteil der weiblichen Jugendlichen, die mit keinem expressiven Stil sympathisieren, schneller zu als der Anteil der männlichen Jugendlichen.

Auffällig ist auch, daß sich vor allem in der Gruppe der jüngeren Adoleszenten (13–16 Jahre) besonders viele finden, die sich nicht nur mit einem, sondern mit mehreren expressiven Stilen identifizieren. Auch diese Neigung ist bei männlichen Jugendlichen ausgeprägter zu dokumentieren und baut sich bei weiblichen Jugendlichen und jungen Frauen schneller ab.

Unterschiede zwischen ostdeutschen und
westdeutschen Jugendlichen

In der ehemaligen DDR existierte – zumindest offiziell – keine expressive Jugendkultur mit entsprechenden Gruppenstilen. Doch gibt es eine ganze Reihe von nichtöffentlichen Dokumenten, die belegen, daß sich im Verlaufe der 80er Jahre auch in Ostdeutschland eine jugendkulturelle Szene ausbildete. Nach der Wende von 1989 machten von westdeutschen Forschern durchgeführte Erhebungen deutlich, daß die ostdeutschen Jugendlichen recht gut über „westliche" Gruppenstile informiert waren und ähnliche Orientierungen und Einstellungen aufgebaut hatten wie die westdeutschen Adoleszenten. Jedoch erbrachte erst die Shell-Jugendstudie von 1996 ein vollständigeres Bild, in dem auch Unterschiede klarer nachgewiesen werden konnten: Ostdeutsche Jugendliche und junge Erwachsene identifizieren sich häufiger mit der (bzw. empfinden mehr Sympathie für die) FKK-Kultur, Disco-Szene und Bravo-Leserschaft (hier besonders die Mädchen). Auch für körperbezogene Gruppenstile (Body Building, Fitnessbewegung) gibt es unter jungen Ostdeutschen mehr Anhänger und Sympathisanten. Passiv begeistert von der Jogging-Bewegung sind vor allem die weiblichen ostdeutschen Jugendlichen. In ihrer gesamten kulturellen Orientierung läßt sich die Jugend in den neuen Bundesländern als etwas stärker körperbezogen charakterisieren.

Im Hinblick auf ihre Einstellungen zu sozialen Protestbewegungen, Friedensbewegung und Kernkraftgegnern unterscheiden sich zwei Gruppen deutlich: Westdeutsche junge Männer empfinden diesen gegenüber wenig Sympathie, ostdeutsche junge Frauen dagegen deutlich mehr. Erwähnenswert ist weiter, daß sich im Osten Rockern und Motorrad-Fans gegenüber positivere Einstellungen finden, daß Grufties stärker abgelehnt und daß Yuppies nicht selten gar nicht gekannt werden.

Für Ostdeutschland und Westdeutschland gilt, daß Computer-, Fußball- und Motorrad-Fans hauptsächlich männlichen Geschlechts sind und daß junge Frauen insgesamt häufiger als junge Männer sich keinem der vorgegebenen Gruppenstile verbunden fühlen. Sie scheinen für ihre Selbstkonzept- und Identitätsentwicklung derartige Verbundenheiten und Identifikationen mit Gruppen nicht so sehr zu benötigen wie junge Männer (Strzoda et al. 1996, 57–83).

Die Entwicklung in den Jahren von 1981 bis 1996: Entpolitisierung der Jugend?

Im Verlaufe der 80er Jahre entstehen zahlreiche „neue" Stile, die aus heutiger Sicht schon als „klassisch" gelten: Punks, Hausbesetzer, Rocker, Umweltschützer, Jogger, Computer-Fans, Anhänger der Friedensbewegung usw. Die Anhängerschaft von Proteststilen (Anti-Atomkraft, Umweltschutz, Ökobewegung, Hausbesetzer) schrumpft zwischen 1981 und 1996 von 31,1 auf 14,5 %: Deutet sich hier eine Bestätigung an für die in den Medien oft kolportierte Rede von der zunehmenden „Entpolitisierung der Jugend"? Auch für die „klassischen Fankulturen" (z. B. Musikgruppen- oder Motorrad-Fans) finden sich immer weniger Anhänger: 1981 bezeichneten sich noch 36 % der Jugendlichen als Musikgruppen-Fans, 1996 waren es nur noch knapp 10 %.

Anfang der 80er Jahre gab es noch doppelt so viele männliche Jugendliche, die vom Motorrad-Kult bzw. vom Rockertum begeistert waren, aber auch deutlich mehr weibliche und männliche Jugendliche, die beide Gruppenstile ablehnten. Eine vergleichbare Entwicklung ist bei den Disco-Fans und bei den Joggern zu verzeichnen, deren Anhänger- und Sympathisantenschar sich zwar ebenfalls verkleinerte, aber auch in immer geringerem Umfang auf strikte Ablehnung stieß.

Ursprünglich weitverbreitete „modische" Gruppenstile, die in ihrer „heißen Phase" sogar zu Gegenbewegungen führten, die gelegentlich sogar in gewaltförmigen Auseinandersetzungen zwischen Anhängern und Ablehnern gipfelten, klingen also ab, werden „klassisch" oder verschwinden ganz. Aus einem klassisch gewordenen Gruppenstil können sich auch neuere, modernere Stile entwickeln: So hat sich vielleicht mancher frühere Jogger dem Power walking oder Inline skating zugewandt.

Für eine einzige jugendkulturelle Gruppe läßt sich eine markant zunehmende Tendenz in den Jahren von 1985 bis 1996 belegen: Es handelt sich um die *Computerfans,* deren Anhängerschar von 7 % im Jahr 1985 auf 19 % im Jahr 1996 gewachsen ist und die heutzutage auch auf weniger Ablehnung stoßen als noch 1985.

Gefragt werden kann, ob es sich bei dieser Entwicklung in den 80er und 90er Jahren, die alle *Anzeichen von Abflauen, Verwässerung und „Normalisierung" wie auch von weiterer Ausdifferenzierung und Vervielfältigung* trägt, um eine vorübergehende Erscheinung handelt. Wird diese Entwicklung wieder abgelöst werden von einer Phase der erneuten Intensivierung und Eingrenzung (auf eine geringere Zahl von Stilen, Moden und Trends), oder werden „Entpolitisierung", „Individualisierung" und „Pluralisierung" zu überdauernden Kennzeichen der nachkommenden jungen Generationen? Welche Rolle werden die neuen elektronischen Medien dabei übernehmen? (Einige Antworten finden sich im Abschnitt VII. 16. „Prognosen über zukünftige Entwicklungstrends in der Jugend".)

Einbezug von soziodemographischen Merkmalen

Ein paar genauere Angaben lassen sich vornehmen, wenn Alter, Bildungsabschluß, Beruf und Geschlecht einbezogen werden:

(1) Es zeigt sich, daß die *modisch-hedonistische Vergnügungskultur* – von Technos über Raver bis zu Skatern und Streetballern – in den alten wie in den neuen Bundesländern vor allem eine Sache der jüngsten Altersgruppe, insbesondere der 13 – 18jährigen Schüler/innen, ist.

(2) Die *sportlich orientierte Fitness-Kultur* (Bodybuilding, Fitness-Training, Jogging) wird in Ost und West vor allem betrieben von berufstätigen älteren Jugendlichen und jungen Erwachsenen mit mittleren Bildungsabschlüssen.

(3) Anhänger der *politisch-rebellischen Subkultur* (Punks, Hausbesetzer, Kernkraftgegner) sind in beiden Landesteilen (aber besonders ausgeprägt im Osten) vor allem junge Leute mit gehobenem Bildungsabschluß (Abiturienten, Studenten, Akademiker).

(4) In den neuen Bundesländern werden *soziale Protestbewegungen* (Friedensbewegung, Ökobewegung, Umweltschützer) vor allem abgelehnt von berufstätigen jungen Erwachsenen mit niedrigen und mittleren Bildungsniveaus.

(5) Eine kleine Gruppe, die *jede Art von jugendkultureller Stilbildung ablehnt, rekrutiert sich in erster Linie aus arbeitslosen älteren* Jugendlichen (in den alten Bundesländern zumeist mit niedrigem Bildungsabschluß und – im Falle weiblicher Geschlechtszugehörigkeit – zusätzlich oft mit der Bürde früher Mutterschaft belastet).

(6) Eine weitgehend *unauffällige Durchschnittsgruppe,* die sich allen modischen Gruppenstilen gegenüber weder ablehnend noch zustimmend verhält, setzt sich vor allem zusammen aus Jugendlichen und jungen berufstätigen Erwachsenen mit gehobenem Bildungsabschluß (Abitur).

Bloße Ablehnung wirkt stilerzeugend, oder:
Kultur schafft Gegenkultur

In der zweiten Hälfte der 90er Jahre finden sich zwei neue Gruppierungen, die ihre Identität jeweils aus der Ablehnung eines bereits etablierten Stils, nämlich der sozialen Protestbewegung bzw. der modisch-hedonistischen Vergnügungskultur schöpfen. Von Wissenschaftlern wird diese Eigentümlichkeit so interpretiert, daß jeder Gruppenstil, wenn er unter Jugendlichen besondere Bedeutung erlangt und Verbreitung gefunden hat, die Kraft zur Schaffung seiner eigenen Verneinung in sich birgt.

Ablehnungstendenzen lassen sich übrigens auch nachweisen zwischen Anhängern spezieller Gruppenstile, z. B. grenzen sich – in Ostdeutschland – Anhänger der politisch-rebellischen Subkultur (Punk, Hausbesetzer, Anti-Atom) markant ab von Bodybuildern, Fitness-Anhängern, Disco-Fans und Bravo-Lesern und sympathisieren mit Grufties, Okkulten und Sprayern/Taggern.

In der Fachliteratur finden sich zu den von Strzoda et al. (1996) vorgelegten Forschungsergebnissen, auf die vorangehend vor allem Bezug genommen wurde, zahlreiche Entsprechungen und Ergänzungen; auf diese Befunde, die auf der Grundlage von beschränkteren Stichproben oder durch intuitive Experteneinschätzungen gewonnen wurden, wird hier nicht näher eingegangen. Z. B. unterscheiden auch Lenz (1988), Becker, Eigenbrodt und May (1984), Baacke (1993) und Ferchhoff (1993) umfassendere Typen jugendlicher Gruppenstile: Männlichkeits-orientierte Macho-Subkultur, modisch-hedonistische Vergnügungskultur, politisch-rebellische Subkultur, sportive Fitness-Kultur, religiös-spirituelle Szenen; kritisch-engagierte Szenen, action-orientierte Szenen, manieristisch-postalternative Szenen, institutionell-integrierte Szenen.

2. Unterschiedliche Zukunftsperspektiven von männlichen und weiblichen Jugendlichen

Aufgrund ihrer *stärkeren Sachorientierung* sind bei vielen männlichen Jugendlichen die ausbildungs- und berufsbezogenen Vorstellungen und Erwartungen klarer ausgestaltet. Sie sind sich (ziemlich) sicher, welchen Schulabschluß sie anstreben, welche Berufsausbildung bzw. welches Fachstudium sie absolvieren wollen und haben beruflichen Erfolg und berufliche Karriere für den nächsten Lebensabschnitt eingeplant. Weniger klare Vorstellungen haben sie meist im Hinblick auf den privaten und zwischenmenschlichen Bereich: Eine Familie gründen und sich Kinder anschaffen sind Themen, mit denen sie sich (besonders in den alten Bundesländern!) noch nicht näher beschäftigen. Ihre Schwerpunktsetzung ist klar: Zunächst eine fundierte berufliche Ausbildung, dann Vorankommen im Beruf und später, in gesicherten finanziellen Verhältnissen, natürlich auch Familie, schöne Wohnung oder Häuschen mit Garten. *Bei weiblichen Jugendlichen sind die zukunftsbezogenen Vorstellungen häufig weniger klar ausgebildet.* Vor ein bis zwei Generationen war dies noch anders. Schon als Teenager hatten sich die meisten bereits eindeutig festgelegt: Einen Beruf erlernen wollten sie schon, ein bißchen finanzielle Unabhängigkeit haben von den Eltern, aber doch nur so lange, bis sie eine eigene Familie gründen würden. Spätestens wenn ein Kind unterwegs wäre, würden sie die Berufstätigkeit aufgeben und nur noch für Haushalt und Kindererziehung zuständig sein.

Eine solche Lebensplanung war bis in die 60er Jahre hinein bei weiblichen Jugendlichen verbreitet. Heute jedoch haben sich die Verhältnisse deutlich gewandelt: Für die meisten heranwachsenden Mädchen sind eine gute Berufsausbildung und eine qualifizierte, persönliche Befriedigung verschaffende Berufstätigkeit Selbstverständlichkeiten geworden und nicht mehr nur kleine Umwege, die auf dem Weg zum Ziel – Heirat und Gründung einer eigenen Familie – in Kauf genommen werden müssen.

Die Tatsache, daß in den letzten drei Jahrzehnten immer mehr weibliche Jugendliche immer qualifiziertere Schulabschlüsse erreichen – gegenwärtig *z. B. übertrifft der Anteil weiblicher Abiturienten (54 %) den männlichen Anteil (46 %) bereits deutlich* – und in immer qualifizierteren Berufen tätig werden, dokumentiert den stattgefundenen Geschlechtsrollenwandel. Heutzutage will die große Mehrheit der weiblichen Jugendlichen beides: Beruf *und* Familie! Häufig ist man jedoch nicht in der Lage, die eigenen zukunftsbezogenen Vorstellungen zu konkretisieren. Man will und kann sich noch nicht festlegen, weil es ja auch von den späteren Lebensumständen und privaten Verhältnissen abhängt, von den Erfahrungen, die man in der Ausbildung, im Beruf und mit dem Partner macht, ob man z. B. die berufliche Karriere unterbricht und eine „Kinderpause" einlegt oder ob man erst einmal kinderlos bleibt und am beruflichen Fortkommen arbeitet oder ob man dem Partner zuliebe beruflich zurücksteckt und sich stärker um familiale Belange kümmert. Viele Möglichkeiten sind denkbar und werden heutzutage auch realisiert. Wie im späteren Leben Beruf und Familie vereinbart werden sollen, ist eine Frage, mit der sich weibliche Jugendliche sehr wohl beschäftigen. Weil gegenwärtig vieles im Fluß ist, was das Verhältnis der Geschlechter zueinander betrifft, können sie sich oft nicht so eindeutig festlegen, wie die Mehrheit der männlichen Jugendlichen, die – im Einklang mit der traditionellen Rollenverteilung zwischen den Geschlechtern – für sich den Schwerpunkt auf die Berufslaufbahn und den beruflichen Erfolg setzt.

Diese sehr allgemein gehaltenen Ausführungen vermitteln lediglich einen Überblick; sie werden in den folgenden Abschnitten durch Einbezug von Forschungsergebnissen weiter ausdifferenziert.

3. Das andere Geschlecht: Wiederannäherungen

Wahrscheinlich auch aufgrund ihres biologischen Entwicklungsvorsprungs sind *Mädchen nach dem Abklingen der Pubertät altersmäßig früher als Jungen psychisch bereit und fähig, Kontakt zum anderen Geschlecht (wieder) aufzunehmen.* Die Schule, das Freizeitheim, die Disco oder andere Einrichtungen können dabei als „Kontaktbörsen" fungieren, wie einige Jugendsoziologen ermittelten (Tillmann 1988). Die ersten Kontaktaufnahmen sind i. allg. unsicher, tastend und vorsichtig, wenn auch durchaus gezielt und ernsthaft gemeint. Das erste Verliebtsein, die sprichwörtliche „Erste Liebe", ereignet sich demgegenüber oft blitzartig als ein Ereignis von elementarer Kraft, das die Betroffenen mit Haut und Haaren erfaßt.

Weibliche Jugendliche sind früher als ihre männlichen Altersgefährten psychisch in der Lage, diese romantische Liebe zu erleben und eine durch Sichaustauschen und zunehmende Nähe charakterisierte Beziehung zu einem Partner des anderen Geschlechts aufzubauen. Was körperliche Nähe und Sexualität betrifft, so scheinen sie sich aber vergleichsweise mehr Zeit zu lassen als viele männliche Jugendliche. Dies wird, wie erwähnt, vor allem in Verbindung gebracht mit dem *Einfluß der traditionellen Geschlechtsrollenerziehung,* die ihnen Passivität und Zurückhaltung dem anderen Geschlecht gegenüber nahelegt und jungen Burschen demgegenüber empfiehlt, sich umzuschauen, „Frauen anzumachen" und sexuelle Erfahrungen zu sammeln.

Auf diesem Hintergrund wird auch verständlich, warum es weiblichen Jugendlichen oft stärker als männlichen Jugendlichen derselben Altersstufe darum geht, eine intensive, ernsthafte und längerdauernde Partnerschaft aufzubauen. Viele Jungen sind in diesem Alter schneller bereit, sich wieder zu trennen und legen häufig größeren Wert darauf, eine äußerlich attraktive Partnerin an ihrer Seite zu haben, als sich um tieferen seelischen Austausch zu bemühen.

4. Extreme Entwicklungsverläufe und Gefährdungen

Obwohl nach Abklingen der teilweise biologisch fundierten Stürme der Pubertät sich in der Regel die Wogen wieder glätten und ruhigere Gewässer erreicht werden, so handelt es sich bei der Adoleszenz um einen Entwicklungsabschnitt, der gar nicht so selten durch extreme Verläufe und unvorhersehbare Ereignisse gekennzeichnet ist, welche – aus pädagogischer Sicht betrachtet – Gefährdungen und Risiken mit sich bringen können (Tabelle 7).

5. Alkohol- und Drogenmißbrauch

Männliche Jugendliche sind etwa fünfmal so häufig wie weibliche Jugendliche vom „Problemtrinken" (exzessiver Alkoholkonsum aufgrund einer als problemhaft und bedrückend empfundenen Lebenssituation) betroffen. Sicherlich läßt sich dieser Sachverhalt – zumindest teilweise – verständlich machen als Resultat der traditionellen Geschlechtsrollenerziehung, innerhalb derer Rauchen und Trinken (und Raufen und Abenteuer erleben) Statussymbole für „wahre" Männlichkeit sind.

Am geringsten ausgeprägt sind die Geschlechtsunterschiede beim Konsum von sogenannten „weichen Drogen", wie Haschisch und Marihuana. Was die sogenannten Mode- oder Designerdrogen (Amphetamine, Ecstacy, Kokain) und die harten Drogen (Heroin, LSD, Morphium, Opium) betrifft, so kann von einer tendenziell größeren Suchtgefährdung des männlichen Geschlechts ausgegangen werden, die auf dem Hintergrund des männlichen Geschlechtsrollenklischees – Männer erkunden ihre Umwelt aktiv und zupackend, probieren aus, sind

Tabelle 7: Gefährdungen für männliche und weibliche Jugendliche

Anomalie/Störung	Gefährdung für männl. Jugendliche größer?	Gefährdung für weibl. Jugendliche größer?
Alkohol- und Drogenmißbrauch	ja	nein
Delinquenz	ja	nein
Depression	nein	ja
Eßstörungen	nein	ja
Gefährdung durch Trennung/Scheidung der Eltern	nicht eindeutig anzugeben	nicht eindeutig anzugeben
politischer Extremismus	ja	nein
Gewaltfördernde Übergriffe	ja	nein
Schulversagen, Schulverweigerung	ja	nein
Opfer sexueller Gewalt	nein	ja
Suizidversuche, Selbstmord	ja	nein
Alltagsstreß	nach außen gerichtete Bewältigungsbemühungen	nach innen gerichtete Bewältigungsbemühungen
psychosomatische Beschwerden	nein	ja
Krankheiten	nein	ja

aufgeschlossen neuen Erfahrungen gegenüber, helfen sich selbst in der Not, werden allein mit Problemen fertig, bitten nicht um Hilfe und teilen sich nicht mit, verschließen sich eher und verdrängen ihre Schwierigkeiten – plausibel werden. Dokumentiert sind beträchtliche regionale Differenzen (mehr männliche Süchtige in Großstädten) sowie schichtspezifische und ethnische Unterschiede (größere Gefährdung von männlichen Jugendlichen aus Einwandererfamilien).

6. Depression und andere Störungen der seelischen Gesundheit

Depressionen und depressive Verstimmungen kommen – die Zahlenangaben schwanken – bei *weiblichen Adoleszenten deutlich häufiger vor als bei männlichen Adoleszenten.* Eine von Esser und Schmidt (1990) durchgeführte repräsentative Längsschnittuntersuchung belegte, daß bei Jungen zwischen dem 8. und 18. Lebensjahr emotionale Störungen abnehmen, bei Mädchen jedoch signifikant zunehmen. Zu den emotionalen Störungen zählen auch Phobien und Ängste, bei deren Entstehung geschlechtstypische Sozialisationseinflüsse („Ein richtiger Mann kennt keine Angst") nicht auszuschließen sind.

7. Eßstörungen

In den Industrieländern sind in den letzten Jahrzehnten *Bulimie und Magersucht* immer häufiger zu registrieren. *Weit über 90 % der von diesen beiden Formen von Eßstörung Betroffenen sind weiblichen Geschlechts!* An Magersucht erkranken im Durchschnitt knapp 0,5 %, an Bulimie ungefähr 1 % der weiblichen Jugendlichen. In der Regel setzt die Magersucht zwischen dem 12. und 18. Lebensjahr ein, frühestens mit 9 Jahren; die Bulimie beginnt i. allg. einige Jahre später, am häufigsten mit 17 – 18 Jahren.

Für die klinische Psychologie ist die Magersucht ein – neurotischer und zum Scheitern verurteilter – Versuch, zwei zentrale Entwicklungsaufgaben der frühen und mittleren Adoleszenz, die Ablösung vom Elternhaus und die Integration des sexuell gereiften Körpers in das Selbstkonzept, zu bewältigen. Hungernde, magersüchtige Mädchen grenzen sich von ihren Eltern ab, von denen sie zum Essen gedrängt werden, und behaupten sich gegenüber ihrem Körper, den sie in seinen vorpubertären Grenzen halten und dessen sexuelle Impulse sie unterbinden.

An Bulimie Erkrankte identifizieren sich durchaus mit ihrer Weiblichkeit, fühlen sich aber unzulänglich und minderwertig, sobald ihre Figur dem weiblichen Schlankheitsideal nicht mehr entspricht. Auf Phasen von Enthaltsamkeit und Gewichtskontrolle folgen Heißhungeranfälle, in denen große Mengen Nahrungsmittel aufgenommen werden, Erbrechen provoziert wird und Abmagerungskuren eingeleitet werden. Vermutet wird, daß Bulimie-Patientinnen häufig an Trennungskonflikten leiden: Im Fasten und Sichzurückhalten beweisen sie Autonomie, im Eßanfall befriedigen sie ihre Wünsche nach Nähe und Versorgung.

Daß männliche Jugendliche nur höchst selten an Eßstörungen erkranken, bringen Entwicklungspsychologen (z. B. T. Habermas, 1995) in Verbindung mit der Tatsache, daß der Druck, der für pubertierende Mädchen dadurch entsteht, daß sie sich am weiblichen Schlankheitsideal der Gesellschaft orientieren müssen, für Jungen nicht existiert. Für Mädchen besitzt die Pubertät insgesamt eine negativere Qualität, insbesondere wenn sie schon vorher sexuellen Übergriffen ausgesetzt waren: Sie müssen zwischen dem 12. und 16. Lebensjahr erleben, daß die Fettpölsterchen wachsen und ihr Körper schwerer, runder und weiblicher wird. Ihr – gesellschaftlich vermitteltes (und oft auch in der Familie noch bekräftigtes) – Körperideal und ihre Körper-Selbsteinschätzung klaffen oft weit auseinander. Innerhalb der traditionellen Männerrolle besitzt die körperliche Attraktivität nicht den herausragenden Stellenwert, so daß es auch übergewichtige oder untergewichtige männliche Jugendliche leichter haben, ihr Körperselbstbild in ihr Selbstkonzept zu integrieren. Für weibliche Adoleszenten hat das Körperselbstwertgefühl einen größeren Einfluß auf das gesamte Selbstwertgefühl: Empfinden sie sich als zu dick, sinkt ihr Selbstbewußtsein in den Keller, es geht ihnen schlecht, sie verkriechen sich, können sich nicht im Spiegel anschauen und haben Minderwertigkeitsgefühle.

8. Aggression, Delinquenz, Gewalt

Erklärungsversuche

Einige Wissenschaftler führen die größere Aggressivität männlicher Heranwachsender auf *biologische Geschlechtsunterschiede* zurück: Teilweise wird das männliche „Y"-Geschlechtschromosom für die Aggression verantwortlich gemacht (denn Personen mit fehlgebildetem Chromosomensatz XYY oder XYYY – sogenanntem Klinefelter Syndrom – zeigen in der klinischen Statistik häufiger asoziales und kriminelles Verhalten). Teilweise wird auf die männlichen Geschlechtshormone verwiesen und die zehnmal höhere Testosteron-Konzentration beim Mann herangezogen, um seine größere Bereitschaft zu gewalttätigem Verhalten zu erklären. Teilweise wird auch mit der Evolution argumentiert: Die männlichen Urahnen des Homo sapiens haben über Jahrhunderttausende hinweg außerhalb der schützenden Höhlen den Kampf ums Überleben führen müssen. Das Erkunden unwegsamen Geländes, das Erproben neuer Waffen, das Töten wilder Tiere (um ihnen nicht selber zum Opfer zu fallen) und das Überstehen vieler Gefahren gehörte zu ihrem Alltag. Die Ausbildung einer bestimmten Verhaltensbereitschaft, die von manchen Anthropologen als „Aggreßverhalten" bezeichnet wird, war deshalb zweckmäßig. Unter „Aggreßverhalten" werden – anknüpfend an die lateinische Bedeutung des Wortes „aggredere" = herangehen, sich annähern – alle Arten von Annäherungsverhalten zusammengefaßt, um die Umwelt zu erkunden. Aggreßverhalten kann natürlich in aggressives Verhalten einmünden bzw. übergehen, nämlich dann, wenn die Auseinandersetzung mit den Umweltgegebenheiten nicht friedlich verläuft, sondern sich diese als widerspenstig, ablehnend oder sogar feindselig erweisen. Angenommen wird, daß unsere männlichen Vorfahren im Laufe der Evolution Reaktionsmuster ausgebildet haben, der Umwelt mit Aggression zu begegnen, wenn sie ihnen bedrohlich oder bösartig erschien. Diese Reaktionsbereitschaft soll auch genetisch verankert worden sein und deshalb bis heute weitervererbt werden.

Allein die männlichen Anlagen verantwortlich zu machen, um die größere Aggressivität der Männer zu erklären, hält die Mehrheit der Wissenschaftler für verfehlt. Verwiesen wird auf die *starken Einflüsse der Umwelt:* Von Mädchen und weiblichen Jugendlichen wird ein bestimmtes, ihrer Geschlechtsrolle angemessenes Verhalten erwartet; sie lernen, ihre Aggressionen zu unterdrücken bzw. so zu steuern, daß keine Mißbilligung oder Sanktionen zu erwarten sind. Dementsprechend ist ihr Aggressionsverhalten weniger impulsiv, oft nicht eindeutig erkennbar, oder es staut sich auf, richtet sich nach innen gegen die eigene Person und es kommt zu „typisch weiblichen" Depressionen (Kasten 1996, 224 – 225).

Man muß also davon ausgehen, daß *Aggressivität nicht nur auf einen biologischen Mechanismus zurückzuführen ist, sondern immer in Wechselwirkung mit Umwelteinflüssen entsteht.* Die psychologische und soziologische Forschung hat eine Reihe von Umweltfaktoren ausfindig gemacht, die im Jugendalter besonderes Gewicht bei der Ausbildung aggressiven Verhaltens besitzen. So wird z. B. die Perspektiven- und Hoffnungslosigkeit der Jugendlichen hervorgehoben, die in den neuen Bundesländern von Arbeitslosigkeit betroffen sind, um die in den letzten Jahren vermehrt zu beobachtenden aggressiven Übergriffe verständlich zu machen. Auch die politisch extremen, rechtsradikalen Auswüchse, die zu regelrechten Pogromen gegen Ausländer führten, werden hier eingeordnet.

Entwicklungspsychologische Erläuterungen

Terroristen, Radikale, Anarchisten waren in historischen Zeiten fast immer jüngere Männer. Sieht man davon ab, daß in „fortschrittlichen" linksextremistischen Gruppierungen der Frauenanteil gewachsen ist, so hat sich bis heute daran wenig geändert. Die Gründe dafür sind natürlich vielschichtig, können aber zumindest teilweise auf dem Hintergrund der geschlechtsspezifischen Rollenerziehung verständlich gemacht werden: Jungen erfahren Anerkennung, wenn sie sich – nötigenfalls auch „mit dem Kopf durch die Wand" – durchsetzen; Einfühlung und Mitleid, Nachgiebigkeit und Kompromißbereitschaft gehören nicht zu den wünschenswerten männlichen Eigenschaften. Jungen werden nicht bestärkt, sich in zwischenmenschlicher Hinsicht sensibel und einfühlsam zu verhalten, wohl aber Mädchen, bei denen man es auch schätzt, wenn sie Nachgiebigkeit, Anpassungsvermögen und Zartgefühl zeigen. Jungen sollen lernen, sich voll auf die Sache zu konzentrieren, Wesentliches von Unwesentlichem zu unterscheiden und Kennerschaft in ihren Fachgebieten entwickeln. Abstraktes, von den Belanglosigkeiten des konkreten Einzelfalls befreites Denken und gesellschaftliche Ideale wie Freiheit und Gerechtigkeit stehen bei ihnen hoch im Kurs. Gerade während der Adoleszenzjahre sind sie besonders empfänglich für ideell überhöhte Gesellschaftsutopien und mobilisieren oft

alle ihre Energien, wenn es darum geht, diese Ideale praktisch zu verwirklichen. Dafür können sie sich begeistern und entwickeln sich im
Kreise Gleichgesinnter und Gleichaltriger oft zu Fanatikern, die –
getragen vom Wir-Gefühl – auch vor gewaltförmigen Übergriffen
nicht zurückschrecken.

Bei weiblichen Jugendlichen würde – durch die für Mädchen
typische Geschlechtsrollenerziehung bedingt – spätestens dann, wenn
Gewalt ihr Ziel findet und Opfer Schaden nehmen, Mitgefühl mit den
Geschädigten ausgelöst werden, welches die Beteiligung an weiteren Gewalttaten unmöglich macht.

Diese stark vereinfachenden entwicklungspsychologischen und
sozialisationstheoretischen Erläuterungen werden weitgehend be-
stätigt und konkretisiert, wenn man sich einige Ergebnisse neuerer
Untersuchungen vor Augen führt:

Untersuchungsergebnisse

*In der bereits erwähnten Repräsentativerhebung von Büchner et al.
(vgl. Brake, 1996, 92f.) wurden bereits bei 10–15jährigen Jungen
Ausländerfeindlichkeit und Gewaltbereitschaft nachgewiesen.*

Den Heranwachsenden im Alter von 10–15 Jahren wurden Aussagen zur Beurteilung vorgelegt, wie „Wenn ich an die Zukunft denke, beunruhigt mich, daß
immer mehr Ausländer nach Deutschland kommen", „Ich bin der Meinung, daß
es zu viele Ausländer in Deutschland gibt", „Ich habe Verständnis dafür, wenn
Jugendliche gegen Ausländer vorgehen", „Gewalt gegen Ausländer lehne ich
prinzipiell ab", „Gegen Ausländerfeindlichkeit muß man sich aktiv wehren",
„Mit Gewalt kann man keine Probleme lösen", „Manchmal muß man sich mit
Gewalt wehren", „Manchmal muß man sich mit anderen prügeln, um sich durchzusetzen", „Es ist wichtig, zu den Stärksten zu gehören", „Es kommt öfter vor,
daß ich mich mit anderen prügele". Sie konnten mit „trifft zu", „trifft eher zu",
„trifft eher nicht zu" oder „trifft nicht zu" antworten.

Aus der Antwortenverteilung ließen sich faktorenanalytisch drei gut interpretierbare Faktoren herausziehen, die von Brake (1996, 93–94) *(1) „Gewalt-
billigung/Gewaltbefürwortung", (2) „Ausländerfeindlichkeit" und (3) „gewaltablehnende Ausländerfreundlichkeit"* genannt wurden.

Die prozentualen Zuordnungen von (vor allem männlichen) Jugendlichen
zu von diesen Faktoren abgedeckten Inhalten stimmen nachdenklich: Fast die
Hälfte der Befragten stimmen der Aussage (eher) zu, daß man sich manchmal

mit Gewalt wehren müsse, nur knapp 60 % der Befragten sind der Ansicht, daß man mit Gewalt keine Probleme lösen könne. Knapp 35 % stimmen der Aussage, daß man sich manchmal mit anderen prügeln müsse, um sich durchzusetzen, voll und ganz bzw. eher zu. Körperliche Gewaltanwendung scheint dementsprechend für einen großen Teil der befragten Kinder und Jugendlichen – zumindest auf der Einstellungsebene (auf der Verhaltensebene bestätigen lediglich 10 %, daß sie sich öfter mit anderen prügeln) – ein legitimes Mittel zur Durchsetzung eigener Interessen oder (doch wenigstens) zur Verteidigung zu sein!

Ost-West-, Stadt-Land- und Altersunterschiede waren nicht zu belegen, wohl aber ein Zusammenhang zwischen Gewaltbefürwortung und Sozialstatus der Familie: Mit zunehmendem Sozialstatus war ein Abnehmen der Bereitschaft, körperliche Gewalt einzusetzen, festzustellen (nur 33 % der Heranwachsenden aus Familien mit hohem Sozialstatus gehörten zu den „Gewaltbefürwortern" gegenüber 64 % aus Familien mit niedrigem Sozialstatus). Des weiteren waren *deutliche Geschlechtsunterschiede* nachzuweisen: *Jungen erzielten deutlich höhere Werte auf den Faktoren 1 und 2 („Gewaltbilligung/Gewaltbefürwortung" und „Ausländerfeindlichkeit"), Mädchen deutlich höhere Werte auf dem Faktor 3 („gewaltablehnende Ausländerfreundlichkeit").* Ein Blick auf die Antwortenverteilung bei einzelnen Fragen illustriert diese Zusammenhänge: Auf Zustimmung bei 70 % der befragten Mädchen stößt die Aussage, daß mit Gewalt keine Problemlösungen möglich sind, der nur 40 % der Jungen zustimmen. Über 60 % der Jungen bejahen, daß man sich manchmal mit Gewalt wehren müsse, bei den Mädchen sind es lediglich 15 %. Ohne Einschränkung auf Zustimmung stößt die Aussage, daß es zu viele Ausländer in Deutschland gibt, bei 40 % der ostdeutschen (älteren) Jungen aus Familien mit niedrigem Sozialstatus. Zwar haben nur 6 % aller Befragten (meist aus ländlichen Regionen und aus Familien mit niedrigem Sozialstatus) Verständnis für Gewaltausschreitungen gegenüber Ausländern, doch untermauern die Ergebnisse insgesamt eindrücklich die vergleichsweise *hohe allgemeine Gewaltbereitschaft unter heutigen männlichen Jugendlichen.* Vorbeugende und intervenierende pädagogische Maßnahmen vor allem in den Schulen, aber auch in der außerschulischen Jugendarbeit, sind hier dringend angezeigt (Brake 1996, 97).

Delinquentes und kriminelles Verhalten

Männliche Jugendliche begehen auch häufiger als weibliche Delikte, die juristisch geahndet werden. Der Mädchenanteil liegt bei ungefähr 20 % (möglicherweise aber noch etwas höher, wenn man einbezieht, daß viele Delikte unerkannt bleiben oder – bei Mädchen häufiger – nicht abgeurteilt werden).

Aggressives Verhalten in der Kindheit scheint delinquentem Verhalten in der Jugend oft vorauszugehen. Nachgewiesen wurde z. B., daß Jungen, die mit aggressiven Verhaltensstörungen im Alter von 10 Jahren auffallen, im Alter von 18 Jahren vermehrt delinquentes Verhalten zeigen. Bei Mädchen ergab sich ein deutlicher Alterszusammenhang erst dann, wenn sie sich auch im Alter von 13 Jahren noch übermäßig aggressiv verhielten.

Einige Entwicklungspsychologen, darunter Petermann (1995), machen auf eine *beträchtliche Kontinuität zwischen auffälligen Verhaltensweisen im frühesten Kindesalter und Aggression im Jugendalter* aufmerksam. Sie halten es für wahrscheinlich, daß sich die Entwicklung delinquenten Verhaltens stufenweise vollzieht. Ein Junge mit vorgeburtlicher und perinataler Gefährdung, der von seinen Eltern von Anfang an als „schwieriges Kind" erlebt wird und schon im 2. und 3. Lebensjahr ein motorisch auffälliges Verhalten („Hyperaktivität", d. h. Unruhe, Zappeligkeit, unkontrollierte Bewegungen) zeigt, bildet nicht selten auf späteren Entwicklungsstufen – übermäßiges Trotzverhalten als Vierjähriger, Gewaltanwendung und Sichprügeln in Kindergarten und Schule, Leistungsdefizite in der Schule aufgrund unzulänglicher sozialer Fertigkeiten, Probleme mit Gleichaltrigen und zunehmende Isolation – weiteres Problemverhalten aus, das schließlich in Delinquenz einmündet.

Eine solche Entwicklung bei gefährdeten Jungen ist jedoch nicht zwangsläufig vorprogrammiert: Durch Früherkennung und frühzeitig gegensteuernde Maßnahmen läßt sich der Prozeß stoppen.

Natürlich ist auch ein „Quereinstieg" in die Delinquenz und in kriminelles Verhalten zu einem späteren Zeitpunkt möglich. Hier ist vor allem auf die *Bedeutung der Gleichaltrigengruppe* zu verweisen, die sich einem (oft etwas älteren) Rädelsführer anschließt. So kann z. B. ein 13jähriger in die sprichwörtlich „schlechte Gesellschaft" geraten und – sozusagen zum Einstieg – in einer Clique mitmachen, die sich zunächst mit dem Aufbrechen von Zigarettenautomaten begnügt. Kommen weitere ungünstige Einflüsse dazu, wie schulischer Mißerfolg oder die vergebliche Suche nach einem Ausbildungsplatz, so ist zuweilen ein Abrutschen auf die schiefe Bahn kaum noch aufzuhalten.

Sexuelle Gewalt

Schon in der Kindheit werden *Mädchen deutlich häufiger als Jungen Opfer sexuellen Mißbrauchs, der sich meist in ihren Familien abspielt.* Jedoch schwanken die in der Fachliteratur in der Vergangenheit angegebenen Zahlenverhältnisse beträchtlich, was nicht weiter verwundert, wenn man sich die unterschiedlich hohen Dunkelziffer- (= Delikte, die unentdeckt bleiben bzw. nicht zur Anzeige kommen) Schätzungen vor Augen führt. Heute wird zumeist von einem Zahlenverhältnis von ungefähr 4:1 (80 % Mädchen und 20 % Jungen) ausgegangen. Eine Befragung von 343 Studenten und 518 Studentinnen der Universität Dortmund ergab, daß 25 % der jungen Frauen und 8 % der jungen Männer sexuelle Übergriffe in ihrer Kindheit oder Jugend erfahren hatten. *Die Täter stammen zumeist aus dem sozialen Nahraum* (Familie, Verwandte, Freunde oder Bekannte) und sind in über 90 % der Fälle männlich. Weibliche Täter sind selten, häufiger befinden sie sich in der Rolle der Komplizin oder Mitwisserin (z. B. Mütter, die den Mißbrauch ihrer Tochter durch den Vater oder Stiefvater geschehen lassen, um ihre Ehe zu erhalten).

Mit zunehmendem Alter werden Jungen immer seltener Opfer sexueller Übergriffe, aber immer häufiger Täter, für Mädchen gilt das nicht. Zwischen 4 % und 20 % der männlichen Jugendlichen/jungen erwachsenen Männer geben an, daß sie selbst schon einmal Gewalt angewendet haben bzw. mit Gewaltanwendung gedroht haben, um ihr sexuelles Ziel zu erreichen.

Die traumatischen, „seelenmordenden" Folgen sexueller Übergriffe und von Vergewaltigungen sind vielfach dokumentiert worden. Trotzdem finden sich z. B. in Strafverfahren noch häufig – meist männliche – Stimmen, die den Opfern beständig eine Mitschuld zuweisen („sie hat es doch provoziert mit ihrem Verhalten"), die mit einer gleichzeitigen Entlastung der Täter verbunden ist.

Männliche Jugendliche und Männer als Opfer sexueller Übergriffe sind noch nicht oft zum Gegenstand wissenschaftlicher Untersuchungen gemacht worden, was natürlich auch damit zusammenhängt, daß solche Übergriffe, sieht man vom Stricher-Milieu und der männlichen Prostitution ab – statistisch betrachtet – viel seltener vorkommen.

Daß die traditionelle Geschlechtsrollenerziehung gewaltförmigen Übergriffen aller Art des männlichen Geschlechts auf das weibliche Geschlecht Vorschub leistet, wird nicht nur von feministisch orientierten Autoren/innen betont, sondern mittlerweile von den meisten Fachleuten anerkannt.

9. Suizidversuche und Selbstmord

In der gegenwärtigen Forschung werden *Suizid und Suizidversuch in erster Linie untersucht als mißlungene Versuche der Konflikt- und Belastungsbewältigung.* Man geht davon aus, daß suizidgefährdete Personen nicht mehr in der Lage sind, aus eigener Kraft mit den auf ihnen lastenden Problemen und Schwierigkeiten fertig zu werden. Sie ziehen sich mehr und mehr zurück und können auch keine Hilfe von außen mehr annehmen. Ihre eigenen Versuche der Problembewältigung erleben sie als wirkungs- und sinnlos, und sie versinken häufig in Depression. Der Freitod erscheint ihnen schließlich als einziger Ausweg, um ihren (seelischen und – im Falle lebensbedrohender Erkrankung – körperlichen) Qualen ein Ende zu bereiten.

Erklärungsansätze

Die Wissenschaft erklärt das suizidale Geschehen multifaktoriell, d. h. durch Rückgriff auf eine ganze Reihe von Einflußfaktoren, deren Zusammenwirken den Freitod verständlich macht. Soziologen richten ihr Augenmerk auf das Nicht-mehr-Eingebundensein und Sich-nicht-mehr-Wohlfühlen in der Familie oder Freundesgruppe; streßtheoretische Ansätze betonen die Wichtigkeit der persönlichen Bewertung der Belastung. Im Mittelpunkt psychoanalytischer Theorien stehen die Konzepte Frustration, Aggression und Depression. Lerntheoretisch orientierten Forschern geht es um Nachahmung und Lernen am Erfolg (eines mißlungenen Suizidversuchs) und für psychodynamische Ansätze ist die Ambivalenz (= Zwiespältigkeit: Man will eigentlich gar nicht sterben, aber so auch nicht mehr weiter leben!) und der Appellcharakter von Suizidhandlungen besonders wichtig.

Besondere Gefährdung während der Adoleszenz

Im Vergleich mit den vorangehenden und nachfolgenden Entwicklungsabschnitten ist besonders die Phase der Adoleszenz eine Altersstufe, auf der ein deutlicher Anstieg der Suizidrate zu verzeichnen ist. *Im Vergleich mit der Altersstufe der 10 – 15jährigen steigt die Selbstmordquote auf der Altersstufe der 15 – 20jährigen auf das 8 – 10fache!* Auf dieser Altersstufe begehen junge Männer ungefähr dreimal so häufig Selbstmord wie junge Frauen; auch auf allen späteren Altersstufen, besonders ausgeprägt auf der Stufe der über 80jährigen, sind Männer häufiger Selbstmörder als Frauen. Nur im Hinblick auf die Zahl der – nicht gelungenen – Suizidversuche übertreffen weibliche Jugendliche ihre männlichen Altersgefährten. Hier wird davon ausgegangen, daß diese gescheiterten Versuche Notsignale mit Appellcharakter („Bitte helft mir!") darstellen, mit denen sich die überbelasteten, verzweifelten Mädchen und jungen Frauen an ihre Angehörigen und Bezugspersonen wenden.

Warum sind männliche Jugendliche stärker gefährdet?

Der Sachverhalt, daß junge Männer häufiger Selbstmord begehen als junge Frauen, wird plausibel, wenn wir ihn in Verbindung bringen mit zentralen Merkmalen der männlichen Geschlechtsrolle: Viele männliche Jugendliche wachsen auch heute noch auf mit der Erziehungsmaxime „Ein richtiger Junge kennt keinen Schmerz und kann sich schon selbst helfen". Gefühle zu zeigen ist verpönt, besonders wenn es sich um Gefühle handelt, in denen sich die eigene Schwäche, Unzulänglichkeit und Hilflosigkeit ausdrückt. Es wird die Maxime vermittelt „Zähne zusammenbeißen, herunterschlucken, gelassen und souverän bleiben und hart gegen sich selbst sein!" Wenn sich dann im Alltag die Schwierigkeiten, kritischen Lebensereignisse und streßauslösenden Einflüsse häufen und die Verarbeitungs- und Bewältigungsbemühungen an ihre Grenzen stoßen, entsteht oft eine ausweglose Situation, der man sich nur noch durch Selbstmord entziehen zu können glaubt.

Der Geschlechtsrollenwandel der letzten Jahrzehnte brachte zwar eine gewisse Angleichung der männlichen und weiblichen Geschlechtsrolle mit sich, führte aber auch dazu, daß es heranwachsenden Jungen hin und wieder sehr schwer fällt, ihre männliche Geschlechtsidentität im Einklang mit den vielschichtigen und teilweise widersprüchlichen gesellschaftlichen Vorgaben aufzubauen. Im Kindesalter wird es noch toleriert, wenn sie einmal weinen und sich nicht wie „richtige Jungen" verhalten. In der Pubertät aber wird allzu weichem, mädchenhaftem Verhalten mit Unverständnis und Mißbilligung begegnet. Besorgte Väter befürchten gar, ihr Sprößling würde sich zum Homosexuellen entwickeln. Doch welche erwachsenen männlichen Vorbilder stehen den heranwachsenden Jungen in der Kindheit eigentlich zur Verfügung? Ihre Väter können diese Rolle – wenn überhaupt – wohl allenfalls in der (knapp bemessenen) Freizeit, am Wochenende oder in den Ferien ausfüllen. Und im Elternhaus gibt es neben den Müttern höchstens noch ein männliches Geschwister, im Kindergarten ist (fast) ausschließlich weibliches Personal beschäftigt, genauso ist es in der Grundschule. Die attraktiven männlichen Vorbilder werden den Jungen über die Medien, im Kino, in der Werbung, in den Comics und Computerspielen, in den Fernsehserien, präsentiert. Und bei diesen „Vorbildern" handelt es sich (fast ausschließlich) um Zerrbilder der Wirklichkeit: Coole Siegertypen, die immer obenauf sind, erfolgreich im Beruf, begehrt von Frauen, durchsetzungsfähig und dominant, die ihre Interessen zielstrebig verfolgen, für die Hilflosigkeit und Schwäche wesensfremde Eigenschaften sind. Selbst wenn die Heranwachsenden durchschauen, daß es sich hier um verzerrte, einseitige Karikaturen der Realität handelt, können sie sich ihrer Faszination kaum entziehen: In weitem Umfang bauen sie ihr männliches Selbstkonzept auf unter Verwendung von unrealistischen, einer Scheinwelt entnommenen Qualitäten von „Männlichkeit". In persönlichen Krisensituationen, die für die Adoleszenzjahre typisch sind, fehlen ihnen dann die angemessenen, nach „innen" oder nach „außen" gerichteten Bewältigungsstrategien, mit denen sie die drückenden Belastungen und Probleme abbauen könnten.

Wenn dann z. B. die Versuche, sich einem gleichaltrigen Freund gegenüber zu öffnen, scheitern, aus welchen Gründen auch immer (oft, weil sie nur die Clique, aber keinen richtigen Freund haben),

können die wachsende Verzweiflung und starken Verlassenheitsge-
fühle Kurzschlußhandlungen auslösen. Suizidgefährdete männliche
Jugendliche befinden sich in einer existentiellen Krise: Sie haben
Schwierigkeiten, sich selbst richtig zu verstehen, und fühlen sich dazu
von allen Menschen und der ganzen Welt unverstanden.

Zwar haben Jungen im Vergleich mit Mädchen, zumindest in diesem Lebensabschnitt, die klareren Orientierungsmöglichkeiten und
Vorgaben in unserer Leistungsgesellschaft: Erst der qualifizierte
Schulabschluß, dann die solide berufliche Ausbildung und dann die
erfolgreiche Berufslaufbahn! Das sind die Landmarken und Wegweiser für die traditionelle, nach wie vor gültige männliche Ge-
schlechtsrollensozialisation. Doch können sich diese Vorgaben auch
als Belastung und Joch erweisen, vor allem dann, wenn die Schulleistungen mangelhaft sind und die Bemühungen, einen Ausbildungsplatz zu finden, scheitern.

Vorbeugende Maßnahmen

Die meisten Suizidforscher gehen davon aus, daß Jugendliche heutzutage faktisch mehr Belastungen ausgesetzt sind als Heranwachsende
früherer Generationen. Sie beziehen sich dabei vor allem auf die im
Bereich der Schule gewachsenen Leistungsansprüche, auf die Ver-
schärfung des Wettbewerbs um Ausbildungs- und Studienplätze und
auf die (immer noch) steigende Zahl von kritischen Lebensereignissen im familialen Umfeld (Trennung und Scheidung der Eltern, Umzüge, Arbeitsplatzwechsel, Arbeitslosigkeit).

Plädiert wird für eine gezielte Suizidprävention (Bründel 1993):
Suizidgefährdeten Jugendlichen müssen frühzeitig Hilfen zur Verfügung gestellt werden. Um dies zu gewährleisten, müssen in den Schulen – nach kanadischem und US-amerikanischem Vorbild – Suizid-
präventionsprogramme eingeführt werden, durch die Lehrer sensi-
bilisiert werden für die Notsignale gefährdeter Schüler. Mit belasteten
Schülern muß beratend und therapeutisch gearbeitet werden. Betont
wird, wie wichtig es ist, gefährdete Jugendliche direkt auf ihre Sui-
zidvorstellungen hin anzusprechen. Die Furcht, dadurch könne die
Suizidhandlung ausgelöst werden, ist unbegründet (Bründel 1993,

240). Im Mittelpunkt einer Kriseninterventionsteht das Anliegen, mit dem belasteten Schüler einen Kontrakt abzuschließen, so lange keine Hand an sich zu legen, wie die Beratungsgespräche dauern. Gehofft und erwartet wird, daß im Verlaufe der Beratung eine Beziehung zum Therapeuten aufgebaut wird, auf deren Basis dem Suizidgefährdeten neue Hoffnung und tragfähigere Zukunftsperspektiven vermittelt werden können. Die in Nordamerika mit solchen Suizidpräventions-programmen gemachten Erfahrungen sind durchweg positiv.

VII: Alltagsstreß bei Jugendlichen

1. Besondere Belastungen beim Übergang von der Schule ins Berufsleben

Mit dem *Alltagsstreß von Jugendlichen, der beim Statuswechsel vom Schüler zum Berufstätigen entsteht,* befassen sich eine Reihe von psychologischen und soziologischen Untersuchungen. Erwähnenswert ist die Arbeit von Mansel und Hurrelmann (1994); sie richtet ihr Augenmerk besonders auf streßauslösende Faktoren, die durch Veränderungen in der schulischen und beruflichen Situation von Jugendlichen entstehen.

In den letzten Jahren hat sich durch die angespannte Arbeitsmarktsituation der auf die Jugendlichen ausgeübte Erwartungsdruck von Elternhaus und sozialer Umwelt, einen möglichst hochwertigen Schulabschluß zu erreichen, noch weiter erhöht. Schulische Leistungsschwäche und Rückschläge in der Schullaufbahn (Sitzenbleiben, Wechsel auf eine „minderwertige" Schule) wirken sich nachweisbar ungünstig auf den beruflichen Werdegang aus. Für die Jugendlichen ist hier eine strukturell, d. h. aufgrund der gegenwärtigen wirtschaftlichen und gesellschaftlichen Rahmenbedingungen, belastende Ausgangssituation entstanden, deren negative Auswirkungen noch nicht in vollem Umfang abzuschätzen sind.

Mansel und Hurrelmann (1994, 44−45) konnten durch ihre Untersuchung eindeutig belegen, daß *die psychosoziale Verfassung und Gesundheit von Jugendlichen entscheidend durch schulische Leistungen (bzw. deren subjektiv wahrgenommene Qualität) mitbestimmt werden.* Wenn die Schüler/innen befürchten, den angestrebten Schulabschluß nicht zu erreichen, ihre Versetzung als gefährdet erleben, schlechtere Schulnoten erhalten, als es die Eltern erwarten, oder im Konflikt mit den Eltern liegen, weil diesen die Schulleistungen nicht genügen, können psychosomatische Beschwerden auftreten, kann verstärkt zu Medikamenten, Alkohol, Tabak und auch illegalen Drogen gegriffen werden und ein insgesamt negativ getöntes Selbstwertgefühl die Folge sein.

Die beiden Autoren ordnen die Ergebnisse ihrer Untersuchungen in ein sozialisationstheoretisches Konzept ein, das der Ausbildung von Streß besonderes Gewicht beimißt. Sie knüpfen dabei an Pearlin (1987) an, der die gesamte psychische und soziale Lebenssituation von Individuen in sein Stressoren-Konzept integrierte.

2. Was ist mit „Stressoren" gemeint?

Als „Stressoren" werden Bedingungen definiert, die beim Einzelnen zu Verunsicherungen, Überforderungen oder Bedrohungen führen und so zu Auslösern von Streßsymptomen werden können: (1) Kritische Lebensereignisse, wie Todesfälle, Krankheiten, Trennungen und Scheidungen, Arbeitsplatzwechsel- oder Verlust, drohende Nichtversetzung, Umzüge etc.; (2) chronische Anspannungen, z. B. durch Rollenkonflikte im Beruf, Arbeitsüberlastung, Spannungen und Konflikte mit Bezugspersonen, enttäuschte Karriereerwartungen etc.; (3) schwierige Übergänge im Lebenslauf, z. B. ins Berufsleben, in einen neuen Beruf, in eine neue Partnerschaft, in den Ehestand und die Elternschaft, ins Rentenalter etc.

Streßsymptome manifestieren sich auf allen Ebenen der Persönlichkeit, organisch und psychosomatisch, z. B. auch immunologisch (= Minderung der Abwehrkräfte) und endokrinologisch (= Veränderungen im Hormonhaushalt), emotional und kognitiv und auch im Sozialverhalten der Person, wobei die genauen Wechselwirkungen zwischen den Ebenen noch weitgehend unerforscht sind.

Entscheidend für die individuelle Entstehung von Streß ist nicht eine „objektiv" streßhaltige Situation mit ihren Merkmalen, sondern die subjektive Wahrnehmung und Bewertung dieser Situation als bedrohlich und angstauslösend. Die Anpassung an die Streßsituation kann durch nach innen gerichtete Bewältigungsbemühungen (z. B. Veränderung der vorgenommenen Bewertungen) und/oder durch auf die äußere Realität bezogene Bewältigungsversuche (z. B. Wechsel der Schulklasse, Schule oder Lehrstelle) erreicht werden. Faktisch besitzen Jugendliche, um die es hier geht, jedoch nur selten Möglichkeiten zur Veränderung der Rahmenbedingungen, in denen sie eingebunden sind. Sie können sich sozusagen nicht selbst an den Haaren aus dem Streßsumpf ziehen.

Je weniger Möglichkeiten des streßreduzierenden Handelns – nach außen oder nach innen – die Jugendlichen für sich wahrnehmen, um so mehr kann sich die Situation (in ihrer Wahrnehmung) ungünstig zuspitzen. *Durch chronischen Streß wird ihr Selbstvertrauen und Selbstwertgefühl beständig untergraben* (Mansel und Hurrelmann 1994, 54–55).

Bei den nach innen gerichteten Formen der Belastungsbewältigung wird unterschieden zwischen primär körperlichen und primär seelischen Regulationen; letztere werden noch einmal aufgeteilt in emotionale Anspannungen und in Minderungen der Selbstwertschätzung. Im Bereich der emotionalen Anspannungsreaktionen wurden fünf Grundmuster identifiziert: (1) Ausbleibende Glücks- und Entlastungsgefühle, (2) unnormale/ungewöhnliche Gefühle, (3) ausbleibende Erfolgserlebnisse, (4) Belastungsgefühle und (5) aggressive Gefühle. Untersucht wurde, in welchem Ausmaß innere und äußere Bedingungen der Lebenssituation zu emotionaler Anspannung und Streß beitragen.

3. Welche Faktoren verstärken psychosomatische Beschwerden?

Der Bereich der psychosomatischen Beschwerden wurde erfaßt durch eine aus 20 Einzelbeschwerden zusammengesetzte Liste, die sich faktorenanalytisch in drei Unterbereiche ausdifferenzieren ließ: *Faktor 1:* Händezittern, starkes Herzklopfen, Schweißausbrüche, Nervosität/Unruhe, Schlaflosigkeit/Schlafstörungen, Konzentrationsschwierigkeiten, Alpträume, Atembeschwerden. *Faktor 2:* Beunruhigung wegen Gewichtsverlust, Appetitlosigkeit, Magenbeschwerden, Übelkeit, Kopfschmerzen, Schwindelgefühle. *Faktor 3:* Schluckauf, „Einschlafen" von Fingerspitzen und Füßen, „Kloß" im Hals, Durchfall/Verstopfung, Schmerzen in Körperteilen, Fieber.

Nachgewiesen wurden zum einen *signifikante Geschlechtsunterschiede* – in 18 Einzelbeschwerden übertrafen die weiblichen Jugendlichen die männlichen (vgl. dazu auch die Ausführungen im Absatz II. 12. „Körperliche Beschwerden") – und *tendenzielle Altersunterschiede:*

Ältere Jugendliche (Sekundarstufe 2) waren etwas höher belastet als die Angehörigen der jüngeren Alterskohorte (Sekundarstufe 1). Zum anderen erbrachte die Datenanalyse (Mansel und Hurrelmann 1994, 197), daß *die Belastungen durch den schulischen/beruflichen Alltag den größten Einfluß auf das Ausmaß der psychosomatischen Beschwerden ausüben.* Als weitere ungünstige Bedingungen folgen die Konfliktdichte im Elternhaus, Beziehungsprobleme mit den Eltern, die elterlichen Sorgen, familiale Schicksalschläge, die Unzufriedenheit mit der aktuell ausgeübten Tätigkeit, die materielle Mangellage und (nicht zu verwirklichende) Auszugswünsche.

4. Welche Bedingungen verstärken die Erkrankungshäufigkeit?

Gesondert erfaßt wurde der Bereich „Krankheitssymptome" (die Jugendlichen wurden aufgefordert, anhand einer Liste mit elf Gesundheitsbeeinträchtigungen anzugeben, ob sie in den letzten zwölf Monaten von der einen oder anderen Krankheit betroffen waren). In die Liste aufgenommen wurden Krankheitsbilder, von denen vorab in Erfahrung gebracht worden war, daß sie im Jugendalter verbreitet vorkommen: (1) Körperliche Funktionsstörungen (Magen- und Zwölffingerdarmgeschwür, Magenschleimhautentzündung, Verdauungsbeschwerden, starkes Untergewicht, Herzschmerzen, starkes Übergewicht, Kreislauf-/Durchblutungsstörungen, starke Sehschwäche/Sehstörungen); (2) Infektiöse und allergische Erkrankungen (Heuschnupfen, andere Allergien, Asthma).

Nachgewiesen wurden zum einen wieder Geschlechts- und Altersunterschiede: 81,3% der weiblichen und 64,8% der männlichen Jugendlichen waren im vergangenen Jahr an (wenigstens) einer der aufgelisteten Krankheiten erkrankt. Die Mädchen waren häufiger betroffen, statistisch signifikant von Magenschleimhautentzündungen, Verdauungsbeschwerden, Kreislauf- und Durchblutungsstörungen und Allergien; nur an Heuschnupfen und Asthma erkrankten die männlichen Jugendlichen häufiger. Die ältere Kohorte, d. h. die Jugendlichen, die sich in der Phase des Übergangs von der Schule ins Berufsleben befanden, war deutlich häufiger krank als die jüngere Kohorte (Jugendliche am Ende der 8. Schulklasse).

Zum anderen erbrachte die Auswertung, daß sich die Belastungen durch schulische bzw. berufliche Anforderungen, die Unzufriedenheit mit der aktuellen Tätigkeit, die Restriktivität der elterlichen Erziehung und familiale Schicksalsschläge auf die Erkrankungshäufigkeit (wenn auch nur geringfügig) auswirken.

5. Welche Bedingungen führen zu vermehrtem Medikamentenkonsum?

Im Bereich der nach außen gerichteten Belastungsbewältigungsversuche wurde u. a. der Medikamentenkonsum untersucht (Mansel und Hurrelmann 1994, 209), ausgehend von der einleuchtenden Überlegung, daß der Übergang vom Medikamentengebrauch zum -mißbrauch fließend sein kann und daß Medikamente sicherlich auch eingenommen werden, um „topfit" zu sein, d. h., den Organismus leistungsfähig zu halten bzw. anzupassen an schulische bzw. berufliche Anforderungen und Belastungen. Eine solche Verwendung von Medikamenten, um also körperliche (und damit einhergehend psychische) Befindlichkeiten zu optimieren bzw. vorbeugend zu regulieren, wird als „nach außen gerichteter Bewältigungsversuch" (mit Streß fertig zu werden) aufgefaßt.

Den in die Untersuchung einbezogenen Jugendlichen wurde eine Liste von 13 Medikamentengruppen vorgelegt mit der Bitte, die jeweilige Häufigkeit des Gebrauchs im letzten Jahr anzukreuzen. Aufgeführt waren Abführmittel, Schlankheitsmittel/Appetitzügler, Anregungsmittel, blutdrucksenkende Mittel, Beruhigungs-/ Schlafmittel, Herz- und Kreislaufmittel, Erkältungsmittel, Kopfschmerzmittel, andere Schmerzmittel, Mittel für Lungen und Bronchien, Mittel gegen Magenbeschwerden, Medikamente zur Beruhigung, Aufmunterung oder Konzentration, Mittel gegen Allergien.

Nachgewiesen wurde, daß *fast ein Viertel der befragten Jugendlichen – nach eigenen Angaben – mehrere Male in der Woche Medikamente einnimmt.* 12,2 % konsumieren regelmäßig Medikamente zur Aufmunterung, Beruhigung oder Konzentrationsverbesserung, 8,6 % Medikamente gegen Allergien und 7,4 % Abführmittel.

Zu belegen waren daneben auch Geschlechts- und Altersunterschiede: 30,9 % der weiblichen Jugendlichen, aber nur 20,5 % der männlichen Jugendlichen haben in den letzten 12 Monaten mehrmals wöchentlich Medikamente eingenommen. Ein genauerer Blick auf die Häufigkeitsverteilung macht jedoch deutlich, daß junge Männer insgesamt betrachtet zwar seltener Medikamente konsumieren, dafür aber eindeutig häufiger Mehrfachkonsumenten (vor allem in den Medikamentengruppen Aufmunterungs-, Beruhigungs- und Konzentrationsstärkungsmittel, blutdrucksenkende Mittel, Abführmittel) sind. Mit zunehmendem Alter werden mehr Arzneimittel eingenommen.

Schließlich erbrachte die Auswertung, daß sich die Unzufriedenheit mit der aktuellen Tätigkeit und mit dem erreichten Schulabschluß direkt und die wahrgenommenen Leistungsschwächen und Versagenserlebnisse indirekt, d. h. auf dem Umweg über andere Einflußfaktoren, auf den Medikamentenkonsum auswirken.

6. Was trägt zu erhöhtem Konsum von Alkohol und Nikotin bei?

Als weiterer nach außen gerichteter Bewältigungsversuch wurde der Konsum legaler Drogen (Alkohol und Nikotin) in die Untersuchung einbezogen. Gefragt wurde – quantifizierend auf einer sechsstufigen Skala (nie – praktisch nie – gelegentlich [einmal im Monat] – gelegentlich [einmal in der Woche] – regelmäßig [mehrmals in der Woche] – praktisch täglich) nach dem Konsum leichter Alkoholika, wie Bier, Sekt und Wein, und nach dem Konsum hochprozentiger Alkoholika, wie Schnaps und Likör.

Zu belegen war, daß nahezu alle Jugendlichen im Alter von über 16 Jahren bereits Erfahrungen mit zumindest leichten Alkoholika gemacht haben; nur eine kleine Minderheit von knapp 7 % gibt an, in den letzten 12 Monaten keinen Alkohol getrunken zu haben. *Die Mehrheit der Jugendlichen trinkt jedoch höchstens einmal in der Woche oder einmal im Monat leichte Alkoholika.* Doch immerhin 13,3 % konsumieren mehrmals pro Woche oder praktisch täglich Alkohol. Dabei handelt es sich vor allem um Jungarbeiter und arbeitslose Jugendliche.

Geschlechts- und Altersunterschiede: Weibliche Jugendliche konsumieren insgesamt seltener Alkoholika; unter den *regelmäßigen Kon-*

sumenten befinden sich viermal mehr junge Männer. Mit zunehmendem Alter wird mehr Alkohol getrunken. Harte Alkoholika werden von beiden Geschlechtern wesentlich seltener konsumiert. Lediglich jeder fünfzigste Jugendliche gibt an, mehrmals wöchentlich bzw. täglich „harte" Alkoholika zu trinken, und muß – legt man diese Selbsteinschätzung zugrunde – als gefährdet und therapiebedürftig bezeichnet werden.

Auch nach der *Häufigkeit von Rauschzuständen,* die durch unkontrollierten Alkoholkonsum ausgelöst worden sind, wurde gefragt: Fast ein Viertel der Jugendlichen gab an, hin und wieder mehr zu trinken als es verträgt.

Aus pädagogischer Sicht untermauern die Befragungsergebnisse die Notwendigkeit, bereits während der Schulzeit ein umfassendes *Informationsprogramm zum „vernünftigen Umgang"* mit Alkohol und *Nikotin* unter Berücksichtigung von vorbeugenden und Interventions-Aspekten zu starten. Wichtig wäre es auch, weniger gesundheitsschädigende Alternativen mit ähnlich hohem „Erwachsenen-Status", wie sie Alkohol und Nikotin besitzen, anzubieten.

Was den Nikotinkonsum betrifft, so gaben 55 % der befragten Jugendlichen an, nie zu rauchen; als seltene bis gelegentliche Raucher bezeichneten sich 10 %; ein Drittel rauchte regelmäßig, davon zwei Drittel stark (mehr als 10 Zigaretten am Tag); in letzterer Gruppe finden sich häufig Arbeitslose und Jungarbeiter, selten Gymnasiasten und Berufsfachschüler. *Raucher finden sich – im Überblick betrachtet – häufiger unter älteren und männlichen Jugendlichen.*

Belegt wurde schließlich auch, daß *„gesundheitsschädigendes Verhalten"* (also der Gesamtkonsum legaler Drogen) erhöht wird bei Vorliegen folgender negativer Bedingungen: Ungünstige finanzielle Situation, Auszugswünsche, Unzufriedenheit mit dem Schulabschluß, große Konfliktdichte mit den Eltern, Versagenserlebnisse und eine randständige Position im Freundeskreis.

7. Was verstärkt aggressives Verhalten?

Um weitere nach außen gerichtete Bewältigungsversuche zum Abbau von Belastung zu erfassen, wurde gefragt nach verschiedenen, in der Vergangenheit praktizierten Formen aggressiven Verhaltens

(z. B. Sachen von anderen absichtlich zerstören oder beschädigen – jemandem eine Sache mit Gewalt wegnehmen – jemanden bedrohen, damit diese Person etwas tut, was der Akteur will – jemanden absichtlich schlagen oder verprügeln).

Nachgewiesen wurden markante Geschlechtsunterschiede: Ein knappes Viertel (22 %) der aus der Sekundarstufe 2 befragten Jugendlichen gab an, entsprechende (kriminalisierbare) aggressive Handlungen begangen zu haben. Dabei wurden *männliche Jugendliche ungefähr doppelt so häufig manifest aggressiv wie weibliche Jugendliche, die ihrerseits jedoch deutlich häufiger aggressive Gefühle hatten.* Anzunehmen ist, daß junge Frauen – als Resultat ihrer Geschlechtsrollenerziehung – ihre aggressiven Gefühle häufig unterdrücken und die entsprechenden Impulse nicht ausleben, wobei diese aber unterschwellig weiterwirken und auch gegen die eigene Person gerichtet werden können.

Eine genauere Analyse erbrachte, daß aggressives Verhalten verstärkt vorkommt bei (männlichen) Jugendlichen, die (1) viele Konflikte mit ihren Eltern haben (deren restriktive Erziehung sie bedrückt), (2) unzufrieden mit ihrem Schulabschluß und (3) ihrer aktuellen Tätigkeit sind, (4) sich in einer materiellen Mangellage befinden, (5) viele Versagenserlebnisse haben und (6) sich als leistungsschwach erleben.

Diese Befunde stehen nicht im Einklang mit bekannten, in jugendkriminologischen Erhebungen berichteten Ergebnissen, nach denen vor allem die *Schichtzugehörigkeit und Nationalität* aggressive (kriminalisierbare) Handlungen bestimmen. Zum einen kann diese Nichtübereinstimmung zusammenhängen mit Unterschieden zwischen der Untersuchung von Mansel und Hurrelmann, in der es lediglich um die Ermittlung der Vorkommenshäufigkeit verschiedener Formen aggressiven Verhaltens ging, und der traditionellen kriminologischen Forschung, die sich mit der Analyse aktenkundig gewordener „krimineller" Aggressionshandlungen befaßt. Zum anderen können – nach Auffassung der beiden Autoren – aber auch die polizeilichen Strafverfolgungsmaßnahmen als solche dazu beitragen: Beispielsweise wird gegen Unterschichtangehörige und Ausländer häufiger ein polizeiliches Ermittlungsverfahren eingeleitet; Jugendliche aus gehobenen sozialen Schichten und deutscher Nationalität bleiben eher unbehelligt von polizeilichen Maßnahmen bzw. kommen häufiger in den Genuß der Einstellung von Ermittlungsverfahren (vgl. dazu auch Abschnitt VI. 8. „Aggression, Delinquenz, Gewalt").

8. Zusammenhänge zwischen den unterschiedlichen Formen psychosozialer Belastung

Die in die Untersuchung einbezogenen Formen psychosozialer Belastung (negative Selbstwertschätzung, emotionale Anspannung, psychosomatische Beschwerden, subjektive Einschätzung der eigenen Gesundheit, Krankheiten, Medikamentenkonsum, Konsum von Alkohol und Nikotin, Aggressivität) korrelieren unterschiedlich hoch miteinander. Besonders hohe Zusammenhänge ergeben sich zwischen emotionaler Anspannung und negativer Selbstwertschätzung, psychosomatischen Beschwerden und – etwas schwächer – negativer Einschätzung des eigenen Gesundheitszustandes. Des weiteren ergibt sich, daß Jugendliche, die verstärkt unter psychosomatischen Beschwerden leiden, ihren eigenen Gesundheitszustand auch negativer einschätzen, leichter krank werden und bereitwilliger Medikamente einnehmen (Mansel und Hurrelmann 1994, 231).

In einer weiteren Korrelationsanalyse wurden die Zusammenhänge zwischen psychosozialer Belastung und Ausbildungsstatus, Geschlecht und Ausmaß von schulischen/beruflichen Anforderungen untersucht. Zu Tage gefördert wurden sehr markante *geschlechtstypische Reaktionsmuster:* Die *weiblichen Jugendlichen* weisen eine höhere Belastung bei den *nach innen gerichteten* Belastungsbewältigungsversuchen (emotionale Anspannung, negative Selbstwertschätzung, psychosomatische Beschwerden, subjektive Gesundheitseinschätzung und Erkrankungshäufigkeit) auf, für die *männlichen Jugendlichen* ergibt sich eine höhere Belastung im Hinblick auf *nach außen gerichtete* Bewältigungsbemühungen (Konsum von Alkohol/ Nikotin und aggressives Verhalten).

Einige weitere Zusammenhänge verdienen noch Erwähnung: *Jugendliche Arbeiter und Arbeitslose sind insgesamt (was nach innen und nach außen gerichtete Bewältigungsbemühungen be-*

192 Alltagsstreß bei Jugendlichen

trifft) am höchsten belastet. Als zweite Problemgruppe können die Berufsfachschüler identifiziert werden (höchste Belastungswerte bei psychosomatischen Beschwerden und subjektiver Gesundheitseinschätzung, zweithöchste Belastungswerte bei emotionaler Anspannung, negativer Selbstwertschätzung und Medikamentenkonsum).

Eine weit geringere Belastung – vergleichbar mit der von Auszubildenden und Gymnasiasten – weisen die Jugendlichen auf, die am Ausbildungsmarkt sozusagen eine „Warteschleife" durchlaufen (Mansel und Hurrelmann 1994, 233) und eine Überbrückungsmaßnahme (Berufsgrundschule oder Vorklasse) absolvieren.

Festgehalten werden kann, daß die Belastung von Jugendlichen, die ihre berufsbezogenen Pläne nicht verwirklichen können, signifikant höher ist, als die von Jugendlichen, die ihre berufsbezogenen Vorstellungen realisieren können (Mansel und Hurrelmann 1994, 234–235).

9. Wie wirken sich private, schulische und berufliche Unstimmigkeiten aus?

Untersucht wurde auch, in welchem Ausmaß sich Unstimmigkeiten in den drei Lebensbereichen Familie, Schule/Beruf und Freundeskreis/Freizeit auf die psychosoziale Belastung auswirken. Am deutlichsten waren Zusammenhänge zwischen verschiedenen Formen der psychosozialen Belastung und der schulischen bzw. beruflichen Situation der Jugendlichen nachzuweisen. Zur Erhöhung der psychosozialen Belastung tragen vor allem bei: (1) Das Ausmaß der schulischen bzw. beruflichen Anforderungen, (2) die erlebte Unsicherheit, ob die mittel- und langfristig angestrebten Ziele verwirklicht werden können, (3) das Nichtzufriedensein mit dem Schulabschluß bzw. der Schullaufbahn und (4) die Unzufriedenheit mit der aktuellen schul- bzw. berufsbezogenen Tätigkeit.

Innerhalb der Familiensituation wirken sich ungünstig aus: Störungen der Beziehungen zu den Eltern, häufige Konflikte mit Familienangehörigen, restriktives elterliches Erziehungsverhalten und (nicht zu verwirklichende) Auszugswünsche.

Zwischen Bedingungen in der Gleichaltrigengruppe/Freizeit und diversen psychosozialen Belastungsformen zeigen sich weniger eindeutige Zusammenhänge. Es überrascht, daß sozial randständige (d. h. etwas isolierte) Jugendliche seltener, gut in die Freundesgruppe eingebundene Jugendliche dagegen häufiger Alkohol und Nikotin konsumieren (möglicherweise ist die „soziale Verführung" in der Gruppe größer). Nebenerwerbstätigkeiten bringen keine höhere psychosoziale Belastung mit sich, sondern tragen zum Gewinn von Selbstbewußtsein und zum Aufbau eines positiven Selbstwertgefühls bei. Sicherlich läßt sich das in Verbindung bringen mit dem finanziellen Zubrot, das einem mehr Gestaltungsmöglichkeiten in der Freizeit eröffnet, denn gerade die materielle Mangelsituation und (damit verbundene) begrenztere Freizeitmöglichkeiten stellen besondere Belastungsfaktoren dar.

10. Was soll extrem leistungsorientierten Jugendlichen geraten werden?

Bei Jugendlichen, die die Meinung vertreten, es würde nur von ihren eigenen gegenwärtigen Leistungen abhängen, ob sie in ihrem späteren Leben Erfolg haben, zeigt sich ein besonders ausgeprägter Zusammenhang zwischen psychosozialer Belastung und beruflicher bzw. schulischer Lage. Diesen Jugendlichen zu vermitteln, daß nicht nur ihre eigenen Leistungen verantwortlich zu machen sind, wenn es um die erfolgreiche Berufslaufbahn geht, sondern daß auch andere, z. B. strukturelle Faktoren (faktisches Nichtvorhandensein von geeigneten Ausbildungsplätzen oder angemessenen Aufstiegsmöglichkeiten) in Erwägung gezogen werden müssen, ist eine besonders wichtige Aufgabe der Berufsberatung (Mansell und Hurrelmann 1994, 239).

11. Beratungsangebote und ihre Nutzung: Wer wird wann um Rat gefragt?

Die Heranwachsenden wurden gefragt, mit welchen Personen bzw. Institutionen sie Kontakt aufnehmen, um Rat und Hilfe zu erhalten bei Problemen, die sich beim Übergang ins Berufsleben ergeben.

Ergebnisse: Bei schwierigen Fragen wenden sich Jugendliche in erster Linie an Bezugspersonen aus ihrem unmittelbaren familialen oder außerfamilialen Umfeld: (1) Mutter, (2) gleichaltrige Freunde, (3) Vater und (4) Geschwister sind beliebte Ansprechpartner. Auch andere Kontaktpersonen aus dem schulischen, beruflichen oder privaten Umfeld (Mitschüler, Arbeitskollegen, Verwandte) werden relativ häufig um Rat gefragt. An Personen, zu denen eher formale Beziehungen unterhalten werden (Lehrer, Ausbilder, Vorgesetzte), wenden sich Jugendliche seltener, besonders bei schwerwiegenden Problemen. Noch seltener aufgesucht werden öffentliche Einrichtungen, die spezielle ausbildungs- und berufsbezogene Beratungen anbieten (Psychologen, Sozialarbeiter, Erziehungsberater); weniger als 5 % der befragten Jugendlichen haben von dieser Möglichkeit Gebrauch gemacht. Es zeigte sich auch, daß Jugendliche am wenigsten zufrieden waren mit einer Beratung, wenn diese von Personen erteilt wurde, zu denen eine persönliche, soziale oder räumliche Distanz bestand.

Erwähnenswert ist ein *Geschlechtsunterschied:* Weibliche Jugendliche bevorzugen bei der Ratsuche deutlich häufiger als männliche Jugendliche Personen (insbesondere gleichgeschlechtliche) aus ihrem sozialen Nahraum, z. B. die Mutter oder eine ältere Freundin. Daß institutionelle Beratungsstellen nur wenig genutzt werden, wird auf eine *Hemmschwelle* zurückgeführt: Jugendlichen, die sich vor schwerwiegende schulische bzw. berufliche Probleme gestellt sehen, droht eine Stigmatisierung (z. B. eine Brandmarkung als „looser" oder „schwieriger Fall"); außerdem sind die entsprechenden Institutionen selten „bürgernah", zu ihnen besteht i. allg. eine räumliche und subjektive Distanz, sieht man von den innerschulischen Beratungsangeboten ab.

12. Nutzung von innerschulischen Beratungsangeboten

Wenn Jugendliche die an ihrer Schule gegebenen Beratungsangebote in Anspruch nehmen, dann vor allem deshalb, weil sie den Beratungslehrer/die Beratungslehrerin persönlich kennen und sympathisch finden. Natürlich ist diese Tatsache oft darauf zurückzuführen, daß es Beratungslehrern/innen aufgrund ihrer beruflichen Zusatzqualifikationen leichter gelingt, eine vertrauensvolle Beziehung zu ratsuchenden Schülern/innen aufzubauen. Empfohlen wird – an die Adresse der Schulen gerichtet –, jeder Klasse einen Lehrer/eine Lehrerin zuzuordnen, der/die Beratungsaufgaben wahrnimmt; z. B. könnten die Klassenlehrer/innen solche besonderen, zusätzlichen Beratungsaufgaben übernehmen, die zur Bewältigung persönlicher, schulleistungs- und berufslaufbahnbezogener Probleme der Schüler/innen beitragen.

Allgemein sollte die Zahl und Position der Beratungslehrer/innen an deutschen Schulen weiter ausgebaut werden. Diesen müßte eine Ermäßigung ihrer Unterrichtsstundenzahl zugebilligt werden, damit sie ihre Aufgaben angemessen wahrnehmen können. Diese Aufgaben liegen zum einen im Bereich Schul- und Bildungslaufbahnberatung, ragen zum anderen aber auch in den Bereich privater, psychosozialer und gesundheitlicher Probleme hinein und schließen die Vermittlung an professionelle Stellen außerhalb der Schule ein. Auch an eine Bereitstellung von (mehr) Planstellen für Schulpsychologen/innen und Sozialpädagogen/innen, die sich Schülern/innen mit schwerwiegenderen Problemen annehmen könnten, ist zu denken. Die Aufgabe dieser besonderen Fachkräfte könnte auch darin bestehen, ihren (weniger qualifizierten) Kollegen/innen beratend zur Seite zu stehen. Gerade die Lehrer/innen in der Sekundarstufe 2 sind dadurch besonders gefordert, daß sie neben ihren fachlichen Kompetenzen auch ihre sozial-zwischenmenschlichen Fähigkeiten unter Beweis stellen müssen; ihre Schüler/innen erwarten von ihnen, daß sie den Unterrichtsstoff inhaltlich und didaktisch einwandfrei vermitteln und sich darüber hinaus aber auch als Mensch und Persönlichkeit einbringen. Mit den daraus möglicherweise resultierenden Konflikten, Spannungen und Uneindeutigkeiten könnten sich ihre Kollegen/innen mit Beratungsqualifikation befassen (Mansel und Hurrelmann 1991, 247).

13. Nutzung der Berufsberatung im Arbeitsamt

Die befragten Jugendlichen berichten nicht selten davon, daß ihre Erwartungen, die sie an eine Berufsberatung durch das Arbeitsamt gerichtet hatten, enttäuscht wurden, wodurch sich weitere Probleme vor ihnen auftürmten und sich ihre Belastungen noch verstärkten. Häufig wirkte sich das Gespräch mit der Fachkraft des Arbeitsamtes so desillusionierend und demotivierend auf die Jugendlichen aus, daß sie sich nicht mehr dazu aufraffen konnten, sich überhaupt noch auf einen (eigentlich interessanten und attraktiven) Arbeitsplatz zu bewerben. An dieses – zweifellos nicht uneingeschränkt verallgemeinerbare – Ergebnis anknüpfend wird empfohlen, die Öffentlichkeitsarbeit der Berufsberatungsstellen in den Arbeitsämtern zu verstärken und an die Schulen gezielt Informationen weiterzugeben (hier wurden bereits eine Reihe von erfolgreichen Modellversuchen durchgeführt), um Mißverständnissen, wie dem Aufbau unrealistischer Erwartungen, vorzubeugen. Beispielsweise gingen nicht wenige der befragten Jugendlichen mit der Erwartung zur Berufsberatung, einen attraktiven und interessanten Arbeitsplatz vermittelt zu bekommen (Mansel und Hurrelmann 1991, 252).

14. Erfahrungen mit psychosozialen Einrichtungen

Einige besonders belastete und gesundheitlich angeschlagene Jugendliche wandten sich an Familien-, Jugendlichen- und Erziehungsberatungsstellen und fanden dort auch in der Regel angemessene Unterstützung. Doch kam es i. allg. erst dann zu einer durchgreifenden Entschärfung der Belastungssituation und Besserung des Gesundheitszustandes, wenn das gesamte Lebensumfeld der betroffenen Jugendlichen verändert werden konnte.

Insgesamt betrachtet werden Einrichtungen der psychosozialen und Gesundheitsberatung von der Altersgruppe der 15–25jährigen nur sehr selten, meist nur in akuten Notfällen (Drogenabhängigkeit, unerwünschte Schwangerschaft, Suizidgefährdung), aufgesucht. Wahrscheinlich liegen hier wechselseitige Hemmschwellen und Barrieren vor: Jugendliche wenden sich heute mit ihren intimsten Problemen und Nöten zumeist an ihre gleichaltrigen oder etwas älteren (und erfahreneren) Freunde, seltener an ihre Eltern oder vertraute erwachsene Bezugspersonen und schon gar nicht an professionelle Helfer. Diesen gegenüber, als Repräsentanten von nicht überschaubaren, anonymen Institutionen, empfinden sie Mißtrauen und Unsicherheit – eine Unsicherheit, die nicht selten auch vom Fachpersonal dieser

Einrichtungen, Psychologen, Ärzten, Sozialarbeitern, geteilt wird. Die genannten Spezialisten sind im Hinblick auf die besonderen Probleme dieser Altersgruppe oft nur unzulänglich informiert; sie besitzen nicht genügend praktische Erfahrungen im Umgang mit typischen psychischen und psychotischen Störungen des Jugendalters und wissen zu wenig über die besonderen (z. B. auch sexuellen) Probleme der Jugendlichen. Wechselseitige Berührungsängste können die Folge sein, die abzubauen wären, wenn beide Seiten ein Stück aufeinanderzugehen würden.

Die zweifellos vorliegende Zurückhaltung vieler Jugendlicher „öffentlichen Einrichtungen" gegenüber ließe sich auch etwas mindern, wenn die (mehr oder weniger) naiven Alltagsvorstellungen von Jugendlichen über Gesundheit und Krankheit in den Konzepten und Programmen der Beratungsstellen stärkere Berücksichtigung finden würden (Mansel und Hurrelmann 1991, 257).

Speziell an die Adresse der Jugend- und Sozialämter gerichtet, in deren Zuständigkeitsbereich Jugendliche fallen, die in soziale Notlagen geraten sind, richtet sich die Empfehlung, unnötige Bürokratisierungen und Verwaltungsvorschriften nach Möglichkeit abzubauen, um dadurch die Zugangsschwelle für jugendliche Hilfesuchende niedrig zu halten (Mansel und Hurrelmann 1991, 258–259).

Um in der Zukunft zu einer stärkeren Verbindung zwischen formeller und informeller Unterstützung für belastete Jugendliche zu kommen, erscheinen vor allem Maßnahmen sinnvoll, die an den Selbsthilfepotentialen der Jugendlichen und an ihren sozialen Netzwerken ansetzen; diese müssen mobilisiert und stabilisiert werden. Durch eine Freisetzung der Kräfte und Kompetenzen der Jugendlichen selbst und eine Mobilisierung von Unterstützung im Freundes- und Bekanntenkreis kann auch der Weg zur Nutzung der formellen Hilfs- und Beratungsdienste erleichtert werden.

Natürlich sind weitere und zusätzliche Maßnahmen im sozial-, bildungs- und arbeitsmarktpolitischen Bereich notwendig; erst durch solche Maßnahmen lassen sich die eigentlich verursachenden Wurzeln problembelasteter Lebensläufe dauerhaft und strukturell beseitigen (Mansel und Hurrelmann 1991, 265). Derartige Maßnahmen sollten z. B. zu einer Verbesserung der beruflichen Chancenstruktur der Jugendlichen führen, die ihre berufliche Ausbildung und/oder Berufsschulen absolvieren. Daß sich gerade diese Jugendlichengruppe im Vergleich mit Schülern/innen der gymnasialen Oberstufe in einer weniger günstigen, insgesamt belasteteren Lage befinden, konnte in der beispielhaften Untersuchung von Mansel, Hurrelmann und Mitarbeitern/innen definitiv gezeigt werden.

15. Aufbau beruflicher Identität

Der Prozeß der Berufsfindung ist für Jugendliche in den letzten 20 Jahren vor allem durch Entwicklungen auf dem Arbeitsmarkt zunehmend schwieriger und problematischer geworden. Mit Hauptschulabschluß eine Lehrstelle zu finden, ist nicht selten ein zum Scheitern verurteiltes Unterfangen, besonders wenn die Auszubildenden in einem der neuen Bundesländer oder in einem strukturell benachteiligten alten Bundesland wohnen. Doch auch für Realschulabsolventen und Abiturienten gestaltet sich die Stellensuche häufig nicht einfach. Selbst junge Akademiker mit Hochschulabschluß finden zuweilen erst nach längerem Suchen eine Anstellung oder wenn sie bereit sind, ihre Ansprüche zu senken, oder sich gar entschließen, einen Job anzunehmen, für den sie ihr Fachstudium nicht unbedingt benötigt hätten.

Eine längsschnittliche Betrachtung macht zwar deutlich, daß sich die Situation auf dem Ausbildungsstellenmarkt von Alterskohorte zu Alterskohorte unterschiedlich darstellt, jedoch ist *eine generelle Zunahme von Jugendarbeitslosigkeit* mit Beginn der 80er Jahre mit Gipfeln Mitte der 80er und in den späten 90er Jahren deutlich zu dokumentieren.

Die Schule spielt als „zentrale Zuteilungsinstanz zu Berufen" (Fend 1991, 50) eine herausragende Rolle bei der Vergabe möglicher beruflicher Handlungsfelder und beim Aufbau beruflicher Identität. So verwundert es nicht, daß sich die berufsbezogenen Perspektiven und Ausbildungsziele von Hauptschülern, Realschülern und Gymnasiasten deutlich voneinander unterscheiden. Hauptschüler/innen im letzten Schuljahr haben wesentlich klarere Vorstellungen über ihren zukünftigen Beruf als Gymnasiasten, von denen in der 9. Klasse noch über vier Fünftel keine konkreten Ausbildungsziele nennen können.

Seit Jahrzehnten läßt sich ein Trend zu immer höheren Bildungsabschlüssen dokumentieren, der vor allem von der Elterngeneration
erwartet und gefordert wird. Der Hauptschulabschluß besitzt die ge-
ringste Attraktivität. Von den Neuntkläßlern wünschen ihn sich nur
12 %. Fend (1991) ermittelte in seiner Untersuchung, daß in den
Hauptschulen mehr als die Hälfte aller Schüler/innen sich einen
höherwertigen Abschluß als den Hauptschulabschluß wünschen, ein
Wunsch, der auch von den Eltern getragen wird. Bei den Realschülern macht die Abweichung zwischen Wunsch und Wirklichkeit
nur noch etwa 25 % aus, bei den Gymnasiasten liegt sie nur noch bei
ungefähr 10 %.

Haupt- und Realschulabsolventen beginnen ihre Berufslaufbahn
also häufig mit einer *Frustration,* deren Bewältigung – als Aufgeben
bzw. Reduzieren eigener Ansprüche – zuweilen noch dadurch erschwert werden kann, daß nach abgeschlossener Ausbildung (in
einem eigentlich nicht gewünschten Beruf!) kein Arbeitsplatz gefunden wird. Daß in einer solchen Lebenssituation besondere Belastungen zu verkraften sind, ist einleuchtend und wird zu einem Teil
auch von Sozialwissenschaftlern zur Erklärung herangezogen, um
die Hintergründe der in den letzten Jahren zunehmend häufiger zu
beobachtenden gewaltförmigen Übergriffe von Jugendlichen – nach
dem Schema *„Frustration zeugt Aggression"* – verständlich zu
machen. Gymnasiasten/innen befinden sich in dieser Altersphase in
einer vergleichsweise komfortablen Lage: Mit der Situation nach dem
Abitur, das erst in einigen Jahren abgelegt zu werden braucht, also
„mit dem Ernst des Lebens", befassen sie sich allenfalls oberfläch-
lich, was sich auch daran dokumentieren läßt, daß die Berufswünsche meist noch wenig konkretisiert sind.

Um die zunehmende Differenzierung der Berufswünsche während
dieser Altersphase zu erfassen, führte Fend (1991) eine Befragung
von Schülern der 6. und 9. Jahrgangsstufe durch. Es überrascht nicht,
daß die älteren Schüler die Frage „Welche Pläne hast Du gegenwärtig für Deinen späteren Beruf?" präziser, wirklichkeitsnäher und
konkreter beantworten, als die jüngeren Schüler die ihnen gestellte
Frage „Was möchtest Du später mal werden?" Überraschend sind jedoch die von Fend ermittelten Veränderungen von Berufswünschen
zwischen dem 13. und 16. Lebensjahr: Der Beruf des/r kaufmänni-

schen Angestellten z. B. wird von 15jährigen dreimal so oft genannt wie von 12jährigen, ähnlich hohe Zuwachsraten sind für die speziellen Berufe Krankengymnastin und Elektroniker zu verzeichnen. Typische *„Traumberufe"* von Pubertierenden, wie Stewardeß, Arzt/ Ärztin, Tier(pflege-)berufe, Pilot, Sportler, *weisen die stärksten Abnahmequoten* auf; dies gilt auch für den Beruf Lehrer/in, was von Fend in Verbindung gebracht wird mit der wachsenden Einsicht in die gesunkenen Anstellungschancen. Der Berufswunsch „Fahrer" wird nur von jüngeren Schülern angeführt; Fend meint, daß hier kindliche Spiel- und Beschäftigungsvorlieben motivierende Kraft besitzen. Einige Berufe, wie Kraftfahrzeugmechaniker, Verkäuferin, Friseuse, Polizist und Wissenschaftler werden ungefähr gleich häufig von den jüngeren und älteren Schülern genannt. Insgesamt untermauern die Befunde, daß *15jährige bei ihren Berufswünschen bereits wesentlich stärker arbeitsmarktbezogene Fakten berücksichtigen.*

Benachteiligungen von Mädchen

Zwar haben Mädchen in besonderem Maße von der Bildungsexpansion der vergangenen Jahrzehnte profitiert, sie werden aber immer noch benachteiligt, wenn es um die Besetzung attraktiver beruflicher Positionen geht. Auch bei der Suche nach Ausbildungsplätzen finden Mädchen ungünstigere Ausbildungsbedingungen vor: *Über 60 % der nicht vermittelbaren Lehrstellensuchenden sind weiblichen Geschlechts; dem stehen im Durchschnitt über 60 % angebotene Ausbildungsstellen gegenüber, die ausschließlich männlichen Bewerbern vorbehalten sind.* Auch von Jugendarbeitslosigkeit sind Mädchen wesentlich stärker betroffen: Ihr Anteil macht – über die letzten zwei Jahrzehnte gemittelt – ungefähr 60 % aus.

Die Tatsache, daß der Anteil des weiblichen Geschlechts unter Auszubildenden bis heute nicht einmal 40 % ausmacht, hängt natürlich damit zusammen, daß es wesentlich weniger weibliche Ausbildungsberufe gibt. Faktum ist auch, daß weibliche Jugendliche selbst nach abgeschlossener Berufsausbildung wesentlich häufiger keine Arbeitsstelle finden als junge Männer.

Fend (1991, 62) meint, daß die geringeren Chancen von Mädchen bei der Verwirklichung ihrer Berufswünsche zum einen damit zusammenhängen, daß sich ihre Wünsche auf einige wenige Berufe konzentrieren, und zum anderen darauf zurückzuführen sind, daß Mädchen ihre Vorlieben in besonderem Maße auf Berufe mit ungünstigen Arbeitsmarktchancen ausrichten. Von einem Aufholen der Mädchen gegenüber den Jungen, was diese Berufswahlprozesse betrifft, in den letzten beiden Jahrzehnten – ähnlich wie im Hinblick auf die erreichten Schulabschlüsse in den 60er und 70er Jahren – kann dabei keine Rede sein; die vorgelegten Daten dokumentieren eher das Gegenteil.

Berufswünsche von Jungen und Mädchen

Sieht man von der Berufsnennung „kaufmännische/r Angestellte/r" ab, so sind die sechs am häufigsten von 15jährigen Mädchen genannten Berufe *typische Frauenberufe* (Arzthelferin – Friseuse – Kindergärtnerin – Krankengymnastin – Krankenschwester – Verkäuferin), und die fünf am häufigsten von 15jährigen Jungen genannten Berufe sind *typische Männerberufe* (Elektriker – Fernsehtechniker – Ingenieur – Kfz-Mechaniker – Schreiner).

Noch deutlicher tritt die geschlechtsspezifische Differenzierung zu tage, wenn die Berufe nach Berufssparten geordnet werden: *Handwerkliche und technische Berufsfelder,* wie Bautechnik, Computertechnik, Elektrotechnik, Metallverarbeitung, Nahrungswirtschaft) werden 76 bis 96 % von Jungen als Berufsziele angegeben; *pflegerische, „be-dienende" und erzieherische Berufe* (Bereiche: Bekleidung, Bildung und Erziehung, Gästebetreuung, Gesundheitswesen, Hausarbeit, Körperpflege, Verkauf) zu 89 bis 97 % von Mädchen bevorzugt. Insgesamt betrachtet ist das Spektrum der von Mädchen bevorzugt genannten Berufe auch deutlich enger als das der Jungen: Eine Einzementierung der traditionellen Geschlechtsrollenzuweisungen zeigt sich hier deutlich.

Erwähnung verdient in diesem Zusammenhang aber auch die Tatsache, daß im Hinblick auf eine ganze Reihe von Berufen keine geschlechtsspezifischen Bevorzugungen stattfinden und zwar – in der Reihenfolge der Nachfragehäufigkeit aufgelistet – bei den folgenden: 1. Kaufmännische/r Angestellte/r, 2. Ärztin/Arzt, 3. Beamte/r, 4. Künstlerische Berufe, 5. Zahntechniker/in, 6. Arbeiter/in – Hilfsarbeiter/in, 7. Journalist/in, 8. Technische/r Zeichner/in, 9. Gärtner/in, 10. Sportler/in.

Angenommen wird, daß es sich hier in erster Linie um „*Spezialberufe*" handelt, zu deren Ausübung *geschlechtsunabhängige Spezialbegabungen* erforderlich sind (z. B. Künstler/in, Sportler/in). Zum anderen werden von beiden Geschlechtern auch Berufsgruppen gewählt, die ein großes Maß an berufsspezifischer Differenzierung erlauben (Beamte/r, Kaufmännische/r Angestellte/r). Schließlich verdienen noch Berufe Erwähnung, die eine lange Ausbildungszeit erfordern (z. B. Ärztin/Arzt), bei denen sich die tendenzielle Überlegenheit der Mädchen (Schulabschluß, Abiturnoten) günstig auswirkt (Fend 1991, 64 – 65).

Es kann davon ausgegangen werden, daß die Berufschancen von Mädchen solange ungünstiger als die von Jungen sind, solange sie in unserem Schul- und Ausbildungssystem beim Erwerb naturwissenschaftlicher und technischer Kompetenzen benachteiligt werden (Fend 1991, 65). In diesem Zusammenhang Erwähnung verdienen Modellversuche, die untermauern, daß *Mädchen durch die teilweise Aufhebung des koedukativen Unterrichts (also in reinen Mädchenklassen) in naturwissenschaftlichen und technischen Unterrichts- und Ausbildungsfächern ganz besonders profitieren.*

Einbettung von Berufsplänen in den Lebensalltag

Die von Fend erhobenen Daten belegen, daß berufsbezogene Planungen von Jugendlichen geformt werden von ihrem Lebensalltag, d. h. von den sozial-zwischenmenschlichen Erfahrungen, denen sie in ihrer Familie und ihrem Freundes- und Bekanntenkreis ausgesetzt sind, und von ihren Spiel- und Freizeitinteressen. Zu vermuten ist, daß Mädchen eine weitere Benachteiligung bei der Ausbildung beruflicher Identität dadurch erfahren, daß *sie viel seltener als Jungen die Möglichkeit haben, aus ihren Hobbys und Beschäftigungsvorlieben berufliche Perspektiven zu entwickeln:* „Mädchen betätigen sich … häufiger kommunikativ und mit Symbolen (lesen), sie helfen häufiger zu Hause und sind somit in Tätigkeiten eingebunden, die weniger konsequent spielerische Einübungen in berufsrelevante Kompetenzen erlauben. Wenn Mädchen ausgeprägte Hobbys haben, dann sind diese nur selten in berufliche Pläne umsetzbar. Das beste Beispiel dafür ist die Pferdeliebhaberei der Mädchen in dieser Altersphase" (Fend 1991, 65).

Angenommen werden kann, daß das Berufsbild von Jugendlichen geprägt wird von ihren gegenstandsbezogenen und zwischenmenschlichen Erfahrungen und Auseinandersetzungen im Alltag. Die Untersuchungsergebnisse bestätigen diese Annahme: 15jährige Mädchen und Jungen mit dem Berufswunsch *„Ärztin/Arzt"* sind in ihrer Freizeit besonders bildungsorientiert, wenig interessiert an Vereinsaktivitäten, Motorrädern und Sport, beschäftigen sich oft mit Haustieren, sehen seltener fern, rauchen seltener und trinken seltener Alkohol, flippern seltener und beschäftigen sich häufiger mit Musik.

15jährige Jungen, die gerne *Kfz-Mechaniker* werden würden, weisen folgendes Freizeitbeschäftigungs-Profil auf: Eine mäßige Bildungsorientierung, wenig Vereinsaktivitäten, seltene Beschäftigung mit Haustieren, ein sehr starkes Interesse an Motorrädern und Sport, häufigen Fernsehkonsum und häufigen Genuß von Alkohol und Zigaretten sowie häufiges Flippern. 15jährige Jugendliche, die den Berufswunsch *„Pfarrer"* angeben, haben ein ganz anders strukturiertes Freizeit-Profil: Eine sehr starke Bildungsorientierung, ausgeprägte Vereinsaktivitäten, seltene Beschäftigung mit Haustieren, mäßiges Interesse an Motorrädern und Sport, sehr niedrigen Fernseh-, Alkohol und Zigarettenkonsum, seltenes Flippern, seltene Beschäftigung mit Musik und sehr starke kirchliche Aktivitäten.

Die Befunde machen noch auf weitere interessante Zusammenhänge aufmerksam; z. B. zeigen männliche Jugendliche, die gerne zur Bundeswehr gehen würden, eine ausgeprägte Neigung zu Vereinsaktivitäten und zugleich eine sehr geringe Bildungsneigung. Mädchen, die einen technischen Beruf ergreifen wollen (was relativ selten vorkommt), verhalten sich „jungenhaft": Sie basteln häufig, sind an sozial-zwischenmenschlichen Dingen weniger interessiert, begeistern sich für Autos und Motorräder, reden viel über Fußball und andere Sportarten. Jugendliche, die später einmal einen „typischen" akademischen Beruf (Architekt, Rechtsanwalt, Wissenschaftler) ausüben wollen, hören am häufigsten klassische Musik, lesen die meisten Bücher und unterhalten sich häufig über religiöse, weltanschauliche Themen (Fend 1991, 67 – 69). Zwar sind die aufgedeckten Beziehungen zwischen beruflichen Neigungen und Alltags- und Freizeitbeschäftigungen durchaus einleuchtend und über weite Strecken plausibel; letztlich handelt es sich jedoch nur um „schwache", nicht verallgemeinerbare Zusammenhänge (Fend 1991, 69).

Einbettung berufsbezogener Perspektiven
in umfassendere Wertorientierungen: Sicherheit zuerst!

Durch Vorgabe von gesellschaftlichen Werten – hohes Einkommen, sichere Position, Aufstiegs-und Karrieremöglichkeiten, Verwirklichung eigener Vorstellungen und Ideale, Nutzen für die Mitmenschen, Selbständigkeit, Leistung und Fachkompetenz – verbunden mit der Frage „Wie wichtig sind Dir diese Dinge für Deinen zukünftigen Beruf?" wurde ermittelt, daß die in die Erhebung einbezogenen Jugendlichen wesentlich weniger materialistisch und egoistisch orientiert sind, wie es in diversen Modernisierungsthesen von Fachleuten und auch in der breiten Öffentlichkeit behauptet wird: Am höchsten eingestuft wird (1) *die gesicherte berufliche Stellung,* am zweitwichtigsten waren (2) Fachkompetenz und Leistung; es folgen (3) Verwirklichung eigener Vorstellungen, (4) Selbständiges Arbeiten, (5) Nützlich sein für andere und (6) Karrieremöglichkeiten; ein „hohes Einkommen" wird als am wenigsten wichtig eingestuft.

Festgestellt wurde weiter, daß vom weiblichen Geschlecht der Wert „Nützlich sein für andere" höher eingestuft wird; auch Jugendliche (beiderlei Geschlechts), die einen Beruf im sozialen Bereich (Gesundheit – Körperpflege – Bildung) anstreben, messen diesem Wert größere Bedeutung bei.

Jugendliche mit akademischen oder künstlerischen Berufsambitionen stufen die Werte „Verwirklichung eigener Vorstellungen" und „Selbständigkeit" besonders hoch ein; Jugendliche mit beruflichen Neigungen in Richtung „Öffentlicher Dienst" messen dem Wert „Sichere Position" und den Werten „Aufstieg" und „Leistung" große Bedeutung bei.

Arbeitslosigkeit beeinträchtigt die Persönlichkeitsentwicklung

Seit einem Vierteljahrhundert gewinnt der *Wert eines sicheren Arbeitsplatzes* für Jugendliche zunehmend an Bedeutung. Das hängt sicherlich damit zusammen, daß immer mehr Jugendliche und junge Erwachsene faktisch von Arbeitslosigkeit bedroht sind. Die Entwicklungspsychologie betont die herausragende Stellung von Berufsfindungsprozessen, Berufstätigkeit und berufsbezogenen Erfahrungen beim Aufbau der jugendlichen Persönlichkeit. Zahlreiche Forschungsergebnisse belegen, daß durch Arbeitslosigkeit die Identitätsentwicklung von Jugendlichen und jungen Erwachsenen sehr stark beeinträchtigt wird. Nachgewiesen wurde auch, daß arbeitslose Jugendliche für rechtsradikale Propaganda und Ideologie besonders empfänglich sind (Fend 1991, 74–75).

Wege ins Berufsleben

Es liegt auf der Hand, daß die jeweils vorliegenden Rahmenbedingungen – Schulform, Art und Zahl der vorliegenden Ausbildungsstellen, Art und Zahl der vorhandenen berufsbegleitenden und berufsbildenden Schulen und Einrichtungen – die möglichen Wege ins Berufsleben entscheidend mitstrukturieren:

Hauptschulabsolventen/innen müssen ein Jahr früher als Realschulabsolventen/innen anfangen, sich Gedanken darüber zu machen, wie es nach der Schule weitergehen soll. Sie müssen ein Jahr früher ihre (auf den ins Auge gefaßten Ausbildungsweg bezogenen) Entscheidungen treffen und dabei einbeziehen, was sie können und wollen und was machbar ist. Welche Fähigkeiten und Fertigkeiten haben sie, wo liegen ihre Begabungen, Interessen und Neigungen? Auf welche Informationen und Informanten können sie zurückgreifen, um ihre berufsbezogenen Pläne zu konkretisieren und ihre Entscheidung, welchen Ausbildungsweg sie wählen, schließlich zu treffen?

Gymnasiasten/innen verfügen demgegenüber über wesentlich mehr Zeit und – aufgrund des ihnen im Laufe einer 13jährigen Schulzeit vermittelten höherwertigen Qualifikationsniveaus – mehr Freiheitsgrade, die berufsbezogenen Planungsaktivitäten erfolgreich abzuschließen und umzusetzen.

In mehreren Untersuchungen wurde belegt, daß die notwendigen Abstimmungen zwischen eigenen Wünschen und faktisch vorhandenen Möglichkeiten für Hauptschulabsolventen/innen am ungünstigsten verlaufen. Im Durchschnitt die Hälfte hätte lieber einen anderen Beruf erlernt als den, den sie schlußendlich ausübt, muß sich also – wohl oder übel – anpassen an eine ungewollte und ungeliebte Berufssituation. Nachgewiesen wurde auch, daß die erfolgreiche Suche nach einer geeigneten Lehrstelle oder einem angemessenen Ausbildungsplatz eine umfassende positive Wirkung hat, die den Aufbau optimistischer Zukunftsperspektiven begünstigt. Das Bemühen vieler Schüler und Schülerinnen am Ende der Hauptschulzeit, doch noch einen „mittleren" Abschluß zu erreichen – fast 80 % der Schüler im vollzeitlichen Berufsbildungswesen strebt zumindest noch die mittlere Reife an (Fend 1991, 79) – wird so verständlich.

Faktum bleibt, daß Unzufriedenheit mit dem ausgeübten Beruf häufiger anzutreffen ist bei Jugendlichen und jungen Erwachsenen mit (bzw. ohne einen) Hauptschulabschluß. Zwar schaffen es schließlich – über alle Schülergruppen hinweg betrachtet – ungefähr zwei Drittel bis drei Viertel aller Absolventen, sich an die beruflichen Gegebenheiten auch gefühlsmäßig positiv anzupassen. Doch leben viele mit dem „Prinzip Hoffnung", d. h., sie sehen ihren beruflichen Weg noch nicht für abgeschlossen an und halten sich offen für innerbetriebliche und andere berufsergänzende Weiterbildungsmöglichkeiten.

Faktum ist weiter, daß die Chancen, eigene Wünsche und Pläne mit der Realität in Einklang zu bringen und erfolgreich abzuschließen, mit höherem Schulabschluß deutlich zunehmen: Abiturienten/innen befinden sich hier in einer günstigeren Situation. Nach wie vor ist es für Mädchen und für Jugendliche beiderlei Geschlechts aus ländlichen Regionen am schwierigsten, ihre Wünsche auf die Wirklichkeit abzustimmen.

Formen des Aufbaus beruflicher Identität

Jugendliche durchlaufen den Prozeß der Berufsfindung auf ganz unterschiedliche Weise; „objektive" (strukturelle) Faktoren, die ihre Informationssuche, Abwägungen und Entscheidungen dabei entscheidend beeinflussen, sind Geschlechtszugehörigkeit, Schulform, Arbeitsmarktsituation, elterliche Unterstützung und soziales Netzwerk. Hinzu kommen individuelle und „subjektive" Faktoren, wie Schulnoten, Leistungsorientierung und -motivation, Ich-Stärke, sozialkognitive Kompetenzen, Anstrengungsbereitschaft und natürlich Begabungen, Interessen und Beschäftigungsvorlieben.

Anknüpfend an eine von anderen Autoren vorgeschlagene Typisierung konnte Fend (1991, 82–88) auf der Grundlage der Auswertung der Antworten der von ihm befragten 15- und 16jährigen Haupt- und Realschüler vier Typen beruflicher Perspektiven von Schulabgängern ermitteln: Schüler/innen mit (relativ) hohem Explorationsgrad (was Berufsfindungsaktivitäten betrifft) und (relativ) hoher Sicherheit (was ihre Berufspläne betrifft) wurden dem Berufsfindungstyp „entschieden" zugeordnet, Schüler/innen mit niedrigem Explorationsgrad und hoher Sicherheit dem Typ „festgelegt", Schüler/innen mit hohem Explorationsgrad und niedriger Sicherheit dem Typ „suchend" und Schüler/innen mit niedriger Explorativität und niedriger Sicherheit dem Typ „diffus".

Einige sehr plausible Zusammenhänge ließen sich im Hinblick auf diese vier Berufsfindungstypen aufzeigen:

(1) Bei der Mehrheit der „entschiedenen" Neunt- und Zehntkläßler ist die Suche nach einem Ausbildungsplatz/einer Lehrstelle tatsächlich bereits erfolgreich verlaufen; häufig liegt eine feste Zusage vor bzw. ist ein Arbeitsvertrag schon abgeschlossen. In einer ungünstigen Situation befinden sich vor allem die „diffusen" Neuntkläßler, die – möglicherweise eine Auswirkung des Alters – von Haus aus wenig Eigeninitiative entwickeln; aber auch die Zehntkläßler mit hohem Explorationsgrad, der nicht zum Erfolg führt, befinden sich in einer wenig beneidenswerten Lage.

(2) Mädchen sehen sich fast doppelt so oft wie Jungen mit belastenden Entscheidungssituationen konfrontiert; Realschüler sind in einer günstigeren Lage als Hauptschüler, was sowohl mit dem zusätzlichen „Berufsfindungsjahr" als auch mit dem erreichten höheren Bildungsniveau zusammenhängen dürfte.

(3) Schüler/innen mit schlechten Schulnoten schaffen es nicht so gut, in systematischer und rationaler Weise ihre Berufsfindungsaktivitäten durchzuziehen.

(4) Über die Hälfte der Hauptschüler/innen ausländischer Nationalität hat kurz vor der Beendigung des neunten Schuljahres noch keine Klarheit darüber, wie es im Hinblick auf die Schritte ins Berufsleben weitergehen soll. Günstiger sieht es für die ausländischen Schüler/innen aus, die noch ein weiteres Schuljahr absolvieren.

(5) Beim Typ der „Suchenden" handelt es sich in erster Linie um Schüler/innen mit gering ausgeprägter Ich-Stärke, die als „insgesamt eher verunsicherte Persönlichkeiten" charakterisiert werden, die „emotional und somatisch belasteter (sind und) weniger Lebenszufriedenheit zeigen und ihre eigene Zukunft düsterer als andere sehen" (Fend 1991, 91).

(6) „Diffuse" Typen haben, besonders deutlich als Zehntkläßler, eine nur gering ausgeprägte Leistungsorientierung, zeigen wenig rationale Planung und „lassen sich eher treiben". (Natürlich kann hier die Frage aufgeworfen werden, in welchem Umfang die beschriebenen Persönlichkeitsmerkmale nicht auch als Ergebnis von Erfahrungen begriffen werden müssen, die im Verlaufe von vergeblichen Bemühungen, einen Ausbildungsplatz zu finden, gemacht werden).

Jugendlichen konkrete Hilfen bei der Suche nach geeigneten Lehrstellen und Ausbildungsplätzen zur Verfügung zu stellen und sie angemessen zu unterstützen bei der Bewältigung von Problemen, mit denen sie sich im Zusammenhang mit ihren Bemühungen, die eigene berufliche Identität sukzessiv zu verwirklichen, konfrontiert sehen, ist eine eminent wichtige, noch nicht befriedigend gelöste arbeitspolitische und berufspädagogische Aufgabe.

16. Prognosen über zukünftige Entwicklungstrends in der Jugend

Aussagen über zukünftige Entwicklungstendenzen sind immer spekulativ, gewinnen aber eine größere Plausibilität, wenn sie auf der Grundlage einer kritischen Würdigung der in der Vergangenheit abgelaufenen Prozesse durchgeführt werden.

In einigen gesellschaftlichen Bereichen haben sich in den Jahrzehnten nach dem Zweiten Weltkrieg beträchtliche strukturelle Veränderungen abgespielt. Diese müssen besonders im Auge behalten werden, weil sie sich direkt oder mittelbar auf die Jugend und das Jugendalter auswirken. Einige Beispiele:

Medien

Die modernen Massenmedien haben ein außerordentlich komplexes Netz geschaffen, in dem Informationen – über die Jugend – geschaffen, weitergereicht und verarbeitet werden. Waren z. B. in den 50er und 60er Jahren noch die „Damen und Herren in den besten Jahren" bevorzugte Zielgruppen der Werbung, so gibt heute durchgängig der *Jugendlichkeitskult* den Ton an. Jungsein „ist in", und Personen über 50 Jahre stehen, obwohl durchaus kapitalkräftig und konsumorientiert, nur selten im Mittelpunkt von Werbekampagnen; und in der Wirtschaft gehören sie, trotz ihrer großen Erfahrung und umfassenden fachlichen Qualifikation, fast immer schon „zum alten Eisen". Der hier abgelaufene Wertewandel trägt dazu bei, daß alles, was die Jugend betrifft, in den Blickpunkt der Öffentlichkeit gerückt wird. Nicht ganz abwegig erscheint die Spekulation, daß die Medien mit ihrem großen Interesse an der Jugend (und an der Aufrechterhaltung des Mythos Jugendlichkeit) sich in Zukunft nicht mehr mit der bloßen Berichterstattung über Vorgänge, welche die Jugend betreffen bzw. mit der Vermittlung und Verstärkung bestimmter Jugendphänomene (Musikrichtungen, Starkults, Kleidung) begnügen werden, sondern selbst „neue" Richtungen vorgeben, neue Moden kreieren, neue Absatzmärkte erschließen, neue Entwicklungen anregen, ja sogar neue Brennpunkte und Krisenherde ins Leben rufen werden. Beim Modestil der „Popper", der Anfang der 80er Jahre boomte und von dem heute kaum noch jemand spricht, scheint es sich z. B. um ein derartiges „neues", allein von den Medien geschaffenes jugendliches Kunstprodukt zu handeln, das eine kurze Zeit lang für eine Gruppe von Jugendlichen Selbstausdrucks- und Identifikationsmöglichkeiten lieferte.

Familie und Bevölkerungswachstum

Handelt es sich bei der zwischenmenschlichen Institution Familie um ein „Auslaufmodell"? Diese ketzerische Frage wird von Sozialforschern aufgeworfen angesichts sinkender Zahl an Eheschließungen, sinkender Kinderzahl und steigender Scheidungsquote. Wird sich der Trend fortsetzen, daß immer weniger Jugendliche ihr 18. Lebensjahr mit beiden (leiblichen) Elternteilen im selben Haushalt wohnend erleben? Bezieht man die Bevölkerungsstatistiken ein, die in den anderen Industrienationen erhoben wurden, so scheint es sich in der Tat um einen sehr „globalen" Trend zu handeln.

Ein weiteres Faktum ist, daß sich der Anteil der Jugendlichen an der Gesamtbevölkerung (nach wie vor) verringert. Doch läßt sich dieser Entwicklungstrend auf die Zukunft projizieren? Hier sind sich die Fachleute uneinig: Einige bevorzugen ein lineares (stetiges) Entwicklungsmodell, von dem aus eine weitere Abnahme des Jugendlichenanteils vorhergesagt wird. Andere Sozialforscher bevorzugen ein zyklisches Entwicklungsmodell, das die gesetzmäßige Aufeinanderfolge von Lebensphasen in den Mittelpunkt der Betrachtung rückt und davon ausgeht, daß die Phase der Jugend immer eine Zeit des Aufbegehrens, der Auflehnung und Rebellion bleiben wird, an die sich das Erwachsenenalter anschließt, für das Anpassung und Sicheinfügen charakteristisch sind. Möglicherweise ist es sinnvoll, die beiden Entwicklungsmodelle miteinander zu verknüpfen und dementsprechend anzunehmen, daß sich die Protest- und Abgrenzungshaltung der Jugend nicht besonders ausgeprägt zeigt, solange der Jugendlichenanteil an der Gesamtbevölkerung schrumpft. Wenn der Jugendlichenanteil wächst, sollte die rebellische Haltung wieder stärker zu bemerken sein.

Ideologien und Wertorientierungen

Seit dem Zusammenbruch der kommunistisch gelenkten Länder gibt es weltweit kaum noch einen Wettstreit der Ideologien; es dominiert – vor allem in der Wirtschaft – der Kapitalismus, für den Wettbewerb, Leistung und Produktivität(szuwachs) zentrale Größen sind.

Um das Zusammenleben ihrer Bürger zu regulieren, haben die meisten Länder (mehr oder weniger) demokratische Verfassungen erlassen. Jugendlichen heute ist damit ein Wertesystem vorgegeben, in das sie sich einzufügen haben. Extreme, radikale oder revolutionäre Abweichungen von der freiheitlich-demokratischen Grundordnung nach „links" oder „rechts" werden nicht geduldet, weil sie das Gesellschaftssystem als solches in Frage stellen. Wenn heutzutage über eine zunehmende Entpolitisierung und Politikverdrossenheit der Jugendlichen geklagt wird, gleichzeitig aber rechtsradikale Tendenzen in der Jugend zunehmen, so läßt sich dieser Umstand mit der besonderen Situation Deutschlands nach der Wiedervereinigung in Verbindung bringen. Gefragt werden kann aber auch, ob es sich bei der nachlassenden Bereitschaft vieler Jugendlicher, gesellschaftlich und politisch aktiv zu werden und ihrer wachsenden Neigung zum Rückzug ins Private und zur persönlichen Selbstverwirklichung, um eine vorübergehende Erscheinung handelt oder um einen nicht umkehrbaren Prozeß. Bei der Beantwortung dieser Frage muß die Tatsache der Verlängerung des jugendlichen Bildungsmoratoriums einbezogen werden. Seit Jahrzehnten dauert es immer länger, bis das Jugendalter – durch Erreichen der finanziellen (eigenes Einkommen), lokalen (eigene Wohnung) und persönlichen (eigene Beziehung/en) Unabhängigkeit – abgeschlossen wird, weil die Zeitspanne, die damit verbracht wird zu lernen (Schule, Berufsausbildung, Universität), immer weiter ausgedehnt wird. Möglicherweise sind viele Jugendliche und junge Erwachsene – das Bildungsmoratorium erstreckt sich zuweilen über das 30. Lebensjahr hinaus – erst dann bereit, sich „ernsthafter" gesellschaftlich und politisch zu engagieren, wenn sie „vollständige" Unabhängigkeit und Eigenverantwortlichkeit erreicht haben. Erwähnung verdient hier auch die in den letzten Jahrzehnten beobachtete Vorverlegung „biographischer Fixpunkte" (vgl. Abschnitt III. 11.), die von manchen Fachleuten als Hinweis auf ein beschleunigtes Durchlaufen des Jugendalters gewertet wird. Diese Vorverlegung und Beschleunigung steht in gewissem Widerspruch zur erwähnten Verlängerung des Jugendalters in das 3. Lebensjahrzehnt hinein. Plausibel erscheint folgende Erklärung: Jugendliche, die „biographische Fixpunkte" früher erreichen (und damit gesellschaftlich vorgegebene Entwicklungsaufgaben erfolgreich bewältigt haben) fühlen sich früher „erwachsen" (und erheben auch früher den Anspruch, für voll genommen und als Erwachsene behandelt zu werden), als Jugendliche vergangener Generationen.

Hinzuzufügen ist, daß eine starre Festlegung von Altersgrenzen für bestimmte Entwicklungsabschnitte im menschlichen Leben, wie sie von der Entwicklungspsychologie traditionell vorgenommen wurde, heute nicht mehr sinnvoll ist: Zum einen hat die zeitgenössische Jugendforschung nachgewiesen, daß *Kinder und Jugendliche heute auf unterschiedlichen Wegen – einmal früher, einmal später – erwachsen werden.* Zum anderen sehen sich auch (jüngere und ältere) Erwachsene in der modernen Leistungs- und Informationsgesellschaft mit der Notwendigkeit konfrontiert, „jung" zu bleiben; verlangt wird von jedem/r, sogar wenn er/sie nicht mehr im Ausbildungsprozeß steht, „lebenslanges Lernen". Denn nur, wenn er/sie auch im Erwachsenenalter noch lernbereit und lernfähig bleibt, ist er/sie in der Lage, die „neuen" Entwicklungsaufgaben (z. B. Arbeitsplatz- und Wohnortwechsel, Arbeitslosigkeit, Umschulung, Familiengründung/-auflösung/-neugründung etc.) erfolgreich zu lösen. Die Grenzen zwischen Jugendalter und Erwachsenenzeit werden damit faktisch durchlässiger. Eine genaue Grenzziehung ist nur noch durch – weitgehend willkürliche – Festlegung von Kriterien möglich, z. B. durch die oben erwähnten drei Stufen der (ökonomischen, lokalen und persönlichen) Unabhängigkeit.

„Konstrukteure" von Jugend

Einige Soziologen (z. B. Zinnecker 1998, 477–484) betonen, daß „Jugend" nicht unabhängig von Gesellschaft existiert, sondern immer als etwas begriffen werden muß, das von der Gesellschaft und den in ihr vorhandenen Institutionen (auch inhaltlich) bestimmt und kontrolliert wird. In den Jahrzehnten vor der Jahrhundertmitte waren vor allem die Institutionen und Einrichtungen der Arbeitswelt (Lehrstelle, Ausbildungsplatz im Büro oder in der Fabrikhalle, Lehrherr und Geselle, Arbeitgeberverband, Gewerkschaft), der Kirche, des Militärs, der traditionellen Jugendverbände und der Nachbarschaft/Wohnumgebung daran beteiligt, Jugend und Jungsein inhaltlich zu definieren und Jugendliche zu unterrichten, auszubilden, anzuleiten und zu beaufsichtigen. In den darauffolgenden Jahrzehnten – im Verlaufe des Umbaus der industriellen Arbeitsgesellschaft in eine konsumierende Dienstleistungsgesellschaft – haben die Medien, die Freizeit- und Konsumindustrie, das schulische und außerschulische Bildungssystem und die wissenschaftlichen Einrichtungen zunehmend an Einfluß gewonnen; Hand in Hand damit verringerten sich die Einflußmöglichkeiten der traditionellen Stellen und Stätten.

Die „neuen" Konstrukteure und Kontrolleure von Jugend wetteifern zum Teil miteinander um die zugkräftigste und marktgerechteste Definition von Jungsein, verstehen sich als Anwälte der Jugend und bemühen sich, (Konsum-)Wünsche von Jugendlichen zu wecken und zu erfüllen. Gelegentlich werden die Jugendlichen selbst dabei als „Ko-Konstrukteure" mehr oder weniger stark einbezogen (z. B. in der Markt- und Motivforschung bei der Erkundung der Absatzchancen von Produkten oder in der Erziehungswissenschaft bei der altersgemäßen Gestaltung von Schulbüchern).

Auch den in den letzten Jahrzehnten gegründeten Einrichtungen, die sich mit der wissenschaftlichen Erforschung von Jugend befassen – erinnert sei an das bereits 1963 gegründete „Deutsche Jugendinstitut" – ist die zunehmend aktivere Rolle der Jugendlichen bei der inhaltlichen Bestimmung dessen, was diesen Lebensabschnitt letztlich ausmacht, nicht verborgen geblieben. Kontrovers diskutiert wird von der Fachwelt dabei die Frage, ob für die Zukunft zu erwarten ist, daß die Jugendlichen ihre Rolle als Ko-Konstrukteure ihrer Lebenswelt noch weiter ausbauen werden. Oder wird ihr Einfluß von den Einrichtungen der „Erwachsenenwelt" zurückgedrängt werden und sie selbst wieder (wie in der Vergangenheit) stärker bevormundet und beaufsichtigt oder (zeitgemäßer) manipuliert und verführt werden? Eine Beantwortung dieser Fragen auf sachlicher Grundlage und durch Einbezug gesicherter Erkenntnisse ist gegenwärtig nicht zu leisten und muß der zukünftigen Forschung überlassen bleiben.

VIII: Zusammenfassende Übersicht

In der folgenden Tabelle werden die wichtigen Themen der Pubertät und Adoleszenz in ihrer unterschiedlichen Ausprägung für die Geschlechter abschließend noch einmal zusammengefaßt.

Tabelle 8: Zusammenfassende Übersicht

Themen	weibliche Jugendliche	männliche Jugendliche
Biologische Entwicklung	geschlechtliche Reifung („Hormonschub") setzt früher ein (im Durchschnitt mit 10,5 Jahren)	geschlechtliche Reifung setzt später ein (im Durchschnitt mit 12 Jahren)
Sozialisatoren während der ersten 10 Lebensjahre	hauptsächlich weiblichen Geschlechts	hauptsächlich weiblichen Geschlechts (!)
Bezugspersonen während d. Vorpubertät	hauptsächlich weiblichen Geschlechts	hauptsächlich männlichen Geschlechts
Bindungen und Beziehungen	Differenzierung (bei Aufrechterhaltung der Beziehung zu den Eltern)	Separation, d.h. Abgrenzung und Loslösung (insbesondere von der Mutter)
Entwicklungsfortschritte	erfolgen stärker im interpersonalen (zwischenmenschlichen) Bereich	erfolgen stärker im intrapersonalen Bereich (z.B. Aufbau kognitiver Kompetenzen)
Entwicklungsziele	Intimität, Erwerb von sozialzwischenmenschlichen Kompetenzen	Autonomie und Identität, Erwerb von Kenntnissen, Fähigkeiten und Fertigkeiten

Fortsetzung Tabelle 8

Themen	weibliche Jugendliche	männliche Jugendliche
Grundlegende moralische Orientierungen	an zwischenmenschlicher Übereinstimmung und Verantwortung („Mitgefühl")	an Recht und Gesetz und individueller Pflicht/-Verpflichtung
Denkhabitus (lt. Geschlechtsrollen-Klischee)	Einbezug von Absichten, Erfahrungen und Zielvorstellungen und der konkreten Situation	abstrahierend vom konkreten Zusammenhang, logisch argumentierend, nach absoluter Wahrheit strebend
Einfühlung („Empathie")	größer und ausgeprägter	vergleichsweise weniger ausgeprägt
sozialer Entwicklungsdruck: Angleichung der Geschlechtsrollen	Offenbleiben für und allmählicher Einbezug der Entwicklungsaufgaben und -ziele des anderen Geschlechts	Offenbleiben für und allmählicher Einbezug der Entwicklungsaufgaben und -ziele des anderen Geschlechts
Erwartungen und Wünsche	Partnerschaft/Ehe, Kinder, befriedigende Berufslaufbahn	berufliche Karriere, Partnerschaft/Ehe, Kinder
Vorstellung/ inneres Bild vom eigenen Körper	Schlankheitsideal (mädchenhaft und sportlich)	athletisches Ideal (kraftvoll und fit)
Entwicklungsstörungen	Eßstörungen (Magersucht, Bulimie)	Soziopathie (Verhaltensstörungen, Aggressivität)
Einstellungsmuster	Orientierung an Personen, Freunden, Vorbildern	Orientierung an Idealen, Idolen, Gruppen
sexualitätsbezogene Normen	tendenziell mehr Einschränkungen	tendenziell weniger Einschränkungen
Empfängnisverhütung	stärkere Verantwortung	geringere Verantwortung

216

Literatur

Arlt, M. (1991): Pubertät ist, wenn die Eltern schwierig werden – Tagebuch einer betroffenen Mutter. Herder, Freiburg/Br.

Baacke, D. (1993): Jugend und Jugendkulturen. Darstellung und Deutung. Psychologie Verlags Union, Weinheim

Bandura, A. (1962): Social learning through imitation. In: Jones, M.R. (Hrsg.): Nebraska Symposium on Motivation. University of Nebraska Press, Lincoln (5. Kapitel)

Becker, H., Eigenbrodt, J., May, M. (1984): Pfadfinderheim, Teestube, Straßenleben. Jugendliche Cliquen und ihre Sozialräume. Campus, Frankfurt/Main

Behnken, I. (1991): Schülerstudie '90. Jugendliche im Prozeß der Vereinigung. Psychologie Verlags Union, Weinheim

Bois-Reymond, M. du, Büchner, P., Krüger, H.-H., Ecarius, J., Fuhs, B. (1994): Kinderleben. Modernisierung von Kindheit im interkulturellen Vergleich. Leske + Budrich, Opladen

Brähler, E. (1978): Der Gießener Beschwerdebogen (GBB). Habilitationsschrift des Fachbereichs Humanmedizin der Justus-Liebig-Universität, Gießen

Bräutigam, W. (1964): Körperliche, seelische und soziale Einflüsse auf die Geschlechtsentwicklung des Menschen. Der Internist 34, 171–182

Brake, A. (1996): Wertorientierungen und (Zukunfts-)Perspektiven von Kindern und jungen Jugendlichen. Über Selbstbilder und Weltsichten in Ost- und Westdeutschland. In: Büchner, P. u.a. (1996c), 67–98

Brake, A., Büchner, P. (1996): Kindsein in Ost- und Westdeutschland. Allgemeine Rahmenbedingungen des Lebens von Kindern und jungen Jugendlichen. In: Büchner, P. u.a. (1996c), 43–66

Bründel, H. (1993): Suizidgefährdete Jugendliche. Theoretische und empirische Grundlagen für Früherkennung, Diagnostik und Prävention. Juventa, Weinheim/München

Büchner, P., Brake, A., Fuhs, B. (1991): Kinderleben – Deutsch-deutscher Vergleich: Freizeitaktivitäten von 10–14jährigen in unterschiedlichen Regionen. In: Hort heute – Ganztagsschule 7, Heft 8, 14–20

Büchner, P., Fuhs, B. (1996a): Der Lebensort Familie. Alltagsprobleme und Beziehungsmuster. In: Büchner, P., Fuhs, P., Krüger, H.-H. (Hrsg.): Vom Teddybär zum ersten Kuß. Wege aus der Kindheit in Ost- und Westdeutschland. Leske + Budrich, Opladen, 159–200

Büchner, P., Krüger, H.-H. (1996b): Schule als Lebensort von Kindern und Jugendlichen. Zur Wechselwirkung von Schule und außerschulischer Lebenswelt. In: Büchner, P., Fuhs, P., Krüger, H.-H. (Hrsg.): Vom Teddybär zum ersten Kuß. Wege aus der Kindheit in Ost- und Westdeutschland. Leske + Budrich, Opladen, 225–236

Büchner, P., Fuhs, B., Krüger, H.-H. (Hrsg.) (1996c): Vom Teddybär zum ersten Kuß. Wege aus der Kindheit in Ost- und Westdeutschland. Leske + Budrich. Opladen

Clement, U. (1986): Sexualität im sozialen Wandel. Enke, Stuttgart

Darwin, C. (1988): Die Entstehung der Arten durch natürliche Zuchtwahl. Nachdruck der 9. unveränderten Auflage. Wissenschaftliche Buchgesellschaft, Stuttgart

Davis, A. (1944): Socialization and the adolescent personality. Forty-third Yearbook of the National Society for the Study of Education. University of Chicago Press, Chicago (6. Kapitel)

Döring, D., Hanesch, W., Huster, E. U. (Hrsg.) (1990): Armut im Wohlstand. Campus, Frankfurt/Main

Dreher, E., Dreher, M. (1985): Entwicklungsaufgaben im Jugendalter: Bedeutsamkeit und Bewältigungskonzepte. In: Lipmann, D., Stiksrud, A. (Hrsg.): Entwicklungsaufgaben und Bewältigungsprobleme in der Adoleszenz. Hogrefe, Göttingen, 56–70

Erikson, E. H. (1973): Identität und Lebenszyklus. Suhrkamp, Frankfurt/Main

Esser, G., Schmidt, M. H. (1990): Der Verlauf kinderpsychiatrischer Störungen und minimale cerebrale Dysfunktion im Längsschnitt von 8 nach 13 Jahren. In: Schmidt, M. H. (Hrsg.): Fortschritte der psychiatrischen Forschung. VCH, Weinheim, 18–34

Fend, H. (1990): Vom Kind zum Jugendlichen. Der Übergang und seine Risiken. Band I. Huber, Bern

Fend, H. (1991): Identitätsentwicklung in der Adoleszenz. Lebensentwürfe, Selbstfindung und Weltaneignung in beruflichen, familiären und politisch-weltanschaulichen Bereichen (Band II). Huber, Bern

Ferchhoff, W. (1993): Jugend an der Wende des 20. Jahrhunderts. Lebensformen und Lebensstile. Leske + Budrich, Opladen

Freud, A. (1936; 1980): Das Ich und die Abwehrmechanismen. Kindler, München

Freud, A. (1958): Adolescence. Psychoanalytic Study of the Child, 13, 255–278

Freud, S. (1975): Abriß der Psychoanalyse (Ergänzungsband zur Studienausgabe). Fischer, Frankfurt/Main

Fuchs, W. (1985): Soziale Orientierungsmuster. Bilder vom Ich in der sozialen Welt. In: Jugendwerk der Deutschen Shell (Hrsg.): Jugendliche und Erwachsene '85. Band I. Leske + Budrich, Opladen, 133–194

Gilligan, C. (1987): Adolescent development reconsidered. In: Irwin, C. E. (Hrsg.): New directions for child development. Jossey-Bass, San Francisco, 63–92

Haan, N. (1977): Coping and defending. Process of self-environment organization. Academic Press, New York (6. Kapitel)

Habermas, T. (1995): Eßstörungen der Adoleszenz. In: Oerter, R., Montada, L. (Hrsg.): Entwicklungspsychologie. Psychologie Verlags Union, Weinheim, 1069–1073

Hall, G. S. (1906): Adolescence: Its psychology and its relation to physiology, anthropology, sociology, sex, crime, religion, and education. Appleton, New York (1. und 6. Kapitel)

Hauswald, M., Zenz, H. (1992): Die Menarche im Erleben pubertierender Mädchen. In: Zenz, H., Hrabal, V., Marschall, P. (Hrsg.): Entwicklungsdruck und Erziehungslast. Hogrefe, Göttingen, 48–60

Havighurst, R. J. (1948): Developmental tasks and education. David McKay, New York (1. Kapitel)

Herbert, M. (1989): Ich bin doch kein Kind mehr! Mit Jugendlichen in der Familie leben. Huber, Bern

Kasten, H. (1993): Beurteilung des moralischen Urteilsniveaus bei Kindern und Jugendlichen. Unveröffentlichtes Manuskript. München

Kasten, H. (1995): Einzelkinder – Aufwachsen ohne Geschwister. Springer, Heidelberg/Berlin/New York

Kasten, H. (1996): Weiblich – männlich. Geschlechtsrollen und ihre Entwicklung. Springer, Heidelberg/Berlin/New York

Kasten, H. (1998): Geschwister – Vorbilder, Rivalen, Vertraute. Ernst Reinhardt, München/Basel (2. überarbeitete Auflage)

Klocke, A., Hurrelmann, K. (Hrsg.) (1998): Kinder und Jugendliche in Armut. Umfang, Auswirkungen und Konsequenzen. Westdeutscher Verlag, Opladen/Wiesbaden

Kluge, N. (1990) (Hrsg.): Jugendsexualität: ein Tagungsbericht. Dipa-Verlag, Frankfurt/Main

Kötters, C., Krüger, H.-H., Brake, A. (1996): Wege aus der Kindheit – Verselbständigungsschritte ins Jugendalter. In: Büchner, P., Fuhs, B., Krüger, H.-H. (Hrsg.): Vom Teddybär zum ersten Kuß. Wege aus der Kindheit in Ost- und Westdeutschland. Leske + Budrich, Opladen, 99–127

Kolip, P. (1993): Freundschaften im Jugendalter. Der Beitrag sozialer Netzwerke zur Problembewältigung. Juventa, Weinheim/München

Lazarus, R. S. (1986): Puzzles in the study of daily hassles. In: Silbereisen, R. K., Eyferth, K., Rudinger, G. (Hrsg.): Development as action in context. Springer, Heidelberg/Berlin/New York, 39–53

Lenz, K. (1988): Die vielen Gesichter der Jugend. Jugendliche Handlungstypen in biographischen Portraits. Campus, Frankfurt/Main

Lerner, R. M. (1987): A life-span perspective for early adolescence. In: Lerner, R. M., Foch, T. T. (Hrsg.): Biological-psychological interactions in early adolescence: A life-span perspective. Erlbaum, Hillsdale, 1–6

Mansel, J., Hurrelmann, K. (1994): Alltagsstreß bei Jugendlichen. Juventa, Weinheim/München (2. Aufl.)

Mead, M. (1971): Der Konflikt der Generationen. Jugend ohne Vorbild. Walter, Olten/Freiburg (6. Kapitel)

Neuberger, C. (1997): Auswirkungen elterlicher Arbeitslosigkeit und Armut auf Familien und Kinder – ein mehrdimensionaler empirisch gestützter Zugang. In: Otto, U., Bolay, E. (Hrsg.): Aufwachsen in Armut. Erfahrungswelten und die soziale Lage von Kindern armer Familien. Leske + Budrich, Opladen, 79–122

Nordlohne, E. (1992): Die Kosten jugendlicher Problembewältigung. Juventa, Weinheim/München

Oerter, R., Dreher, E. (1995): Jugendalter. In: Oerter, R., Montada, L. (Hrsg.): Entwicklungspsychologie. Psychologie Verlags Union, Weinheim, 310–395

Oerter, R., Montada, L. (Hrsg.) (1995): Entwicklungspsychologie. Psychologie Verlags Union, Weinheim

Otto, U., Bolay, E. (Hrsg.) (1997): Aufwachsen in Armut. Erfahrungswelten und die soziale Lage von Kindern armer Familien. Leske + Budrich, Opladen

Pawlow, I. P. (1927): Conditioned reflexes. Clarendon Press, London

Pearlin, L. I. (1987): The stress process and strategies of intervention. In: Hurrelmann, K., Kaufmann, F. X., Lösel, F. (Hrsg.): Social intervention: Potentials and constraints. Springer, Berlin, 53-72

Petermann, F. (1995): Aggressives Verhalten. In: Oerter, R., Montada, L. (Hrsg.): Entwicklungspsychologie. Psychologie Verlags Union, Weinheim, 1016–1023

Remschmidt, H. (1992): Adoleszenz. Entwicklung und Entwicklungskrisen im Jugendalter. Thieme, Stuttgart

Riedel, K., Griwatz, M., Leutert, H., u. a. (1994): Schule im Vereinigungsprozeß. Campus, Frankfurt/Main

Rudolph, W. (1980): Geschlechterrollen im Kulturvergleich. In: Bischof, N., Preuschoft, H. (Hrsg.): Geschlechtsunterschiede – Entstehung und Entwicklung. Mann und Frau in biologischer Sicht. Beck, München, 123–145

Rutter, M. (1989): Pathways from childhood to adult life. Journal of Child Psychology and Psychiatry 30, 23 – 51

Schenk-Danzinger, L. (1973): Entwicklungspsychologie. Österreichischer Bundesverlag für Unterricht, Wissenschaft und Kunst, Wien

Schmidt-Tannwald, I., Urdze, A. (1983): Sexualität und Kontrazeption aus der Sicht der Jugendlichen und ihrer Eltern. Kohlhammer, Stuttgart

Seiffge-Krenke, I. (1994): Gesundheitspsychologie des Jugendalters. Hogrefe, Göttingen (6. Kapitel)

Sigusch, V., Schmidt, G. (1973): Jugendsexualität. Enke, Stuttgart

Silbereisen, R. K., Vaskovics, L. A., Zinnecker, J. (Hrsg.)(1996): Jungsein in Deutschland. Jugendliche und junge Erwachsene 1991 und 1996. Leske + Budrich, Opladen

Storch, M. (1994): Das Eltern-Kind-Verhältnis im Jugendalter. Eine empirische Längsschnittstudie. Juventa, Weinheim/München

Storms, M. D. (1980): Theories of sexual orientation. Journal of Personality and Social Personality 38, 783 – 792

Strzoda, C., Zinnecker, J., Pfeffer, W. (1996): Szenen, Gruppen, Stile. Kulturelle Orientierungen im Jugendraum. In: Silbereisen, R. K., Vaskovics, L. A., Zinnecker, J. (Hrsg.): Jungsein in Deutschland. Jugendliche und junge Erwachsene 1991 und 1996. Leske + Budrich, 57 – 83

Tanner, J. M. (1962): Wachstum und Reifung des Menschen. Thieme, Stuttgart

Tillmann, K. J. (1988): Söhne und Töchter in bundesdeutschen Familien – mehr Kontinuität als Wandel? In: Tillmann, K. J. (Hrsg.): Jugend weiblich – Jugend männlich. Sozialisation, Geschlecht, Identität. Leske + Budrich, Opladen, 40 – 48

Tillmann, K. J., Reh, S. (1994): Wandel der Lehrerrolle in den neuen Bundesländern. Expertise für die Sachverständigenkommission des 9. Jugendberichtes der Bundesregierung. Bielefeld

Watson, J. B. (1924; 1968): Behaviorismus. Kiepenheuer und Witsch, Köln

Wehner, C., Zenz, H., Hrabal, V. (1992): Das Beschwerdebild körperlicher Beeinträchtigung während der Pubertät. In: Zenz, H. u. a. (1992), 38 – 47

Wenzel, S. (1990): Jungensexualität – Mädchensexualität. Gibt es das? In: Kluge, N. (Hrsg.): Jugendsexualität: Ein Tagungsbericht. Dipa-Verlag, Frankfurt/Main, 79 – 87

Zahn-Waxler, C., Cole, P. M., Caplovitz Barrett, K. (1991): Guilt and empathy: Sex differences and implications for the development of depression. In: Garber, J., Dodge, K. A. (Hrsg.): The development of emotion regulation and dysregulation. Cambridge University Press, Cambridge, 185 – 203

Zenz, H., Hrabal, V., Marschall, P. (Hrsg.) (1992): Entwicklungsdruck und Erziehungslast. Psychische, soziale und biologische Quellen des beeinträchtigten Wohlgefühls bei Schülerinnen und Schülern in der Pubertät. Hogrefe, Göttingen

Zinnecker, J. (1998): Metamorphosen im Zeitraffer: Jungsein in der zweiten Hälfte des 20. Jahrhunderts. In: Levi, G., Schmitt, J.-C. (Hrsg.): Geschichte der Jugend. Band II. Von der Aufklärung bis zur Gegenwart. S. Fischer, Frankfurt/Main, 460 – 505

Register